中国的高速铁路与高质量发展问题研究

High-Speed Rail and China's High-Quality Development

高彦彦 著

中国社会科学出版社

图书在版编目(CIP)数据

中国的高速铁路与高质量发展问题研究 / 高彦彦著. —北京：中国社会科学出版社，2024. 11. -- ISBN 978-7-5227-4265-6

Ⅰ. F532.3

中国国家版本馆 CIP 数据核字第 2024T0A539 号

出 版 人	赵剑英
责任编辑	许　琳
责任校对	苏　颖
责任印制	李寡寡

出　　版	中国社会科学出版社
社　　址	北京鼓楼西大街甲 158 号
邮　　编	100720
网　　址	http://www.csspw.cn
发 行 部	010-84083685
门 市 部	010-84029450
经　　销	新华书店及其他书店

印　　刷	北京君升印刷有限公司
装　　订	廊坊市广阳区广增装订厂
版　　次	2024 年 11 月第 1 版
印　　次	2024 年 11 月第 1 次印刷

开　　本	710×1000　1/16
印　　张	19.75
插　　页	2
字　　数	340 千字
定　　价	108.00 元

凡购买中国社会科学出版社图书，如有质量问题请与本社营销中心联系调换
电话：010-84083683
版权所有　侵权必究

国家社科基金后期资助项目
出 版 说 明

　　后期资助项目是国家社科基金设立的一类重要项目，旨在鼓励广大社科研究者潜心治学，支持基础研究多出优秀成果。它是经过严格评审，从接近完成的科研成果中遴选立项的。为扩大后期资助项目的影响，更好地推动学术发展，促进成果转化，全国哲学社会科学工作办公室按照"统一设计、统一标识、统一版式、形成系列"的总体要求，组织出版国家社科基金后期资助项目成果。

全国哲学社会科学工作办公室

前　　言

建设交通强国是我国政府的重要行动纲领。高速铁路作为我国交通系统的重要组成部分，在过去十多年里实现了跨越式发展。我国成为了世界上首屈一指的高铁国家，高铁里程已经突破4万公里，占世界高铁总里程的比重超过三分之二。高铁的建成和开通吸引了大量的国内外学者的研究兴趣，高铁问题也成为一个庞大的研究主题。本书汇集了我自2017年以来围绕高铁开通的社会经济效应而开展的一系列实证研究。全书包括导论、核心机制、宏观绩效和社会福利四个部分，共13章内容。但是，每章内容的形成时间并非如章节次序所示。

本书最早完成的内容是第8章，即高铁对长三角县域经济增长的影响。2016年底，我担任金融系本科生周米同学毕业论文的指导老师时，为她指定了这个选题。2017年下半年，我重新整理了数据，完成了一篇关于高铁与县域经济增长的工作论文，由此也跨进了高铁研究的领域。这篇文章先在湘潭大学和哈尔滨工程大学举办的香樟经济学论坛上进行报告，英文稿分别在2018年中国留美经济学年会和中国留澳经济学年会上报告过。

但是，最早发表的高铁论文并非这篇文章，而是随后完成的高铁与旅游经济增长一文，于2019年发表于《旅游管理》（*Tourism Management*）期刊。不久，我和我的导师南京大学郑江淮教授合作完成了高铁与创新的研究，并于2020年发表在《世界发展》（*World Development*）期刊。紧接着，高铁与县域经济增长一文也被《发展经济学评论》（*Review of Development Economics*）录用。受到上述成果的鼓舞，我和合作者进一步完成了若干篇工作论文，评估高铁对假期人口流动、企业排污、农业生产、南北经济差距等方面的影响。

有了上述成果和初稿，在中国社会科学出版社的支持下，我于2021年申请了国家社科基金后期资助项目，并获批立项。此后，我和合作者一方面把现有的文稿进行修改完善，投至国际英文期刊，部分得以录用，发表在《社会经济规划科学》(Socio-Economic Planning Sciences)、《农业商务》(Agribusiness)、《增长和变化》(Growth & Change)、《中国经济》(The Chinese Economy)、《交通商业和管理研究》(Research in Transportation Business and Management) 等学术期刊。同时，根据研究计划，我进一步完成了高铁对区域经济一体化、城市市场进入水平、居民收入和消费以及县域经济高质量发展等方面影响的内容。到2022年底，我已经完成了该项目的所有章节，并提交书稿申请结项。经评审，国家哲学社会科学规划办于2023年10月批准结项。因此，本书由国家社科基金后期资助项目资助出版，是该项目的结项成果。

本书的主要特色有如下三个方面。首先，本书实证研究中对核心自变量的选取采取"一竿子插到底"的做法。在所有章节中，核心自变量均为"是否开通高铁"这一时变虚拟变量。相对于高铁停靠班次和高铁站数，是否开通高铁变量更为外生，从而有助于把全书的实证评估纳入一个更好的"准自然实验"情景之下。其次，本书并非起源于一个刻意构思的研究框架，而是一系列研究成果的自然总结，因而每章都是一个相对独立的研究。读者朋友可以根据自己的兴趣，直奔相关章节。最后，本书较为全面、诚实地呈现了高铁开通的复杂效应。一方面，本书研究发现高铁在促进市场进入、人口流动、企业创新和农业增长上的积极作用；另一方面，本书也提供了一些并不显著，乃至负面的研究发现。例如，高铁对于旅游收入、对于企业减排并没有显著的影响，对于外围经济增长、南北经济差距和人均收入具有不利影响。这些多面的研究结论有助于我们全面认识高铁的社会经济影响。

本书的写作和出版过程得到了各界师友、同学的大量帮助和支持。2017—2021年，我先后在湘潭大学、哈尔滨工程大学、南京大学、南京审计大学、海南大学、东南大学、合肥工业大学、悉尼科技大学、河海大学以及石家庄铁道大学举办的各种学术论坛中报告了本书的部分章节内容，陈金至、陈振华（Zhenhua Chen）、种照辉、陈智琦、董晓芳、傅十和、高金龙、韩峰、李敬、龙兴乐、逯建、潘丽群、曲兆鹏、荣昭、邵帅、宋顺锋、孙伟增、熊瑞祥、徐杨菲、张俊富、张梦婷、郑世林、钟世虎、周逸纾、朱晟君等国内外学者提供了有益评论和帮助。黄永春教授多次邀请我在河海大学报告高铁研究成果。合作者郑江淮教授、宋顺锋教授、孙军教授、臧雷振教授、苏炜教授、南永清博士在部分章节论文写作过程中投入了不少的精力。我指导的学生们——周米、施佳、鲍珂盈、林泽倩、徐子淇、智清蓉、王歆、王欣平、黄建博、谈龙俊、王薪、方梦郓、张琳、王凯妮、徐欣、郜真、胡柳、邹玥、张梦缘——不同程度地参与到本书各章的工作,他们要么提供了一些试探性前期研究工作,要么提供了大量的助研工作,部分学生成为论文合作者。中国社会科学出版社的许琳女士为项目申报、结项和成果出版提供了大量宝贵的专业帮助。在此,我对上述师友、同学以及可能遗漏的人员一并表示感谢。最后,感谢 Elsevier,John Wiley and Sons,Taylor & Francis 出版商授权我出版我在其旗下学术刊物上所发表的论文。受限于学识,书中难免有错误,请读者朋友多批评和指正。任何意见,请发送至:yanyan_ gao@ seu. edu. cn。

目　　录

第一章　导论 …………………………………………………………（1）
　第一节　研究背景 …………………………………………………（1）
　第二节　文献综述 …………………………………………………（3）
　第三节　研究内容与结构 …………………………………………（7）
　第四节　研究方法 …………………………………………………（9）
　第五节　主要发现与贡献 ………………………………………（12）
　第六节　研究局限 ………………………………………………（14）

第一部分　核心影响机制

第二章　高铁与市场进入改善 ……………………………………（19）
　第一节　引言 ……………………………………………………（19）
　第二节　市场进入测算方法 ……………………………………（21）
　第三节　高铁导致的市场进入改善 ……………………………（24）
　第四节　结论 ……………………………………………………（30）

第三章　高铁与人口流动：来自腾讯迁移大数据的证据 ………（32）
　第一节　引言 ……………………………………………………（32）
　第二节　实证策略与数据 ………………………………………（34）
　第三节　主要结果及其稳健性 …………………………………（39）
　第四节　高铁开通和出行方式 …………………………………（45）
　第五节　结论 ……………………………………………………（46）

第四章　高铁与其他交通方式：替代抑或互补？ ………………（48）
　第一节　引言 ……………………………………………………（48）

第二节　研究背景 …………………………………………（50）
　　第三节　数据和变量 ………………………………………（54）
　　第四节　实证模型 …………………………………………（57）
　　第五节　实证结果 …………………………………………（59）
　　第六节　拓展分析 …………………………………………（65）
　　第七节　结论 ………………………………………………（69）

第五章　高铁与企业创新：来自发达地区的证据 ……………（71）
　　第一节　引言 ………………………………………………（71）
　　第二节　数据和实证策略 …………………………………（75）
　　第三节　实证结果 …………………………………………（81）
　　第四节　稳健性检验 ………………………………………（86）
　　第五节　影响机制分析 ……………………………………（91）
　　第六节　结论 ………………………………………………（95）

第二部分　经济绩效评估

第六章　高铁与农业经济：来自县域的证据 …………………（99）
　　第一节　引言 ………………………………………………（99）
　　第二节　实证设计 …………………………………………（102）
　　第三节　主要结果及其稳健性 ……………………………（108）
　　第四节　影响机制分析 ……………………………………（112）
　　第五节　结论 ………………………………………………（114）

第七章　高铁与服务经济：以旅游业为例 ……………………（116）
　　第一节　引言 ………………………………………………（116）
　　第二节　文献综述 …………………………………………（118）
　　第三节　研究设计 …………………………………………（119）
　　第四节　实证结果 …………………………………………（124）
　　第五节　稳健性检验 ………………………………………（129）
　　第六节　讨论和结论 ………………………………………（131）

第八章　高铁与地方经济：以长三角为例 (133)
第一节　引言 (133)
第二节　研究设计 (137)
第三节　实证结果 (143)
第四节　影响机制分析 (149)
第五节　结论 (151)

第九章　高铁与南北经济差距：以京沪、京广高铁为例 (153)
第一节　引言 (153)
第二节　研究背景 (156)
第三节　研究设计 (158)
第四节　实证结果 (163)
第五节　结论 (173)

第十章　高铁与区域经济格局：基于现有文献的分析 (175)
第一节　引言 (175)
第二节　高铁重塑区域经济格局的微观机制 (176)
第三节　高铁对区域经济格局的重塑效应 (179)
第四节　日本和欧洲的经验 (183)
第五节　结论 (185)

第三部分　社会福利效应

第十一章　高铁与居民福利：对收入和消费的影响 (189)
第一节　引言 (189)
第二节　文献综述 (190)
第三节　研究设计 (191)
第四节　高铁与居民收入 (193)
第五节　高铁与居民消费 (199)
第六节　结论 (204)

第十二章　高铁与环境质量：污染减排的视角 (205)
第一节　引言 (205)

第二节　研究设计 …………………………………………（208）
　第三节　实证结果 …………………………………………（214）
　第四节　异质性效应 ………………………………………（224）
　第五节　结论 ………………………………………………（228）

第十三章　高铁与高质量发展：以长三角城市群为例 ………（230）
　第一节　引言 ………………………………………………（230）
　第二节　现状分析与研究假说 ……………………………（233）
　第三节　研究设计 …………………………………………（241）
　第四节　实证结果 …………………………………………（244）
　第五节　异质性分析 ………………………………………（249）
　第六节　结论与政策建议 …………………………………（253）

参考文献 ………………………………………………………（255）

附　录 …………………………………………………………（291）

第一章 导论

第一节 研究背景

党的十九大报告对我国经济发展形势做出了新判断，认为"我国经济已由高速增长阶段转向高质量发展阶段"。2017 年底的中央经济工作会议进一步确定，"推动高质量发展是当前和今后一个时期确定发展思路、制定经济政策、实施宏观调控的根本要求"。党的十九届五中全会进一步提出，"十四五"时期经济社会发展要以推动高质量发展为主题。因此，高质量发展将是我国未来社会经济发展的主要目标，实现高质量发展需要新方式、开辟新路径。千百年来，基础设施建设被赋予重要的政治、经济和社会含义。始建于公元前 212 年、全长 700 余公里的秦直道以及随后兴修的驰道网，对于稳定边疆、维护秦朝中央集权统治至关重要，客观上也促进了区域文化交流和经济的发展，并一直沿用到明代（吴宏岐，2000；张多勇，2005；孙相武，1988）。相对于传统农业社会的道路交通，铁路作为近现代工业文明的重要标志之一，一直为我国近现代政府所重视。孙中山在建国方略中就大胆地勾勒了我国铁路建设的宏图。截至中华人民共和国成立，我国共建设了 250 余条、横跨长江南北和东北地区的铁路线（张雨才，1997），共计铁路里程 35200 余公里（金士宣、徐文述，1986）。[①] 中华人民共和国成立以来，我国加快了铁路网的建设。一方面有不少新铁路建成通车，另一方面，铁路运输速度大幅提升。特别是 15 余年间，我国的高铁建设取得了举世瞩目的成就。

根据国际铁路联盟的定义，高速铁路是指设计时速超过 250 公里/小时，运行速度高于 200 公里/小时的铁路。在我国，高速铁路是指新

[①] 包括我国台湾岛 900 多公里的铁路干支线。当时大陆未被战争破坏的铁路里程为 22600 公里。

建的运行速度不低于 250 公里或者初始运行速度不低于 200 公里/小时的客运专线。起源于日本 1964 年建成的新干线，世界高速铁路建设经历了三次浪潮（F. Xu，2018）。第一次浪潮发生在 20 世纪 60 年代至 20 世纪 80 年代末，除了日本，法国、意大利和德国也建成了高铁线，世界高铁里程达到了 3198 公里。第二次浪潮是 20 世纪 80 年代末至 20 世纪 90 年代中期，更多的欧洲发达国家，如西班牙加入高铁建设的行列，欧洲国家间高铁网得以形成。第三次高铁建设浪潮发生在 20 世纪 90 年代中期以后，欧洲高铁网更加完善，且高铁在欧洲、中东、中亚以及东亚更多国家得以建成，如比利时、俄罗斯、乌兹别克斯坦、土耳其、荷兰、韩国、中国等。

我国高铁建设起步较晚，但后来居上。其中大致经历了四个阶段：技术累积阶段（2004 年以前），技术进口、消化、吸收和再创新阶段（2004~2008），自主创新阶段（2008~2012）和全面自主创新阶段（2012 年至今）（F. Xu，2018）。在技术累积阶段，我国通过现有铁路提速、建设和开通秦沈高速铁路、开发十余款高铁列车等方式为创新发展高铁打下坚实的基础。第二阶段则通过进口世界最先进的高速电机列车组（high-speed motor train unit）制造技术，成功建立了 200 公里和 300 公里的高铁技术平台。在第三阶段，原铁道部和科技部联合签发中国高铁自主创新行动方案，实现了自主制造的 CR H380 系列高速电机列车组的投产使用，建成了具有世界最高水准的京沪高铁等 19 条高铁线，高铁总里程达到 6963 公里。由此，我国高铁建设进入全面自主创新阶段，推出了高铁的中国标准，建成了京广高铁和"四纵四横"高铁网，公布了中长期铁路网规划。截至 2018 年，我国建成高铁线路 107 条，高铁里程已经超过 30000 公里。到 2020 年底，我国高铁总里程增至 37900 公里（见图 1-1 和图 1-2）。我国已成为名副其实的高铁大国，高铁里程跃居世界第一，并将长期保持领先地位。

毫无疑问，作为一种快捷、舒适的新型交通工具，高铁有效地满足了日益富足的中国居民不断增长的高质量出行需求。进一步的问题是，高铁能否成为以及在何种程度上成为一种助力我国经济高质量发展的新动力？本书将针对这一问题展开较为全面的讨论。鉴于回答这一问题，既需要理解高质量发展的含义及其度量，也需要我们去理解一般性交通基础设施的社会经济效应，在介绍本书内容和结构之前，先对现有高质量发展问题的研究和交通基础设施效应评估文献进行一个简要的回顾。

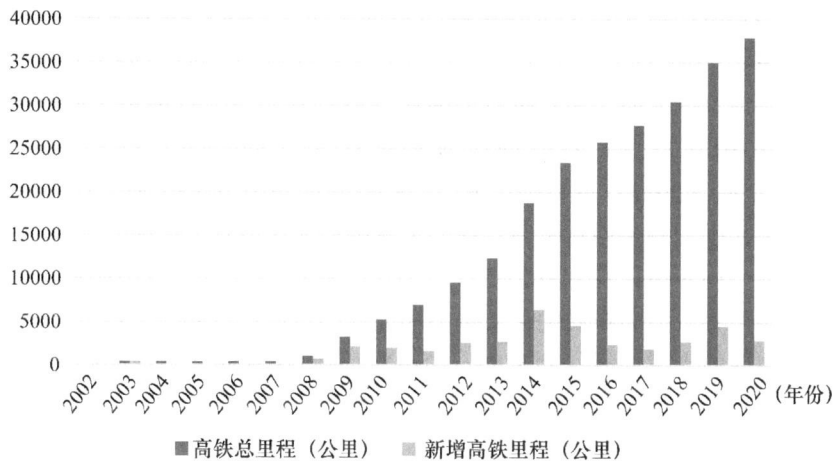

图 1-1 我国高铁里程变化：2002~2020

数据来源：作者根据中国研究数据服务平台（CNRDS）数据绘制。

第二节 文献综述

一 高质量发展问题研究

自从党的十九大报告提出高质量发展的概念，国内学者开始探讨高质量发展的内涵、度量和实现路径。在基本内涵方面，现有研究认为高质量发展具有复杂性和多维性。高质量发展必须体现经济发展的本真性质，即以满足人民日益增长的美好生活需要为目标，既包括物质需求，也包括人的全面发展（金碚，2018），表现为供给的有效性、实现公平性发展、生态文明和人的现代化（任保平，2018）。高质量发展是创新成为第一动力、协调成为内生特点、绿色成为普遍形态、开放成为必由之路、共享成为根本目的的发展（任保平、李禹墨，2018）。

关于高质量发展的度量，可以追溯到经济学者对经济增长质量的度量，他们采用预期寿命、环境条件、收入公平性等指标，来度量经济增长的质量（Barro，2002；Mlachila et al.，2014）。高质量发展内涵的复杂性和多维性，决定了其度量的综合性，因而需要构建多维复合的评价体系，将创新、协调、绿色、开放、共享、效率、质量、结构、安全、可持续等因素进行量化和指标化（刘志彪，2018；金碚，2018）。在实际操作中，师博和任保平（2018）尝试基于经济增长基本面和社会成果两个维度，构建经济高质量发展指标，而一些实证文献则直接把人均 GDP（陈诗一、陈登科，2018）或者技术进步贡献（徐现祥等，2018）作为高质量发展的代理指标。

在实现路径方面，现有研究都强调创新是高质量发展的第一驱动力，开放是必由之路，同时强调生态环境保护（任保平，2018；金碚，2018）。金碚（2018）进一步指出，高质量发展必须以价值理性为动力机制，其中在供给侧是创新引领，在需求侧则是人民向往。同时，实现高质量发展需要构建包括发展战略转型、现代产业体系建设、市场体系深化、分配结构调整、空间布局优化、生态环境补偿机制以及基于内需的全球化经济等在内的支撑要素（刘志彪，2018）。但归根到底，实现高质量发展应该尊重市场规律的基础性作用。

二 基础设施及其效应研究

长期以来经济学者对基础设施问题倾注了大量的研究兴趣。现有研究可以粗略地分为基础设施的供给机制和绩效评估两个方面。

首先，在基础设施供给机制方面，由于基础设施的公共品特征、大额的前期投资以及规模经济特征，政府能否有效提供基础设施是制约一国经济增长的重要因素（黄亚生，2005）。因而，从理论上讲，各级政府的基础设施供给取决于政治制度安排下的政府官员行为以及政治决策过程（Rauch，1995；Henisz，2002）。基础设施作为一种公共投资，其理论渊源可以概括为两个方面。其一是财政分权或者财政联邦主义的文献（Tiebout，1956；Oates，1972）。该理论认为财政分权可以通过选民的"用手"投票（选票）和"用脚"投票（迁移）实现公共产品的最优配置和社会福利的最大化。其二是从地方官员自利行为来分析公共产品供给和政府的支出结构（Barro，1973；Tanzi and Davoodi，1998）。该理论强调地方官员的自利行为在公共资源配置中的作用，认为政治制度结构下各级官员的行为决定着公共政策的偏好和公共支出的结构。

两种理论都被拓展到分析中国的公共支出结构问题，进而解释我的快速基础设施建设现象（平新乔、白洁，2006；傅勇、张晏，2007）以及农村公共产品供给不足问题（高彦彦等，2012）。具体而言，一方面，在财政分权和政治集权背景下，以增长为晋升标准促使官员积极投资于可以促进增长的基础设施（张军等，2007；王世磊、张军，2008）；另一方面，基础设施建设创造寻租机会，使地方官员热衷于基础设施建设（范子英，2013；汤玉刚、陈强，2012）。

其次，关于基础设施投资的绩效评估问题，供给和需求视角的理论分析会给出截然不同的预测。在供给视角下，基础设施被当成一种生产要素或者全要素生产率的决定变量进入生产函数，并在内生增长理论框架下分析其对经济增长的影响，因而具有生产性功能（Aschauer, 1989; Barro, 1990; Glomm and Ravikumar, 1994; Sturm, et al., 1998）。在需求视角下，基础设施投资被认为是满足社会经济发展的需要，脱离需求的投资不仅浪费公共资源，且对私人投资具有挤出效应（Sahoo et al., 2010; Bom and Ligthart, 2014; Canning and Pedroni, 2004）。

实证研究同样提供了相反的证据：一方面支持了基础设施的生产性功能及其对经济增长的促进作用（Aschauer, 1989; Esfahani and Ramı́rez, 2003; Démurger, 2001; Luoto, 2011; Fedderke and Bogetić, 2009; Rauch, 1995），另一方面发现基础设施投资对增长的促进作用有限乃至为负（Sanchez-Robles, 1998; Yeoh and Stansel, 2013; Ansar et al., 2016）。另一些研究则认为基础设施对经济增长的效应取决于制度因素、基础设施类型、融资方式等因素（Esfahani and Ramı́rez, 2003; Egert et al., 2009; Abiad et al., 2016）。

但是，基于我国数据开展的国内外实证研究大体上支持了基础设施的生产性功能及其空间溢出效应、降低制造成本和劳动力再配置功能（Démurger, 2001; Z. Li et al., 2017; H. Shi and Huang, 2014; 刘生龙、胡鞍钢，2011; 刘秉镰、刘玉海，2011; 刘育红、王新安，2012; 张光南等，2014; 张学良，2012; 郭庆旺、贾俊雪，2006; 马伟等，2012; 魏下海，2010; 魏后凯，2001; 黄寿峰、王艺明，2012）。此外，国内外文献还估计了基础设施的收入分配效应（骆永民、樊丽明，2012; 郭劲光、高静美，2009; Chatterjee and Turnovsky, 2012）和国际贸易效应（Khadaroo and Seetanah, 2010; 盛丹、王永进，2012）。

三 高铁效应评估研究

新经济地理把交通基础设施的改善带来的影响概括为"极化效应"和"扩散效应"（Fujita et al., 2001）。随着高铁在世界各国的建设运营，大量的文献评估了高铁的社会经济效应。这些研究可以概括为高铁的增长效应、空间经济重塑效应以及微观经济效应等三个方面。

首先，在高铁的增长效应方面，一方面，大量的实证文献发现，高铁对我国经济具有显著的促进作用（Ke et al., 2017; Ahlfeldt and Feddersen, 2018; 张俊，2017）。另一方面，实证研究也发现，高铁对地方特别是外围城市的经济增长具有消极的影响（王垚、年猛，2014; Qin, 2017）。其次，在高铁的空间经济重塑方面，现有研究发现了高铁的两种效应：极化效应和扩散效应。由于中心城市的资源优势，交通的改善一方面会产生虹吸效应，强化区域经济发展的"中心—外围"格局，对外围城市经济增长产生不利的影响（Duranton and Puga, 2004; Shao et al., 2017; Vickerman, 2015; 董艳梅、朱英明, 2016）。另一方面，高铁具有经济扩散效应，即有助于疏解中心城市拥挤，优化资源配置效率，增强区域经济的一体化（刘勇政、李岩, 2017; 年猛, 2019; 王雨飞、倪鹏飞, 2016; Zheng and Kahn, 2013）。最后，高铁的微观经济效应研究。一些研究开始关注高铁开通对企业经营活动的影响。高铁带来的可达性改善，促进了知识、观念和技术的快速流动，可以激发企业创新（X. Dong et al., 2020; Liao et al., 2022; 吉赟、杨青, 2020; 诸竹君等, 2019），创造就业机会（Lin, 2017），从而提高企业生产率（张梦婷等, 2018; 李欣泽等, 2017）以及增强企业的出口竞争力（唐宜红等, 2019）。

四　简要评述

基于上述文献可知，目前对我国经济高质量发展的研究仍局限于定性分析，对于如何构建和度量高质量发展仍缺乏一致的观点，对经济高质量发展决定因素的探讨仍有待更多的实证检验。现有研究基于多种社会经济指标构建综合性高质量发展指标，固然是一个不错的思路，但是由于指标及其权重的选取会增加构建指标的随意性，以及很难基于该综合性指标给出对策建议。因此，本书将先沿循陈诗一和陈登科（2018）以及徐现祥等（2018）的做法，采用现有的社会经济指标从不同的角度去度量经济高质量发展水平。具体而言，本书将采取人均 GDP、部门经济变量、企业创新、企业减排，以及居民收入和消费等不同指标，来反映经济发展质量的不同纬度。最后，我们也将尝试基于高质量发展内涵构建一个综合性的高质量发展指标来评估高铁与经济发展质量之间的关系。

在基础设施研究方面，尽管存在大量的文献，但是其结论是否适用于高铁这种新型交通工具，仍有待于仔细检验。毕竟高铁主要以缩小中心城市之间的客运通行时间为目标，会大幅提升其连接城市的市场进入水平，因而在这些城市具有更大的时空收缩效应。这些特征显著不同于公路和传统铁路：前者相对于高铁网络更密集，可以连接更多的地区，而后者尽管更便宜但是运输速度较慢、舒适性较差。尽管近年来国内外文献对于高铁和互联网等新兴基础设施社会经济效应的评估在快速增长（Ke et al., 2017; Lin, 2017; Cronin et al., 1991; Sanchez-Robles, 1998; Cronin et al.,

1993；Roller and Waverman，2001；王雨飞、倪鹏飞，2016；郑世林等，2014；陈亮等，2011；Qin，2017），但仍然有待于拓展。特别是现有文献并没有将其置于经济高质量发展议题和驱动力量的视角展开全面、系统的分析。另外，现有研究对于高铁不同效应的实证检验仍存在不少分歧，且对于高铁对农村和农业的影响、对居民收入以及环境的影响缺乏足够的实证分析。

因此，本书将从一个较为全面系统的视角，评估高铁在驱动经济高质量发展关键指标上的效应大小、差异及其背后的传导机制。本书一方面将为客观评价和正确认识高铁与经济高质量发展指标之间的因果关系提供新的经验证据，丰富和拓展现有文献。另一方面将为有效发挥高铁在驱动我国经济高质量发展上的积极作用，提供研究支持和决策依据。

第三节　研究内容与结构

本书一共13章，除了第1章为导论，其余章节分为核心机制（第2~5章）、宏观绩效（第6~10章）、社会福利（第11~13章）等三个部分。

第一部分为偏微观性质的核心影响机制研究，主要研究高铁驱动经济高质量发展的四项影响机制，包括高铁导致的其连接城市市场进入的改善（第2章）、促进人口流动（第3章）、重塑交通系统（第4章），以及激发企业创新（第5章）。具体而言，第2章基于高铁开通和城市统计数据，估计高铁开通对各地级市的国内市场进入水平的提高作用。测算结果表明，高铁显著提高了其连通城市的市场进入水平，但存在显著的区域和城市层级异质性。第3章基于2015~2019年腾讯迁移大数据，以"五一"和"国庆"两大假期为例，检验了高铁与城市间人口流动强度之间的关系。实证结果发现，高铁开通显著促进了高铁连接城市之间的游客流动强度，其中主要通过增加游客通过铁路过移的规模。研究还发现，高铁与公路之间存在着一定的互补性，但对中心城市居民乘坐飞机出行具有显著的替代作用。第4章基于2001~2019年地级市面板数据实证评估高铁对客运和货运总量以及不同类型交通运输量的影响。研究发现，高铁对交通运输总量的影响有限，但是发挥着显著的替代航空运输和促进火车客运的作用。该结果意味着高铁正在重塑我国的交通系统。第5章运用2007、2011和2015年长三角和珠三角地区工业企业创新调查数据，估计高铁对工业企业创新的影响。研究发现，高铁开通显著促进了我国发达地区工企业进行产品和工艺创新的概率。其中关键机制包括：增加企业家对创新重要性的认可，促进企业的合作研发，以及发挥市场规模效应。

第二部分为偏宏观视角的经济绩效评估，其中涉及两个方面：行业效应和区域效应。行业效应涉及两章，高铁对农业（第6章）和对服务业（第7章）两大部门经济的影响。具体而言，第6章运用县域面板数据，评估高铁开通对农业增加值和粮食产出的影响。结果表明，高铁开通显著促进了其连接的外围县域的农业经济增长。第7章以旅游业为例评估高铁对城市服务经济的影响。研究发现，尽管高铁促进了旅游人数的增加，但是并没有促进旅游收入的增加，其原因在于交通改善导致的可达性提高减少了外围城市过夜住宿支出。

区域经济效应探讨了高铁对地方经济增长的影响（第8章）、京沪高铁对南北经济分化的影响（第9章），以及高铁对区域经济格局的影响（第10章）。第8章采用长三角地区县域面板数据估计高铁对县域人均GDP的影响，结果发现，高铁的开通削弱了外围地区的经济增长，强化了区域经济发展的"中心—外围"格局。第9章估计京沪高铁对南北经济分化的影响，结果发现，这条贯穿南北的交通大动脉开通后，我国南北经济差距呈扩大之势。第10章进一步基于现有文献归纳了高铁重塑区域经济格局的微观机制、宏观效应以及国外经验。

第三部分为社会福利分析，评估了高铁对居民收入和消费的影响（第11章）、环境污染（第12章）以及县域经济高质量发展（第13章）的影响。高铁促进的人流、物流、信息流，有助于就业匹配，给当地居民带来更多就业机会和增收渠道，也方便居民进入高端消费市场，从而提高居民的福利水平。第11章从居民增收进而消费升级两个视角，基于地级市统计年鉴数据，评估了高铁开通对居民福利的影响。我们发现，高铁有助于提高职工工资总额，但是降低了城镇居民可支配收入。即便如此，高铁对于中心城市的居民收入和消费有促进作用。第12章基于生态环境部机构排污数据，实证评估高铁对机构污染排放强度的影响及其行业异质性。研究发现，高铁的开通并没有直接降低机构排污强度，甚至通过产业集聚扩大了空气污染，但是对于重污染行业和中心地区，高铁的开通的确具有显著的减排效应。最后一章以长三角城市群县域经济体为对象实证评估高铁对经济高质量发展的影响。通过构建县域高质量发展指数，研究结果支持了高铁对长三角城市群地区县域经济高质量发展的促进作用。

第四节 研究方法

本书主要运用双重差分法（Difference-in-differences，又称倍差法）来评估高铁开通所导致的诸种社会经济效应。借助随机实验的思想，本书把开通高铁的地方作为处理组，把尚未开通高铁的地方作为对照组，通过比较开通高铁和没有开通高铁地区之间以及高铁开通前后结果变量的差异，来识别高铁开通对结果变量的影响。

简单起见，先假设有两个城市 A 和 B，在两个时期 1 和 2，A 城市在时期 2 开通了高铁，而城市 B 一直没有开通高铁。我们称城市 A 为处理组，城市 B 为对照组；时期 1 为处理前，时期 2 为处理后。又假设这两个城市在两个时期的 GDP 为 GDP_{A1}、GDP_{A2}、GDP_{B1} 和 GDP_{B2}。那么高铁开通对 GDP 的影响为：

$$\Delta GDP(HSR=1) = (GDP_{A2} - GDP_{A1}) - (GDP_{B2} - GDP_{B1})$$
$$= \Delta GDP_A - \Delta GDP_B \tag{1-1}$$

或者

$$\Delta GDP(HSR=1) = (GDP_{A2} - GDP_{B2}) - (GDP_{A1} - GDP_{B1})$$
$$= \Delta GDP_2 - \Delta GDP_1 \tag{1-2}$$

其中，HSR 表示高铁开通变量。换言之，高铁开通对 GDP 的影响等于高铁开通两期 GDP 之差和高铁未开通城市两期 GDP 之差的差值，也等于两城市在高铁开通前后 GDP 差异的差值。

借助倍差法来识别高铁开通效应建立在一个很强的假设之上，即平行趋势假设。具体而言，要求在高铁开通前高铁城市和非高铁城市的结果变量具有相同的趋势。否则，上述效应也可能是由于其他因素。此外，在只有两个城市的情况下，第 2 期发生于城市 A 的其他非高铁开通因素也可能会导致上述效应。换言之，由于混淆因素的存在，我们并不能通过上述简单比较来识别高铁对 GDP 的影响。因此需要有更长时间跨度和更多城市截面的数据，即通过构建面板数据，来评估高铁开通的效应。此时，假如高铁开通的城市在同一时点开通了高铁，则可以建立如下实证模型：

$$Y_{ct} = \alpha HSR_c + \beta After_t + \gamma HSR_c \times After_t + \varepsilon_{ct} \tag{1-3}$$

其中，Y 为结果变量，c 和 t 分别表示城市和时间变量，HSR_c 为非时变高铁开通虚拟变量，对于开通高铁的城市取值为 1，对于没有高铁的城市取值为 0；$After_t$ 为高铁开通前后期虚拟变量，取 1 表示高铁开通后，取 0 为高铁开通前。HSR_c 和 $After_t$ 的交乘项的估计系数度量了双重差分法下高铁开通对结果变量 Y 的影响。

但是，我国的高铁建设并非一蹴而就，不同高铁开通城市开通高铁的时间存在差异。比如北京、合肥、南京、天津等城市早在 2008 年就开通了高铁，部分城市则在随后几年随着高铁线的建成而开通高铁，还有一些城市则至今仍未开通高铁。高铁开通发生在不同时期使我们很难基于交乘项和式（1-3）开展倍差法估计。对此，可以构建一个更一般性的多期倍差法实证框架：

$$Y_{ct} = \gamma HSR_{ct} + \lambda_c + \eta_t + \varepsilon_{ct} \tag{1-4}$$

其中，HSR_{ct} 是一个时变的虚拟变量，对于每个城市，没有开通高铁的年份取值为 0，开通高铁的年份取值为 1；λ_c 是城市固定效应；η_t 为年份固定效应。这里的倍差法模型实际上就是一个双重固定效应模型。其好处是可以控制不随时变的城市特定因素和时变的、影响所有城市结果变量的宏观政策和趋势因素，因而相对于模型（1-3）得到的估计结果更可信。

为了得到更可靠的因果推断，则需要对平行趋势假设进行检验。现有的研究，主要沿循 Autor（2003）在估计雇佣保护措施的强化对临时就业影响中的思路，通过一种事件分析的方法来检验平行趋势假设是否得到满足。具体而言，通过估计高铁城市和无高铁城市在高铁开通前后不同年份的结果变量是否存在显著差异，来判别平行趋势是否成立。如果在高铁开通之前两类城市之间结果变量不存在显著差异，而在此后年份存在显著差异，那么可以认为两组城市之间在高铁开通前不存在趋势差异，且高铁开通对结果变量具有显著影响。基于式（1-4）的平行趋势检验采取如下模型：

$$Y_{ct} = \sum_{k=-m}^{n} \gamma_k HSR_{c,o+k} + \lambda_c + \eta_t + \varepsilon_{ct} \tag{1-5}$$

其中 o 表示高铁开通当年，k 表示距离高铁开通的时间，且 m>0，n>0。因此，当 k<0 时，为高铁开通前；k>0 时，为高铁开通后。当 γ_k 的估计系数在 k<0 时与零无显著差异，那么认为可以通过平行趋势检验；γ_k 的估计系数在 k>0 时与零存在显著差异，则意味着高铁开通对结果变量存在显著的影响。

当平行趋势假设无法满足时，意味着存在着影响高铁开通的混杂因素同时影响着结果变量。基于式（1-4）所进行的倍差法估计无法有效地识别高铁开通对结果变量的影响。此时，我们将采取三个思路去解决这个问题。首先，如果知道混杂因素来源，且可以度量，则可以在模型中进一步控制这些混杂因素变量。例如，如果认为经济发展水平或者人口密度是影响高铁建设的重要因素，也会影响结果变量，那么，可以在模型（1-4）中控制反映经济发展水平和人口密度。如果中心城市高铁开通是内生的，那么可以将数据控制在外围城市。其次，如果不知道混杂因素来源，或者缺乏数据对其度量，则可以根据 Angrist and Pischke（2014）的建议，通过控制城市特定趋势来控制城市层面时变的不可观测特征变量，从而解决平行趋势无法满足的问题。但控制城市特定趋势往往会吸收太多结果变量的变化，导致估计精度下降和估计结果不显著的问题。这两种方式可以细化为如下实证模型：

$$Y_{ct} = \gamma HSR_{ct} + \delta X_{ct} + \lambda_c + \eta_t + \lambda_c \times t + \varepsilon_{ct} \qquad (1-6)$$

其中，X_{ct} 和 δ 是潜在混杂因素的度量指标及其估计系数，t 是时间变量。

最后，在倍差法的基础上进一步使用工具变量法。如果高铁建设并不完全外生于遗漏变量，那么可以进一步寻找更外生的工具变量来识别因果关系。一个好的工具变量，必须满足三个条件：相关性、随机性与排他性约束（Angrist and Pischke, 2014）。换言之，工具变量必须与内生变量高度相关，必须外生于其他变量，且仅通过内生变量影响结果变量。固然很难找到一个完美的高铁开通工具变量，但现有文献提供了构建工具变量的两类思路。

第一类是基于历史铁路数据来构建当前高铁开通的工具变量（Baum-Snow, 2007; Donaldson, 2018; Michaels, 2008; Zheng and Kahn, 2013）。由于地理条件的限制，以前的交通路线与现在的交通路线存在不少重叠的部分，但又与现在的路线决定因素无关。因此，历史上的交通路线或者规划可以作为现在交通网络的合适的工具变量。例如，Baum-Snow（2007）将中国1962年的交通网络作为当前公路和铁路连通的工具变量。他认为，1962年建设交通设施的目标是将农产品运出农村地区。这与当前的建设交通设施的运输目的不同，但是由于地理条件的制约，历史上的交通设施与当前交通设施相关。

第二类是工具变量采用直线策略来构建工具变量（Atack et al., 2010; Banerjee et al., 2020; Faber, 2014; Hornung, 2015）。由于建设交通的目标是连通大型中心城市，且两城市间直线距离最短，故一个城市是否落在两个中心城市连线的中间，对于外围城市而言，是随机的。而道路建设也遵循这样一个目标，总体上交通线的规划也是在考虑地理和成本的情况下按照最短距离设计线路，因此，直线上的城市也会有更大的概率被交通干线连上，直线策略下的潜在高铁开通城市与实际高铁开通城市高度相关。基于这样的逻辑，Atack 等（2010）通过绘制美国终端城市之间的直线来构建铁路可达性的工具变量。其他实证研究（Banerjee et al., 2020; Faber, 2014; Hornung, 2015; Hodgson, 2018）也使用了类似的工具变量构建策略。

因此，我们也采用工具变量的方法来估计高铁的影响。结合现有的文献，本书部分后续章节也将运用直线策略来构建潜在的高铁开通变量作为实际高铁开通变量的工具变量，并赋之以与各实际高铁线相同的开通时间（具体细节参见本书第 4 章、第 5 章、第 7 章、第 8 章和第 12 章，特别是第 8 章的介绍）。然后，采用两阶段最小二乘法进行估计。实证模型为：

$$Y_{ct} = \gamma \widehat{HSR}_{ct} + \lambda_c + \eta_t + \varepsilon_{ct} \tag{1-7}$$

$$HSR_{ct} = \sigma HSR\_IV_{ct} + \lambda_c + \eta_t + v_{ct} \tag{1-8}$$

其中，式（1-7）为第二阶段估计模型，式（1-8）为第一阶段估计模型；HSR_IV 为直线策略下的潜在高铁开通变量，是实际高铁开通变量的工具变量；σ 为第一阶段估计系数。

第五节 主要发现与贡献

一 主要发现

本成果通过对高铁开通不同层面影响的实证分析为高铁驱动经济高质量发展提供经验证据。主要研究发现可以概括为如下几点：

首先，高铁的开通显著提高了其连接城市的市场进入水平，方便了城市间的人口流动，重塑了我国的交通系统，激发了长三角和珠三角地区的工业企业创新。

其次，高铁促进了外围县域的农业产值和粮食生产的提高，其中以生产率的提高为驱动因素。高铁的开通方便了游客的流动，但是由于减少了游客的过夜支出，结果制约了其对城市旅游收入增长的促进作用。

再次，高铁开通存在虹吸效应，强化区域经济发展的"中心—外围"格局，不利于外围经济的增长，但这并不意味着高铁没有强化区域经济发展中的专业化、分工与合作，以及没有提高区域经济发展的一体化水平。

最后，在居民福利方面，高铁增加了信息流动，从而方便居民获取外出就业的机会,提高居民收入,促进消费,但是加剧了劳动力市场的竞争,降低了人均工资。大城市的高级服务业也变得容易获取,增加外围城市的消费选择,从而提高消费者福利水平,但是对于本地消费的促进作用有限。从环境效应来看,虽然高铁的开通并没有直接的减排效应,而且存在强化由经济集聚而产生空气污染的迹象,但是对于重污染行业,由于产业转移和经济活动的空间调整,则具有显著的减排效应。我们发现高铁在长三角城市群地区提高了县域经济的发展质量。

因此,高铁是我国经济增长的新动力,将助力于我国经济的高质量发展。它通过加速客流来带动信息、知识和物质要素的流动,提高了国内市场的可进入水平,从而扩大了市场规模,并激发企业创新。与此同时,高铁促进产业结构的服务化,强化外围地区的农业经济优势,有助于实现区域经济的一体化。但是,我们也不应忽视,这些积极效应所伴随的短期、意外的不利结果。由于我国长期城市偏向的社会经济政策和城乡收入差距,高铁的开通助推了农村技能劳动力和人口的外流,强化区域经济发展的中心—外围格局,也存在着环境污染的迹象。即便如此,高铁导致的短期经济阵痛不应掩盖其长期在促进发展质量提升方面的实际贡献和巨大潜能。

二 主要贡献

本书的主要贡献包括如下几个方面:

首先,本书从一个多维度的视角较为全面地检验了高铁开通与不同层次的社会经济指标之间的经验关系。从内容结构上看,本书既有较为微观层面的关键影响机制分析,也有偏宏观层面的经济绩效评估,以及社会福利层面的居民收入、消费、环境和发展质量效应分析。因此,本书为全面评估和正确认识高铁与高质量经济发展指标之间关系、理解高铁社会经济效应的多样性,提供了研究依据。

其次,本书的实证研究建立在因果推断的视域之下。高铁作为一种大规模的交通工具主要通过中央政府自上而下顶层设计的方式来规划和建设。这意味由高铁带来的地方交通设施的改善具有较强的外生冲击性质。基于我国高铁建设和开通的时空差异,本书主要采用面板数据结构下的倍差法开展实证研究,同时广泛结合工具变量、匹配、安慰剂检验、异质性和机制分析等方法和思路开展稳健性分析。这些实证策略有助于尽可能地去识别高铁开通的真实因果效应。

最后,本书为评估高铁的社会经济效应提供了多维度的证据。我们使用了丰富的数据开展实证研究。这些数据除了我国城市统计年鉴数据，还有基于手机用户位置信息的腾讯迁移大数据、县域经济统计年鉴数据、工业企业创新调查数据、工业企业数据库，以及环境部排污数据等各种渠道的数据库。在研究内容上，本书除了开展一些成熟课题的研究，如高铁对经济增长、旅游经济、企业创新、人口流动的影响，也尝试一些现有研究未竟或较少涉足的领域，如农业经济、环境污染等，从而拓展现有相关文献的研究层次和范围。

因此，本书通过提供一个较为全面、系统的高铁效应评估，丰富了现有的相关理论和实证研究。一方面，现有文献大量评估了高铁对经济增长、区域经济、就业、创新以及生产率的影响。本书也基本覆盖这些选题，但是在研究区域、数据、模型设定以及研究发现等方面均有所不同。另一方面，作为一种交通工具，本书也为交通经济学、城市经济学，以及新经济地理关于交通改善的经济效应的理论，提供"准自然实验"下的经验证据。鉴于本书各章都将详细探讨其与现有文献的联系，在此不再赘述。

第六节　研究局限

本书存在如下研究不足：

首先，本书只是采用简约模型直接估计高铁开通对高质量发展的各种社会经济指标的影响。所有的研究假说基于对现有理论和实证文献的回顾和总结，并没有构建诸如一般均衡分析等数理模型。同时，本书所涉及的研究方法仍局限于多期倍差法，并未采用更复杂的结构模型估计。近年来，不少文献对基于双向固定效应的倍差法估计的可靠性提出了质疑（Mora and Reggio, 2013; Bilinski and Hatfield, 2018; Rambachan and Roth, 2019）。因此，如何充分考虑双向固定效应模型的识别问题，以改善多期倍差法估计高铁效应的可信性，将是拓展本书研究内容的重要方向之一。

其次，本书不涉及高铁建设和运营成本的分析。毫无疑问，这是一个重要的领域。尽管高铁具有不少切实的积极效应，但是高铁的建设和运营涉及巨额的成本，大部分高铁线存在着巨大的亏损问题。因此，如何全面评估高铁的综合经济效益，仍是一个非常重要、紧迫且充满挑战的研究课题。

最后，本书的内容仍有待于更多的实证研究来拓展。无论是高铁研究还是高质量发展研究,都是一个未竟的、庞大的研究课题。显然,尽管本书涉及多层面、多维度的高铁效应评估,但是每章的研究内容难免有浅尝辄止之嫌。兼存上述两方面的局限,本书所有章节的研究主题、所涉及的数据维度、所采用的实证策略、所得到的研究发现,仍有待于未来研究去补充、巩固和拓展。因此,希望本书可以发挥抛砖引玉之力,吸引更多关于高铁和发展质量之间关系的理论和实证研究。

第一部分

核心影响机制

第二章 高铁与市场进入改善

内容提要：高铁产生影响的第一个重要机制是改善其连通城市的市场进入水平。本章介绍了两种不同的市场进入的测算方法，并且测算了我国2008~2018年高铁引致的市场进入水平。测算结果表明，到2018年高铁导致的平均市场进入对数值均值为8.507。从三大区域来看，虽然西部地区高铁建设起步较晚，市场进入水平较低，但是近年来市场进入增长较为迅速，与中、东部差距在缩小。从城市层级来看，直辖市的市场进入改善最大，其他城市市场进入改善较小，但总体都在增加之中。

第一节 引言

发达的交通基础设施系统给居民带来便利的出行方式。消费者无须居住在大城市就可以享受其多样化的商品和服务，而不必为此支付高额的住房成本，也可以避免遭受严重的交通拥堵和环境污染。随着交通运输成本的降低，城市之间的联系更加紧密，贸易往来更加频繁，通达地区经济亦日渐繁荣。因此，交通基础设施不仅提高了居民的生活质量，也推动了城市经济的增长。鉴于此，各国政府都积极投资于交通基础设施，其中高速铁路作为一种新型的交通方式，近半个多世纪以来被各国政府大规模建设。进入21世纪，我国政府以惊人的速度推进高铁交通网的建设，使其成为我国现代交通系统中不可或缺的组成部分。截至2019年年底，我国的高铁营业里程已经跃居世界第一。根据中长期铁路规划，我国将进一步建成"八纵—八横"为主干通道的高速铁路网。

本章评估高铁带来的最直接效应之一：改善市场进入（market access）。大量的研究表明，市场进入的改善是交通基础设施发挥作用的最重要机制之一（Romalis，2007；Bold et al.，2022；Donaldson and Hornbeck，2016）。高铁作为一种快速、舒适、准时的现代交通工具，同样对其连接的城市具有显著的市场进入改善的作用。不少文献估计了高铁导致的市场进入改善,以研究高铁的社会经济效应。这些文献基本上采用两种测算市场进入的方法:由 Harris(1954)提出的市场潜力函数法和由 Donaldson 和 Hornbeck(2016)基于一般均衡模型提出的测算方法。市场潜力函数法把对某一地区生产的产品和服务的所有需求计算为该地区与消费市场的距离和市场规模的函数。交通的改善缩短区域间的实际通行距离,因而可以扩大市场潜力。Ahlfeldt 和 Feddersen(2010)最先使用市场潜力函数法评估从德国科隆到法兰克福高铁的经济效应。随后,Zheng 和 Kahn(2013)将此方法运用于中国情境,探究高铁对沿线城市房地产价格的影响,发现高铁的建设促进了高铁沿线二线城市的房价上涨和市场的一体化。

类似地,第二种方法基于一般均衡模型分析把市场进入写成市场规模和贸易成本的函数。交通的改善降低了贸易成本,从而提高市场进入水平。基于该方法,Lin(2017)评估了我国高铁开通以及由此导致的其他城市的市场进入对城市就业的促进作用。张梦婷等(2018)也基于该方法估计了高铁导致的市场进入,并估计高铁开通以及市场进入的改善对工业企业生产率的影响。

另有一支文献基于可达性(accessibility)的概念,测算了高铁对各个城市可达性的影响(L. Liu and Zhang, 2018; Diao, 2018; Cao et al., 2013; Shaw et al., 2014)。可达性指标被直观地计算为每个城市所有目的地城市的吸引力与两城市间旅行时间之比的加总。与上述市场进入测算方法一样,目的地城市的吸引力采用 GDP 或者人口数量来度量。基于该方法,Liu 和 Zhang(2018)发现,与 2006 年相比,高铁的开通使 2014 年全国城市的平均可达性增加了 186.2%,可达性差异减少了 0.6%。另一项研究则采用平均加权旅行时间度量城市可达性水平,发现从 2009 年到 2016 年高铁平均使全国城市可达性提高了 12.11%(Diao, 2018)。因此,可达性指标与市场进入并没有本质差别。

本章主要基于 Harris(1954)的市场潜力函数借鉴 Ahlfeldt 和 Feddersen(2010)的方法来计算单纯由高铁开通以后带来的市场进入水平。采用城市 GDP 来度量市场规模,把高铁的平均速度设定为 250 公里/小时,计算高铁城市在高铁开通以后由高铁带来的市场进入水平。测算结果表明,高铁给高铁城市带来的市场进入水平的对数均值为 8.507,截至 2018 年为 8.706。我们还比较了东、中、西三大区域高铁城市的市场进入水平,以及不同层级城市的市场进入水平。结果发现,东部地区高铁城市市场进入最大，中部其次，西部最小。直辖市和非省会地级市获得较大的市场进入，而高铁给省会城市带来的市场进入较小。此外，我们还通过调整交通成本衰减参数，采用人口数量来度量市场规模，以及将其与现有研究进行比较，来检验本章测算结果的可靠性。

第二节　市场进入测算方法

市场进入的测算方法可由一般均衡模型推导得到，用于刻画交通基础设施建设在区域间形成的贸易成本变化的加总效应。与简单的交通基础设施指标相比，市场进入指标具有以下三点优势：首先，市场进入指标能够描述交通基础设施对每一个城市市场进入的总体处理效应的大小，包括所有直接和间接效应。其次，高铁引致的市场进入的大小取决于高铁交通网络导致的总体便利程度以及与重要城市的联系密切程度。最后，市场进入指标可以进一步考虑交通成本的变化。随着交通基础建设投资的增加、交通基础设施的完善，以及城市通达程度的提高，降低的交通运输时间成本也会影响到市场进入指标的大小。接下来将介绍一下前文所提到的两种市场进入测算方法。

第一种是 Donaldson 和 Hornbeck（2016）的方法。他们在评估历史上的铁路对美国 1890 年农业部门的总体影响时，用市场进入的变化来捕捉这种总体影响。为了测算美国县域的市场进入，他们构建了铁路和水路网络数据库，并计算最低成本的县与县之间的货运路径。研究结果发现，由 1870 年到 1890 年铁路扩张导致的市场进入的增加使农业土地的价值显著增加了 60%。下面简单地介绍一下他们的方法。

假设经济由许多贸易县组成。消费者消费一系列差异化的商品 j，而这些商品具有不变替代弹性 σ。每个县的生产者都使用柯布—道格拉斯技术，运用劳动、资本和土地生产出不同的产品。假设每个县的生产力水平，对于任何给定商品 j，服从 Fre'chet（或 II 型极值）分布。该分布可以反映县域生产率差异如何激发分工和贸易。各县之间进行各种商品的交易成本不同。偏远地区消费者必须为进口商品支付高价，而生产商品则获得低价，因为只有这样该地区的生产商才能在遥远的市场上具有竞争力。贸易成本计算为冰山成本。进一步假设土地固定，资本和劳动可以自由流动。

由于完全竞争，生产每个商品的边际成本等于价格。将每个供应县 o

的边际成本带入目的地县 d 的商品需求，并允许消费者在均衡状态下从其最廉价的供应县购买商品。Donaldson 和 Hornbeck（2016）基于 Eaton 和 Kortum（2002）的如下两个重要结果来测算每个县的市场进入：

第一个结果是指目的地县 d 的消费者价格为：

$$P_d^{-\theta} = k_1 \sum_o T_o (q_0^\alpha w_0^\gamma)^{-\theta} \tau_{od}^{-\theta} \equiv CMA_d \qquad (2-1)$$

其中，消费者价格指数被称为消费者市场进入 MCA，T_o 是每个县的平均生产率，q_o 是农业地租率，w_o 是工资率，α 和 γ 分别是土地和劳动的投入产出弹性，τ_{od} 是市场之间的交通成本变量，包含出行时间和费用成本，随着交通基础设施的改变而变化。θ 描述了生产率的分布，反映了贸易流动中比较优势的范围。该值越小意味着这个区域的生产率越分散，产生更多的贸易动机。k_1 是一个关于 α，γ，θ，σ 以及利率 r 的常量。因此，d 县的消费者市场进入表示该县对廉价产品的接近，即能够供应 d 县市场的每个原产地市场 o 经生产率调整后的生产成本的加权总和。交通成本（τ_{od}）越低，消费者市场进入越大。

第二个结果是从 o 县到 d 县的总出口价值 X_{od}：

$$X_{od} = k_1 T_o (q_0^\alpha w_0^\gamma)^{-\theta} \tau_{od}^{-\theta} CMA_d^{-1} Y_d \qquad (2-2)$$

其中，Y_d 是 d 县总收入。上式也是一个描述贸易流动的重力模型，意味着 o 县更高的生产率或者更低的成本，或者 d 县更高的收入和更低的消费者进入，会使 o 县销售更多的产品给 d 县。

基于上述两个结果和模型设定，Donaldson 和 Hornbeck（2016）得到如下关系式：

$$(1 + \alpha\theta)ln\, q_o = ln(k_1\alpha) + ln(\frac{T_o}{L_o}) - \gamma\theta ln U + \gamma ln\, CMA_o + ln\, FMA_o \qquad (2-3)$$

其中，L_o 为 o 县土地数量，U 为工人获得的效用水平，FMA_o 表示对来自 o 县商品的企业市场进入，定义为：

$$FMA_o = \sum_d \tau_{od}^{-\theta} CMA_d^{-1} Y_d \qquad (2-4)$$

式（2-4）表明，企业的市场进入是 o 县对所有商品销售目的地 d 县关于市场规模 Y_d 和竞争程度 CMA_d 的贸易成本加权总和。目的地市场规模越大、竞争程度越低、两地贸易成本越低，企业市场进入越大。

给定县域之间贸易成本的对称性，即从 o 县和 d 县的贸易成本也就是从 d 县到 o 县的贸易成本，以及目的地 d 县的消费者市场进入也可以按照式（2-4）的形式写成所有来源地 o 县的企业市场进入和收入的函数，可以得到同一个地方的消费者市场进入等于企业市场进入。因此,可以将两种市场进入统称为市场进入。由于 $\gamma Y_d = w_d N_d$,即总工资等于劳动对总收入的贡献,o 县的市场进入可以进一步写成如下等式:

$$MA_o = \frac{U}{\gamma} \sum_d \tau_{od}^{-\theta} MA_d^{\frac{-(1+\theta)}{\theta}} N_d \tag{2-5}$$

但是,在实证研究中,Donaldson 和 Hornbeck(2016)简化了市场进入的度量,即采用如下式子测算 o 县的市场进入,并证明该简化度量与理论模型下的市场进入高度相关:

$$MA_o = \sum_d \tau_{od}^{-\theta} N_d \tag{2-6}$$

该市场进入度量捕捉了影响市场进入的两个最重要的指标:市场规模和贸易成本。其中,贸易成本与交通基础设施条件高度相关。

第二种是"市场潜力"(market potential)法。此方法源自 Harris(1954)的市场潜力函数,将对某一地区所生产的产品和服务的所有需求表达为该地区与消费市场的距离和市场规模的函数。

假定经济由大量的代表性消费者组成,每个消费者被赋予了一个单位的劳动,且劳动的供给缺乏弹性。此外,每个消费者获得一个固定的名义工资,地区之间劳动力可自由流动。生产部门运用唯一的生产要素,即劳动,生产出一系列水平差异化的可贸易品。产品市场为垄断竞争市场,且与冰山运输成本有关。市场潜力函数给定如下:

$$MP_j = \sum_{k \in K} Y_k e^{-d_{jk}} \tag{2-7}$$

其中,Y_k 表示 k 地的收入,d_{jk} 表示 j 地和 k 地的距离,MP_j 表示 j 地的市场潜力。

以此方法为基础,Hanson(2005)采用美国各州的数据,将经济活动的空间集聚解释为由规模经济和运输成本所导致的区域间产品市场联系。但是,Ahlfeldt 和 Feddersen(2010)最先将 Harris(1954)方法使用到评估高铁的经济效应。具体而言,他们采用如下等式:

$$MA_{ht} = \sum_g GDP_{gt} e^{-\alpha \times tt_{hgt}} \tag{2-8}$$

其中 MA_{ht} 是给定城市 h 在时间 t 的市场进入,tt_{hgt} 表示城市 h 和城市 g 之间的旅行时间,α 表示运输成本衰减参数,反映了 g 区 GDP 在市场潜力中的权重。旅行时间变量可以用来描述交通结构中复杂的可达性模式。这个 MA 指标包括了生产者和消费者市场进入的增加以及推动生产率提高的各种溢出效应。式(2-8)表明,旅行时间(tt_{hgt})越短、市场规模（GDP_{gt}）越大，该城市的市场进入越大。

对比上述两种市场进入测算方法可以发现，尽管两者表达形式存在差异，但本质上都取决于交通成本和市场规模的大小。市场规模越大、交通成本越低，则市场进入越大。两者的区别在于对交通成本的表达。Ahlfeldt 和 Feddersen（2010）市场进入指标相对简单，直接使用由交通基础设施创新所带来的通行时间的缩短来计算城市市场进入的变化。Donaldson 和 Hornbeck（2016）的市场进入指标则既可以同时考虑交通费用和时间的变化，还可以用于计算不同的交通运输方式所带来的总体市场进入的变化。由于本章只研究高铁引致的城市市场进入的改善，我们选择较为简单的市场潜力函数法。

第三节 高铁导致的市场进入改善

一 数据来源

本章涉及的数据包括各城市高铁开通情况、地理位置、GDP、人口等数据。其中，高铁开通数据来自《中国铁道年鉴》、中国铁路总公司网站、12306 网站。我们手动搜索每条高铁线路以确定其途经城市和开通时间。GDP 和人口数据来自《中国城市统计年鉴》，地理位置数据取自高德地图，用以计算城市之间的距离。

二 市场进入测算结果

我们使用 Ahlfeldt 和 Feddersen（2010）的方法，即式（2-8），来测算高铁连通所导致的城市市场进入水平的提高。此时，每个城市的市场进入都受到所有通过高铁网络连接的城市的影响。相互连接的城市之间产品和要素市场相互作用，对其他相连接的城市产生或正或负的溢出效应。由高铁带来的交通的改变和市场规模的改变，以及由此带来的所有的直接和间接效应，都反映在市场进入的变化中。

为了测算 2005~2018 年我国城市的市场进入水平，我们选用这些年份的城市 GDP，并沿循现有文献（Ahlfeldt & Feddersen, 2010; Zheng and Kahn, 2013），将运输成本衰减参数 α 设置为 0.02。这意味着，在大约进行 35 分钟的旅行时间后，空间的相互作用减少了 50%；在大约 230 分钟的旅行时间后，空间的相互作用减少到小于 1%。

另一个需要确定的变量是城市间的旅行时间 tt_{hgt}。该变量计算为城市之间的旅行距离除以高速铁路的平均速度。由于城市间旅行距离通常大于直线地理距离，我们假定主要铁路沿线城市之间的实际铁路旅行距离是直线地理距离的1.2倍。以北京和天津为例，两地之间的直线距离为113.7公里，由此我们可以计算出两地之间的旅行距离为113.7×1.2=136.4公里。那么，2008年京津城际高铁开通之后，两地之间的旅行时间为136.4/250=0.546小时，即32.7分钟。随着高铁线路开通数量的增加，北京与其他城市的高铁连接越多，北京的市场进入水平也越高。换言之，高铁开通导致枢纽城市市场进入水平的提升会大于非枢纽城市。在所有还未开通高铁的年份，该城市由高铁引致的市场进入值都为0。截至2018年年底，我国一共有187个地级及以上城市开通了高铁。

表2-1报告了各城市GDP、市场进入水平及其对数值的描述性统计。从中可以看出，在截至2018年开通高铁的187个城市中，GDP均值为2682.39亿元，最小值为105.64亿元，最大值为33106亿元。基于市场潜力指数计算的高铁导致的市场进入均值为4505.85，最大值为55298.16，为2018年的河北省廊坊市。紧随其后的是2018年的东莞市，市场进入水平为50984.56。取对数以后，市场进入水平均值为8.51。由于乌鲁木齐市市场进入水平很小，其对数值为-9.226。由于没有开通高铁的城市市场进入水平为0，市场进入取对数以后的观察值减少为1161。

表2-1　　　　　　　城市GDP和市场进入的描述性统计

变量	观察值	均值	标准差	最小值	最大值
城市GDP（亿元）	2043	2682.392	3561.893	105.64	33106
高铁导致的市场进入水平	2057	4505.848	7082.155	0	55298.16
Ln（高铁导致的市场进入水平）	1161	8.507	1.500	-9.226	10.921

图2-1进一步描述了各城市市场进入水平及其对数值的分布情况。从中可以发现，由于我国高速铁路从2008年才开始正式运营，到2018年有大量的城市连接并开通了高铁，这些城市在高铁开通之前由开通高铁所导致的市场进入水平为0。而且，大部分市场进入水平取值低于20000。从市场进入的对数值来看，绝大部分城市的市场进入取值范围在5和11之间，呈现出正态分布的特征。

图2-2给出了2008年以来开通高铁城市的数量以及高铁城市的平均市场进入水平的对数值。可以发现，伴随着高铁网的建设和更多的城市开通高铁，每年高铁城市的平均市场进入水平总体上在不断增加。全国高铁

26 第一部分 核心影响机制

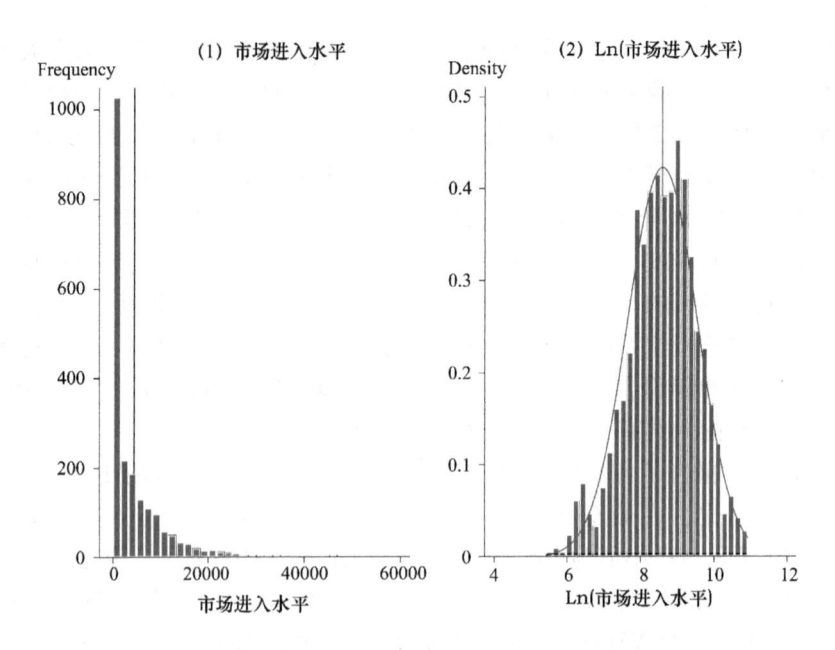

图 2-1 高铁引致的市场进入水平分布

注：垂直线为均值。图（2）剔除了市场进入对数值为负数的乌鲁木齐市。

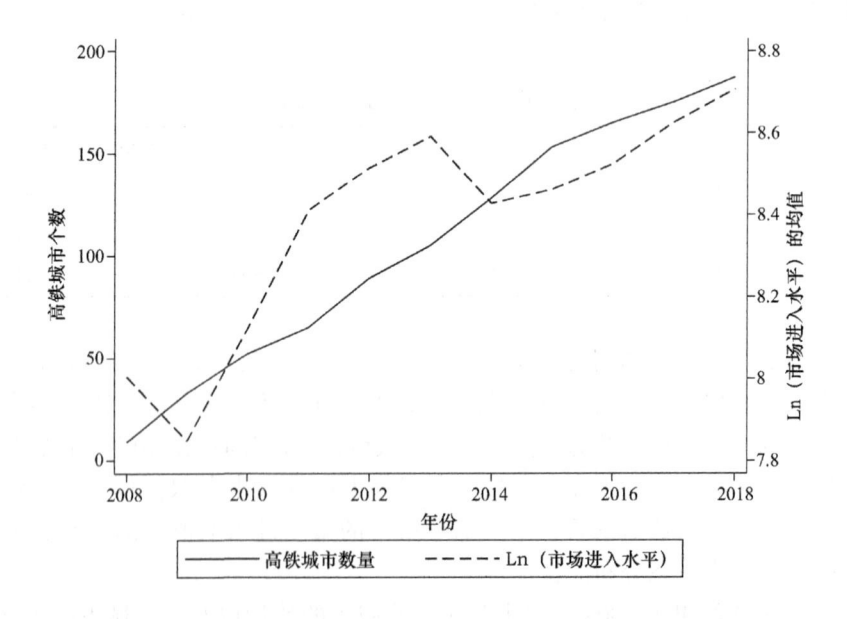

图 2-2 2008~2018 年间高铁城市数量和平均市场进入水平变化

城市数量从 2008 年的 8 个增加至 2018 年的 187 个。与此同时，这些城市由高铁开通导致的市场进入水平的对数均值从 8 增加至 8.706。对应的市场进入水平的均值从 4447 增加至 9790。2009 年和 2014 年由于高铁城市数量大增而导致平均市场进入值有所下降。因此，高铁网的建成和开通显著增加了高铁城市的市场进入。

三 分区域市场进入水平

为了观察高速铁路引致的市场进入的区域差异，我们按照东、中、西三个区域来观察高铁开通对高铁城市市场进入的促进作用。截至 2018 年，本章所研究的 187 个高铁城市有 76 个是东部城市、68 个为中部城市、43 个为西部城市。图 2-3 分三大区域画出了高铁带来的市场进入水平对数值的均值变化。总体而言，高铁给三大区域高铁城市带来的市场进入水平处于不断提升之中，其中以中部地区最为明显。即便如此，在三大区域中，高铁给东部地区带来的平均市场进入水平高于中部，而西部地区最

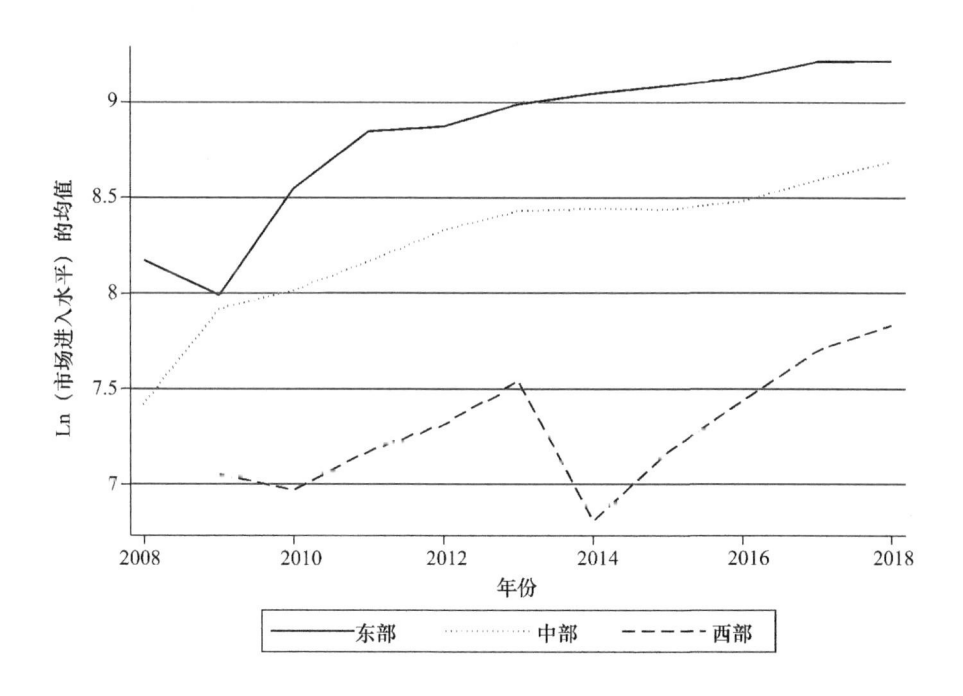

图 2-3 分区域高铁开通导致的高铁城市的市场进入水平变化

小。到 2018 年，三大地区高铁城市的市场进入水平对数的均值分别为 9.22、8.69 和 7.83。此外，图 2-3 还表明，东部地区市场进入水平均值在 2009 年有所下降，而西部地区在 2014 年有明显的下降。这说明部分新开通高铁城市的市场进入增加值低于现有的高铁开通城市，从而拉低了这些年份两大区域高铁导致的市场进入水平的均值。分区域市场进入水平对数值均值的变化趋势也可以解释图 2-2 中所呈现的所有高铁城市市场进入水平的变化特征。因此，高铁的开通对城市市场进入的影响存在着区域差异。这意味着不同区域从高铁获得的好处也会不同。高铁倾向于在经济更发达地区产生更大的市场进入提升效应，由此可能会强化区域经济发展的差距。

四 分城市层级市场进入水平

接下来进一步考虑不同层级的城市在开通高铁后市场进入水平的提升差异。我国城市包括直辖市、省会城市、计划单列市、地级市和县级市。本章所指的城市仅包含地级市及以上层级的城市。尽管一些城市，如苏州、厦门、宁波、深圳等城市，由于其经济地位，它们行政等级高于一般的地级市，我们主要从三个层级来比较：直辖市、省会城市和其他地级市。图 2-4 分三类城市画出了高铁城市的平均市场进入水平的对数均值。从中可知，在这三类城市中，高铁开通给直辖市带来了最大的市场进入的增加，给省会城市带来的市场进入的增加最小，对于其他地级市市场进入的影响居中。具体而言，高铁给直辖市带来的平均市场进入在 2014 年达到一个超过 10 的最高点后，2015 年出现了下跌（见图中实线）。主要原因是重庆市在这一年开通了成渝高铁，但是由此带来的市场进入水平低于已经开通高铁的其他三大直辖市的市场进入水平，从而拉低了直辖市的市场进入水平均值。2013 年大量省会城市开通高铁也导致了类似的效果（见点线）。对于其他地级市而言，高铁的开通极大地提高了其市场进入水平（见虚线）。到 2018 年，三类城市高铁带来的市场进入水平平均值分别为 9.83、7.92 和 8.8。因此，分城市来看，高铁开通强化了大型中心城市的市场进入，提升了其他地级市的市场进入水平，但是对其连通的省会城市的市场进入影响相对较小。

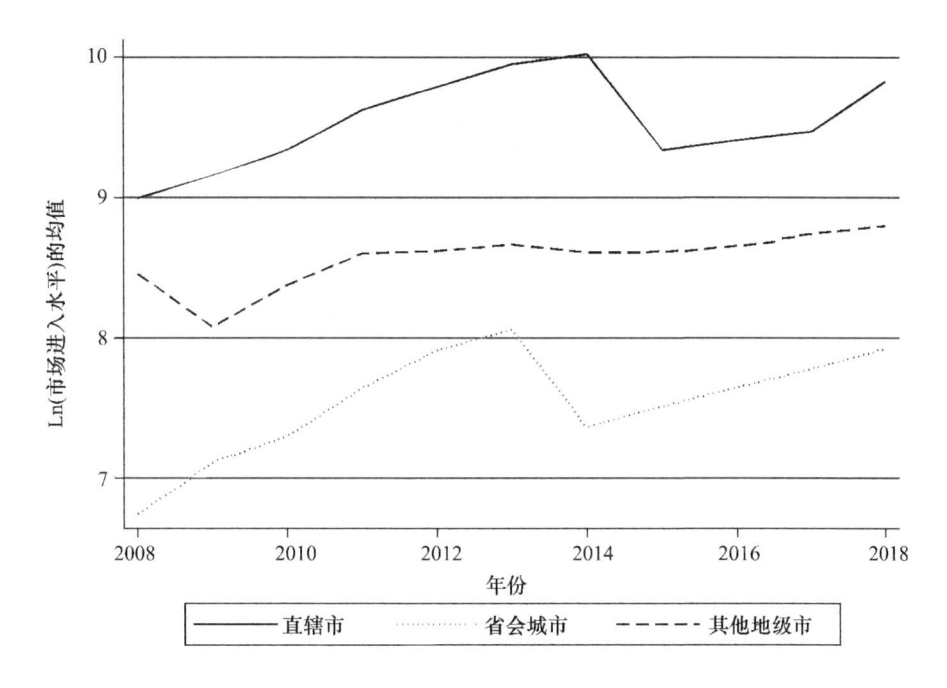

图 2-4 分城市层级的市场进入水平的变化

五 敏感性分析

为了检验前文使用的市场潜力法得到的高铁导致的市场进入水平是否可靠，我们进行一些敏感性分析，包括改变交通运输成本衰减参数（α）设置，使用人口规模来代替 GDP，以及与现有研究进行比较。图 2-5 汇报了这些不同的市场进入水平指标的对数均值的时间序列。从中可以看出，不同的市场进入水平指标总体上基本一致，尽管存在一些差异。首先，调整交通运输成本衰减参数为 0.01（原来为 0.02），对于市场进入的影响微乎其微，两条均值线几乎完全重叠。① 其次，采用人口规模计算的市场进入水平的对数均值则随时间呈现出更小的变化。最后，图 2-5 还画出了张梦婷等（2018）基于 Donaldson 和 Hornbeck（2016）提出的方法得到的 2008~2013 年市场进入水平的对数均值。我们发现，该市场进入水平与本章基于市场潜力法得到的结果保持类似的趋势。不同的是，我们得到市场进入水平均值更大，是他们的 2 倍。此外，通过计算这些指标之

---

① 如果把交通运输成本衰减调大，比如取值为 0.05，我们仍然可以得到稍小的市场进入水平，但是趋势完全不变。

间的相关系数可知，它们之间存在较强的相关性。不同交通运输成本衰减参数下的市场进入指标相关系数为1；采用人口规模计算的市场进入指标与前文采用GDP得到的指标相关系数为0.81；我们与张梦婷等（2018）计算的市场进入水平指标相关系数为0.55。这些分析表明，本章基于市场潜力方法计算的高铁给其连通城市带来的市场进入水平的提升具有可比性，因而是可靠的。

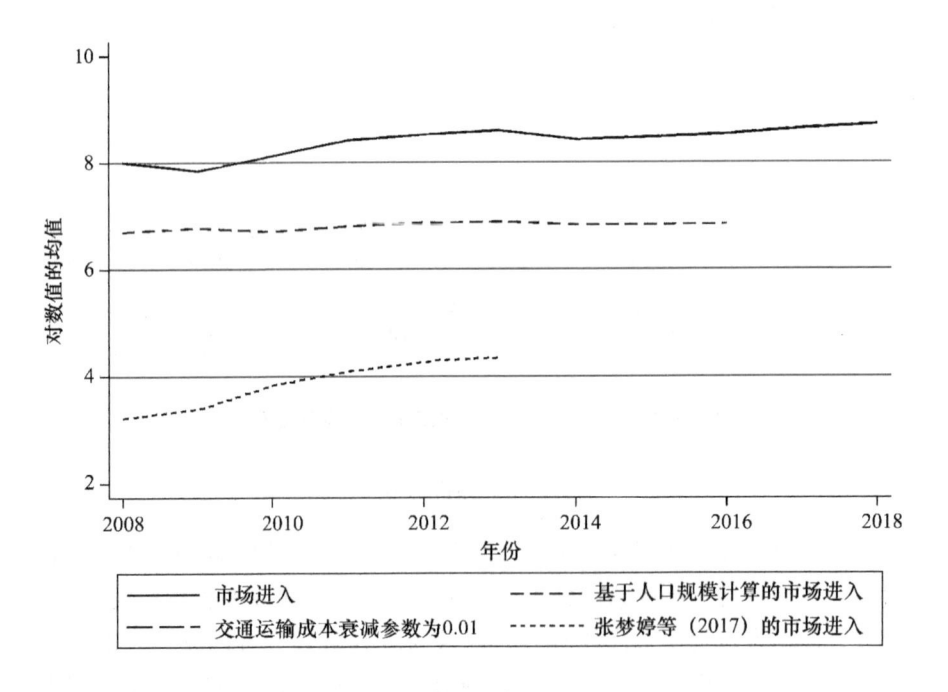

图 2-5 敏感性分析

第四节 结论

本章从城市层面评估了高铁网给高铁城市所带来的市场进入的改善。基于市场潜力模型得到的市场进入指数表明，开通高铁使高铁城市的市场进入水平提高了4505.81，对数值的均值为8.51。当然，这只是高铁给高铁城市带来的市场进入的绝对量。考虑到原来这些城市也存在传统的交通设施网连接到其他城市，高铁的开通只是在现有的交通基础上提升了居民跨城旅行的速度。假如现有交通的平均旅行速度为60公里每小时，而高铁使居民沿着高铁网旅行的时间提升到250公里每小时，和原来相比提高了3倍多。但是并非所有城市开通了高铁，而且考虑现有交通基础设施、从出发地和终点与高铁站之间的连接问题，以及高铁较高的票价，由高铁网带来的城市市场进入的增量会远远小于本章仅仅基于交通时间的缩短计算的市场进入水平。即便如此，我们测算的市场进入在采用不同的交通成本衰减参数和不同的市场规模度量下保持高度的一致性，且与现有的基于Donaldson和Hornbeck（2016）方法得到的市场进入水平指标基本一致。

本章的研究还发现，高铁在东部地区发挥着最大的提高市场进入的作用，中部地区次之，在西部地区作用最小。同时，我们还发现，高铁对不同层次的市场进入的影响不同，对直辖市市场进入的提升最大，对开通高铁的省会城市市场进入的提升作用最小，而对其他地级市市场进入的影响居中。这些结果与一些现有的研究发现一致（Cao et al.，2013；Shaw et al.，2014；Diao，2018），意味着高铁会强化发达地区和大型中心城市的市场进入水平，进而强化区域经济发展的不平衡和"中心—外围"格局。

另外，值得注意的是，前文所分析的市场进入变化均为高铁开通城市的对数均值。尽管各图所示该均值并没有出现大幅的增加，甚至在部分年份出现了下降，但是，由于高铁城市数量的不断增加，从全国来看，高铁导致的平均和总体市场进入水平仍然在不断增加。高铁对于现有城市的市场进入的改善也随着高铁网的扩张而不断增加。

高铁导致的市场进入的改善构成了高铁重塑社会经济效应的核心微观机制之一。高铁的开通使外部市场变得更加容易接近，为本地带来了新的需求、技术、思想、人才以及商业模式。市场进入的改善至关重要。正如Bold等（2022）基于乌干达农村开展的社会实验表明，市场进入带来的需求和高价，而非单纯地从供给端对农户进行技能培训，有助于玉米种植质量的提升。高铁引致的市场进入从供求两端影响着本地经济，既有助于拓展和提升对本地产品的需求，也有助于获取外部的先进生产要素，从而实现本地产品的质量提升和产业的调整、更新与升级。后续章节将不同程度验证这些效应。

第三章　高铁与人口流动：来自腾讯迁移大数据的证据*

内容提要：本章评估了高铁对假期人口流动的影响。为了识别因果效应，我们使用腾讯迁移大数据中城市间的人口流动热度指数来衡量游客流动情况，构建了2015年4月至2019年5月"五一"和国庆两个法定节假日的日度城市对面板数据。实证结果表明，高铁显著增加了城市间的客流强度，特别是游客乘火车出行的强度。

第一节　引言

铁路等交通运输是经济增长的关键力量，因为它塑造了高度一体化的市场，进而深化劳动分工，促进管理和组织革命（Smith, 1937；Chandler Jr, 1993；Chandler Jr and Hikino, 2009）。通过促进旅客跨地区流动，交通基础设施促进了区域经济的发展。这个话题催生了大量的实证研究，但研究结果却大相径庭。一些研究表明，交通运输促进了经济增长（Donaldson, 2018；Atack et al., 2010；Démurger, 2001；Hornung, 2015），而其他研究结果却不支持这种效应，甚至认为交通运输条件的改善会阻碍经济增长，特别对于外围地区而言（Fogel, 1962；Faber, 2014；Vickerman, 2015；Hodgson, 2018；Banerjee et al., 2020）。

虽然研究已经证实高铁改善了城市间的可达性，但这种可达性改善是不对称的：中心城市的可达性改善高于外围城市（Cao et al., 2013；Diao,

---

* 本章内容发表信息如下：Gao, Yanyan, Yongqing Nan, and Shunfeng Song, "High-speed rail and city tourism: Evidence from Tencent migration big data on two Chinese golden weeks", *Growth and Change*, Vol. 53, No. 3, 2022, pp. 1012~1036。有删改。

2018; Shaw et al., 2014; Sasaki et al., 1997)。新经济地理的一些重要著作（Fujita et al., 2001; Helpman and Krugman, 1985; Krugman, 1991）早就提出，运输成本的降低，可能极化区域经济。实证研究则表明，高铁开通后既可以在房价方面观察到分散效应（Z. Chen and Haynes, 2015a; Zheng and Kahn, 2013），也可以在经济和人口方面看到极化效应（Vickerman, 2015）。但无论哪种效应，高铁都是通过加强人口的流动来发挥作用。

本章把我国的高铁建设作为一种准外生的冲击，以我国两大法定假期——"五一"和"十一"——为例，评估交通改善对城市间人口流动的影响。经过十几年的大力建设，中国已成为世界第一的高铁国家，高铁总里程超过4万公里，高铁网连接全国80%以上的大型城市。尽管高铁比传统交通工具更贵，但是它更快、更准时、更舒适，已成为我国最受欢迎的交通工具之一，尤其是中短途的商务出行或旅游。因此，我国的高铁建设为识别交通改善对区域经济及其空间结构（Ke et al., 2017; Z. Chen et al., 2016; Shao et al., 2017; Z. Chen and Haynes, 2017）、研发和创新（X. Dong et al., 2020）与旅游业（Z. Chen & Haynes, 2015b; Zhou and Li, 2018）等因果效应提供了一个准自然实验。

为了准确衡量城市间的人口流动强度，本章使用腾讯公司公布的2015~2019年中国城市每日人口迁移大数据集。通过将每日迁移数据与城市高铁开通数据进行匹配，可以探索高铁带来的两种客流强度变化：高铁与非高铁城市之间的变化，以及高铁开通前后的变化。换句话说，我们使用双重差分法来识别高铁对假期城市人口流动的因果效应。

实证结果表明，高铁连接确实增加了我国城市间的人口流动。在各种模型设定之下，这一结果是稳健的，包括对高铁连接和人口流动采用替代度量指标，采用更长的时间跨度、移除省会城市的观测数据，以及考虑高铁开通的空间溢出效应。我们还发现，对城际客流的影响主要是由乘坐火车出行所致。

本章研究对现有文献的贡献包括两个方面。首先，我们利用独特的腾讯迁移大数据来衡量中国城市间的人口流动强度。腾讯迁移大数据由腾讯集团根据众多智能手机应用用户的位置信息汇总而成。这些数据由腾讯公司每天实时发布，包括一个城市与其前十城市间的人口流出强度和流入强度两个指标。因此，该数据可以准确地度量城际间人口流动强度。腾讯人口迁移数据被广泛用来衡量和分析中国城市之间的人口流动空间网络和结构（Hui et al., 2020; Pan and Lai, 2019; Jun Xu et al., 2017; Weili Zhang et al., 2020）。

由于假期人口流动的主要原因是旅游，本章的研究也可以看成高铁对城市旅游经济的影响。现有文献广泛使用统计年鉴中的旅游收入和游客到达量来衡量旅游业（Y. Yang et al., 2019; Zhou and Li, 2018）。然而，官方统计中这两个变量都存在大量的缺失值，地方旅游部门报告的统计数据可能会存在误报，从而导致估计结果有偏差。值得注意的是，Liu 和 Shi（2019）也使用了杭州的社交媒体数据来检验城际高铁对旅游到达的影响。与其不同的是，我们使用两个全国假期的腾讯迁移大数据的客流量，而不是周末的检票数据。此外，我们的数据涵盖了中国大部分城市之间的客流，由此可以从城市之间的视角来估算高铁对人口流动的影响。因此，我们通过基于智能手机用户位置信息的迁移大数据对城际客流进行全面、准确的测量，补充了以往关于高铁和旅游关系的研究。

其次，通过估计高铁对旅客出行方式的影响，我们可以考察高铁开通促进人口流动背后的机制。因此，本章的研究还补充了研究高铁与其他交通工具之间关系的文献（Fang et al., 2023; H. Li et al., 2020; Raturi et al., 2013）。

第二节 实证策略与数据

一 实证模型

为了识别高铁对城市人口流动的影响，我们沿循现有的实证研究（Albalate et al., 2017; Albalate and Fageda, 2016; Z. Chen and Haynes, 2015b; Gao et al., 2019）采用以下固定效应面板数据模型：

$$Tourist\_flow_{cjtd} = \alpha HSR_{cd} + \beta HSR_{jd} + \rho_c + \rho_j + \lambda_d + \epsilon_{cjtd} \qquad (3-1)$$

其中，$Tourist\_flow_{cjtd}$ 是指主城市（由 c 表示）在 t 年 d 日与其城市对（由 j 表示）之间的人口流动热度指数。HSR 是一个城市层面的时变虚拟变量，表示高铁开通状态。ρ_c 和 ρ_j 分别为城市对中 c 和 j 市的固定效应，λ_d 为日期固定效应，ϵ 是误差项。α 是待估系数，衡量主城市的高铁开通对人口流动的影响。如果高铁开通的估计系数显著为正，则可以说高铁增加了主城市与其前十人口流入或者流出城市之间的人口流动强度。同时，β 估计系数显著为正则表明，城市 j 开通高铁也增加了其与主城市 c 间的客流量。在这里，我们主要关注 α 而不是 β 估计系数，因为这里只包括所有城市与其前十人口流入和流出城市对的数据。

模型（3-1）设定的城市层面固定效应面板数据模型的优点在于，它控制了城市区位、文化、独特的旅游资源等非时变的城市特征，以及在国家假日和不同年份变化的宏观政策冲击，如全国性旅游政策。如果这些因素既决定了一个城市的高铁开通，也决定了人口的流动，遗漏他们会使我们对高铁影响的估计有偏差。由于有些城市在我们的研究期间之前就已经开通了高铁，而有些城市在我们的研究期间不同的时点开通高铁，因此模型（3-1）是一个广义的倍差法估计框架。

需要注意的是，模型（3-1）右侧不存在时变的特定城市控制变量，如果这些变量也与高铁开通相关，则可能会导致内生性问题。然而，由于我们的研究范围内的所有新高铁线路都不是两个假日开通的，因此，高铁开通变量只在两个假期之间变化，而非在假期内变化，因此内生性不太可能由日度时变因素所致。此外，社会经济状况不太可能在假期内发生剧烈变化。因此，我们通过进一步添加城市特定趋势和城市对固定效应，从而在很大程度上控制由城市随着年份变化的和城市之间不随时间变化的遗漏变量所导致的估计偏误。具体来说，我们估计以下实证模型：

$$Tourist\_flow_{cjtd} = \alpha HSR_{ct} + \beta HSR_{jt} + \rho_c + \lambda_d + \rho_c \times t + \rho_j \times t + \rho_{cj} + \epsilon_{cjtd}$$
(3-2)

其中，交互项 $\rho_c \times t$ 是主城市的年份线性趋势，$\rho_j \times t$ 是前十城市对的年份线性趋势，ρ_{cj} 是城市对的固定效应。由于我们的高铁连接变量在城市层面变化，而结果变量是城市对之间的客流量，根据 Cameron 和 Miller（2015）的操作指南，我们估计时把标准误聚类在主城市和其前十城市对的层面，以允许模型误差在每前十城市对内相关。

二　变量和数据

因变量是两个城市之间的人口流动强度。这里采用了人口流出和流入两种强度。这两个变量来自腾讯公司构建并发布的迁移大数据。腾讯开发了两个最受欢迎的即时通信软件：QQ 和微信。通过嵌入智能手机的全球定位系统（GPS），腾讯公司可以基于这些应用程序跟踪用户的具体位置信息。个人迁移信息由腾讯加总和发布为人口流出热度指数和人口流入热度指数，分别衡量了人口流出至前十目的地（TTD）城市的强度和人口从前十大来源地（TTO）城市流入的强度。这些指标可以反映城市之间游客流动强度的差异，且只有城市间客流量达到某个临界值才被公布为前十城市。这些指数没有单位，且部分城市没有一个完整的前十城市对。从 2015 年春节开始，到 2020 年 8 月 22 日结束，这两个指标都可以在 https：//heat.qq.com/qianxi.php 网页上免费抓取。虽然一个城市的 TTD 和 TTO 城市通常是附近的城市或区域性中心城市，但它们不一定相同。

已有的研究利用人口迁移数据来描述中国城市间的人口和交通流动网络或模式（Hui et al. 2020；Jun Xu et al. 2017；Pan and Lai，2019）。相对于基于调查的官方统计等传统数据，腾讯迁移数据更可靠、更有代表性，因为它们生成于腾讯应用中成百上千万用户的准确位置变化（Pan and Lai，2019；Weili Zhang et al.，2020）。此外，该数据还包括火车、汽车和航空三种出行方式的比重，由此我们能够研究高铁影响假期人口流动的机制。

为了获取人口流动强度数据，我们使用 Python 代码收集了 2015 年 4 月至 2019 年 5 月劳动节和国庆节前后城市对的十大迁移热度指数。劳动节一般在 5 月 1 日左右持续 3 天，国庆节一般从 10 月 1 日到 7 日持续 7 天。这两个节日的迁移热度指数可以很好地衡量一个城市和其前十城市对之间的人流量。

结果表明，直辖市、省会等大城市的人口流入强度通常高于其他城市。对于北京、上海、广州、成都、武汉和重庆这样的中心城市，这一点更为突出，它们通常都是其他城市的前十游客来源地城市。同时，省会城市也是周边城市的前十来源地城市。虽然这里没有汇报，但从人口流出强度地图上也可以观察到类似的模式。因此，不同城市间的人口流入强度存在显著差异，这有助于从城市对的角度准确、全面地衡量人流量。

高铁开通主要用一个时变虚拟变量来度量。该变量在城市被高铁连接的年份取值为 1，否则取值为 0。现有文献要么直接用高铁开通状态来衡量高铁连接（Gao et al.，2019；Gao et al. 2020；X. Dong et al.，2020；Gao and Zheng，2020；Fangni Zhang et al.，2018；Zhou and Li，2018），要么用高铁引起的可达性或连通性改善来度量高铁服务强度（Diao，2018；Jiao et al.，2020；De-gen Wang, et al.，2018；Z. Chen and Haynes，2017）。由于这里的目的是研究一个城市是否和如何通过高铁影响其对人口的吸引力，我们仅运用一个时变虚拟变量来度量城市高铁开通情况。尽管可达性或连通性指标也得到了广泛的应用，但一些关于高铁对可达性或连通性改善影响的研究表明，这些指标是高铁开通的结果，而不是高铁开通本身（Weng et al.，2020；Jiao et al.，2014；Lei Wang，2018；Cao et al.，2013）。因此，是否开通高铁比高铁连接引起的可达性改善能够更好地反映由高铁

第三章 高铁与人口流动：来自腾讯迁移大数据的证据

带来的交通改善。

由于迁移大数据是每个城市和其前十城市对之间的人口流动强度，因此高铁开通可以通过两种方式来定义：每个城市的高铁开通及其前十城市对城市的高铁开通。此外，为了进行稳健性检验，我们还构造了每对城市的高铁开通变量。具体来说，我们构建了四个城市对高铁开通变量：双边高铁开通、主城市高铁开通、前十城市高铁开通、双方均无高铁开通，分别对应城市对之间高铁开通的四种情形：两个城市都开通了高铁连接、只有主城市开通了高铁、只有城市对中的前十城市开通了高铁，以及两个城市都没有开通高铁。城市高铁开通信息取自高铁地图，可以从高铁信息平台高铁网获取（http：//crh.gaotie.cn/CRHMAP.html）。

中国高铁的建设速度惊人，仅 10 多年的时间便建成了一个庞大的高铁网。在本章研究的 5 年期间，就有 52 条高铁投入运营。因此，截至 2019 年劳动节，我们的数据包括 45 个新增高铁开通城市、155 个现有高铁城市和 161 个非高铁城市。这些高铁开通的时空差异提供了足够多的中国城市间交通改善的准外生冲击。

为了准确匹配城市高铁连接数据与每日的城市对人口流动数据，笔者搜索了 2015~2019 年每条高铁线路的开通日期。对于那些在国庆节之后开通了高铁线路的城市，将其视为当年没有开通高铁，而是在下一年开通高铁。同时，如果开通高铁的时间发生在劳动节之后、国庆节之前，把该城市开通高铁的时间具体到国庆节期间。由此构建了包含 3610 个城市对的日度面板数据，覆盖 2015 年 4 月至 2019 年 5 月期间的两个国家法定节假日，总计 768930 个观察值。我们主要使用劳动节和国庆节期间的 158840 个观测值。

变量的描述性统计如表 3-1 所示。人口平均流出强度为 9.632，取值范围为 0.6 至 67.9，平均流入强度为 9.559、取值范围为 0.5 至 67.9。高铁开通在城市对之间差异显著，前十目的地和前十来源地城市比主城市有更大的高铁开通均值。这是因为前十城市通常是中心城巾或大城市，这些城市只是全部城市的一部分，且开通高铁的城市更多。因此，从主城市的视角，我们可以用更完整的中国城市数据集进行实证研究，从而使城市高铁开通变量有更多的变化。同时，高铁开通城市具有较高的人口流动强度，其前十目的地或前十来源地城市也具有较大的高铁开通比例（参见表 3-1B 栏）。

表 3-1 描述性统计

A栏：	样本量	均值	标准差	最小值	最大值
人口流出强度	158840	9.632	6.668	0.6	67.9
人口流入强度	158840	9.559	6.643	0.5	67.9
高铁开通（主城市）	158840	0.498	0.500	0	1
高铁开通（前十大目的地城市）	158840	0.727	0.445	0	1
高铁开通（前十大来源地城市）	158840	0.725	0.447	0	1

B栏：	非高铁城市 观测值	(1) 均值	高铁城市 观测值	(2) 均值	均值差 (1)—(2)
人口流出强度	70400	7.103	88440	11.645	-4.542***
人口流入强度	70400	6.978	88440	11.615	-4.637***
高铁开通（主城市）	70400	0	88440	0.894	-0.894***
高铁开通（前十目的地城市）	70400	0.626	88440	0.808	-0.182***
高铁开通（前十来源地城市）	70400	0.629	88440	0.801	-0.172***

注：*** 代表1%的显著性水平。

三 平行趋势检验

为了证明使用倍差法来识别因果效应的合理性，我们使用如下事件分析模型来估计高铁开通对人流强度的提前效应：

$$Tourist\_flow_{cjtd} = \sum_{o=0}^{-k} \alpha_o HSR_{co} + \alpha_1 HSR_{c,t-o-1} + \beta HSR_{jt} + \rho_c + \lambda_d + \rho_c \times t + \rho_j \times t + \rho_{cj} + \epsilon_{cjtd} \quad (3-3)$$

其中 o 表示 c 市距离高铁开通的年数，从 0 年到 k 年不等，这里 $k>0$。由于我们的数据是每天的面板数据，每天每个城市有 10 个观测值，我们把提前效应的估计限制在 2 年，也就是说 $k=2$。如果 α_o 在统计上是不显著的，我们倾向于相信平行趋势假设成立，倍差法可以得到一个真实的因果效应。检验结果如表 3-2 所示。研究发现，提前效应基本上不显著，但是在高铁开通之后存在显著的正效应。因此，平行趋势假设检验支持了倍差法估计框架。

表 3-2 平行趋势检验

因变量	（1）人口流出	（2）人口流入	（3）人口流出	（4）人口流入
高铁开通（主城市，-2）	-0.012	-0.009		
	(0.008)	(0.009)		
高铁开通（主城市，-1）	-0.022**	-0.016	-0.013	-0.009
	(0.011)	(0.013)	(0.009)	(0.010)
高铁开通（主城市，0）	0.005	0.001	0.013	0.007
	(0.011)	(0.014)	(0.010)	(0.013)
高铁开通（主城市，t-1）	0.031**	0.031**	0.037***	0.036**
	(0.012)	(0.015)	(0.013)	(0.015)
高铁开通（前十目的地城市）	0.009		0.009	
	(0.010)		(0.010)	
高铁开通（前十来源地城市）		0.012		0.012
		(0.010)		(0.010)
观测值	157503	157376	157503	157376

注：括号中的值是聚类在城市层面的稳健性标准误；** 和 *** 分别表示5%和1%的显著性水平；-2、-1、0分别表示高铁连接前两年、前一年以及高铁连接当年；所有列均控制了日期固定效应、主城市控制效应、主城市年份趋势、前十城市固定效应、前十城市年份趋势和城市对固定效应；所有的被解释变量加1之后取自然对数。

第三节 主要结果及其稳健性

一 主要结果

我们用普通最小二乘法（OLS）对实证模型进行估计。表3-3报告了估计结果。第（1）和第（2）列控制了城市和日期的固定效应；第（3）和第（4）列进一步控制了城市特定的年份趋势；第（5）和第（6）列进一步控制城市对固定效应。结果表明，主城市开通高铁后显著增加了其城市人流量。具体而言，高铁使从主城市外流至其前十目的地城市的客流强度增加了3.9%［见第（1）列］，使从其前十来源地城市流入的客流强度增加3.3%[见第（2）列]。① 当控制城市特定的年趋势后，高铁开通对人口流出强度的影响变小，对人口流入强度的影响变大[见第（3）和第（4）列]。进一步控制城市对固定效应使高铁开通的游客流入效应稍微变小[见第（5）和第（6）列]。表3-3中的结果还表明，前十城市的高铁开通对城市间人口流动强度没有显著影响。可能原因在于，如表3-1所示，这些城市间高铁开通的变化比主城市间高铁开通的变化要小。

虽然这里没有报告，但需要注意的是，如果不控制前十城市固定效应，对主城市高铁开通的估计系数不会有太大影响，但会使前十城市高铁开通的估计系数变得显著。这是一个自然的结果，因为现在前十城市的人口流动强度的变化没有被其固定效应所吸收。此外，进一步控制城市对前十顺序的固定效应也不会改变主城市高铁开通效应的估计系数。因此，主要研究结果提供了一致的证据，表明高铁显著增加了其连接高铁城市与其前十城市之间的客流强度。这与现有研究所发现的高铁促进游客流入的结论一致（Z. Chen & Haynes, 2015b）。

表3-3　　高铁开通对人口流动强度的影响

变量	(1) 人口流出	(2) 人口流入	(3) 人口流出	(4) 人口流入	(5) 人口流出	(6) 人口流入
高铁开通（主城市）	0.039***	0.033***	0.035***	0.035***	0.031***	0.032***
	(0.012)	(0.011)	(0.010)	(0.009)	(0.009)	(0.009)
高铁开通（前十目的地城市）	-0.001		-0.025		0.009	
	(0.012)		(0.017)		(0.010)	
高铁开通（前十来源地城市）		0.004		-0.021		0.012
		(0.013)		(0.015)		(0.010)
主城市固定效应	是	是	是	是	是	是
日期固定效应	是	是	是	是	是	是
前十城市固定效应	是	是	是	是	是	是

① 严格而言，这两个效应应该分别计算为（$e^{0.039}-1$）和（$e^{0.033}-1$），即3.98%和3.36%。鉴于差别不大，简便起见，这里以及本书后面章节，除非特别说明，都直接用估计系数来反映高铁开通的效应大小。

续表

	（1）	（2）	（3）	（4）	（5）	（6）
主城市特定年份趋势	否	否	是	是	是	是
前十城市特定年份趋势	否	否	是	是	是	是
城市对固定效应	否	否	否	否	是	是
观测值	158840	158840	158840	158840	157503	157376
聚类数	360	360	360	360	360	360

注：括号中的值是聚类在主城市和前十城市层面的稳健性标准误；*** 代表1%的显著性水平；所有的被解释变量加1之后取自然对数。

二 稳健性检验

为了确保研究结果可靠，这里进一步采用人口流动强度和高铁开通的替代变量，剔除中心城市，考虑空间溢出效应等方法进行稳健性检验。所有稳健性检验都得到了一致的证据，即高铁增加了中国城市之间的人口流动强度。

（一）替换结果变量

第一个稳健性检验使用一个城市在一天内成为其他城市的前十目的地城市的次数或一个城市成为其他城市前十来源地城市的次数作为结果变量。如果高铁改善了城市的可达性，从而增加了旅游流量，那么它应该增加其连接城市成为其他城市前十客流城市的可能性。为了验证这一点，我们估计了高铁开通对其连接城市成为前十目的地或前十来源地城市的次数的影响。实证结果见表3-4第（1）和第（2）列。结果表明，高铁开通确实使高铁城市成为其他城市前十目的地城市和前十来源地城市的次数分别增加了1.184和1.093次。该效应在5%的水平上显著。

（二）双边高铁开通

我们的高铁开通变量是单边高铁开通变量。有人可能会认为，从城市对双边角度衡量高铁开通可以更好地捕捉高铁开通的强度。如果主城市高铁开通能够提高这些城市与其前十城市之间的客流量，那么双边开通高铁将会产生更大的客流增加效应。为了证明这一点，我们构建了一个双边高铁开通变量，即城市对中的两个城市都开通了高铁，以及两个单边高铁开通变量，即仅主城市有高铁开通，或者仅前十城市有高铁开通。

表3-4第（3）、（4）列报告了采用新的高铁开通变量得到的估计结果，其中双边都没有高铁开通为参照组。我们发现，和预期的一样，与两边都没有开通高铁相比，双边高铁开通使游客流出和流入的强度分别增加

了4%和4.5%,该效应比仅基于主城市角度的估计[参见表3-3第(5)和第(6)列]要大。我们同样发现,主城市单边开通高铁也显著增加了客流强度,但是前十城市单边开通高铁并没有这种效应。这些结果与主要结果一致,即高铁开通在主城市而非前十城市增加了人口流动。因此,高铁对人口流动的促进作用也可以从城市对的角度得到证实。

表3-4 替换变量的稳健性检验

变量	(1) 成为前十目的地的次数	(2) 成为前十来源地的次数	(3) 游客流出	(4) 游客流入	(5) 游客流出	(6) 游客流入
高铁开通(主城市)	1.184**	1.093**				
	(0.505)	(0.526)				
双边高铁开通			0.040***	0.045***		
			(0.013)	(0.013)		
高铁开通(仅主城市)			0.035***	0.042***		
			(0.011)	(0.011)		
高铁开通(仅前十目的地城市)			0.011			
			(0.011)			
高铁开通(仅前十来源地城市)				0.017		
				(0.011)		
与最近高铁城市的距离					-0.005***	-0.006***
					(0.002)	(0.002)
观测值	157503	157376	157503	157376	135477	135400
聚类数	360	360	360	360	360	360

注:括号中的值是聚类在主城市和前十城市层面的稳健性标准误;*** 和 ** 分别代表1%和5%的显著性水平;所有的被解释变量加1之后取自然对数,距离变量也取自然对数;所有列控制日期固定效应、主城市固定效应、主城市特定年份趋势、前十城市固定效应、前十城市特定年份趋势和城市对固定效应。

(三)采用距离度量的高铁开通

还有一个担心是,采用虚拟变量度量高铁开通可能忽略了一个城市开通高铁对另一个城市的空间溢出效应。没有开通高铁的城市也可以随着其附近城市的开通而提高可达性,因此也可以从邻近城市开通高铁中获益。

为获取高铁对周边城市旅游流的空间溢出效应,我们构建了一个衡量周边城市到高铁城市的最短坐标距离变量。对于高铁城市,该变量取 0 值。换句话说,到高铁城市的最短距离定义为:

$$Short\_Dis\_HSR_{cd} = \{0, \text{ if } HSR_{cd} = 1; Min(Distance_{ck}), \text{ if } HSR_{cd} = 0. \quad (3-4)$$

其中 $Short\_Dis\_HSR_{cd}$ 为 d 日 c 市与其最近的高铁城市之间的最短经纬度距离;HSR 为高铁开通虚拟变量;$Distance_{ck}$ 为非高铁城市 c 到高铁城市 k 之间的经纬度距离。

采用与最近高铁距离度量的实证结果见表 3-4 第(5)和第(6)列。我们发现,该距离变量与两个客流强度变量均为负相关关系。高铁距离与游客流出、流入的估计弹性分别为 -0.005、-0.006〔见第(5)和第(6)列〕。这意味着,距离最近的高铁城市的距离增加一个标准差,即 2.566,将导致人口流动强度下降约 1%。因此,采用最近距离度量的高铁开通变量也证实了高铁对人口流动的促进作用。

(四)加总人口迁移数据

我们不再使用十大城市对的日度面板数据,而是将每日十大流出和流入热度指数加总,构建了两个国家法定节假日期间的主城市日度面板数据。加总后,每个城市每天只有一个观察值,而不是此前的 10 个观察值。因此,现在的观察值只有原来的十分之一。我们预计高铁开通对加总人口流动强度也有促进作用。表 3-5 第(1)和第(2)列的估计结果表明,高铁开通使每日游客流出和流入总强度分别增加了 2.4% 和 2.8%,略小于表 3 第(5)和第(6)列的估计结果。因此,加总数据也证实了高铁与人口流动强度之间的正向联系。

(五)外围地区的观察值

接下来的稳健性检验删除中心城市的观察值,因为中心城市往往有更多的经济活动和文旅资源,因而比外围城市具有更大的商业、文教和旅游部门。由于高铁的推出首先是为了连接中心城市,因此高铁开通可能会因遗漏的城市协变量而存在内生性问题。为了解决这一问题,我们剔除了中心城市,即四个直辖市(北京、上海、天津和重庆)和 27 个省会城市。表 3-5 第(3)和第(4)列的估计结果表明,高铁的开通导致了游客流出和流入强度的增加,但是与表 3-3 第(5)和第(6)列的估计值相比略小,表明高铁开通可能给外围地区带来的人口流动要少于中心城市。

（六）空间溢出效应

最后一个稳健性检验也涉及高铁的空间溢出效应。正如前面的分析，非高铁城市也会受益于附近城市开通高铁。同时，相邻城市开通高铁也可能导致本城市人口的外流。这两种情况意味着，我们的估计可能违背了稳定单位处理值假设（Imbens and Rubin，2015），因为一些城市即使没有高铁，其客流也会受到影响。因此，高铁对客流的实际效应会受到空间溢出效应的影响。如果负的空间溢出大于正的空间溢出，我们的估计将是因果效应的上限。为了缓解外溢效应，并观察估计结果将如何变化，我们将距离高铁城市 100 公里以内的非高铁城市剔除，并重新估算高铁开通的影响。实证结果见表 3-5 第（5）和第（6）列。我们发现，剔除可能受到上述空间溢出影响的城市后，高铁开通的估计系数比全样本下的估计略大。这表明，违反稳定单位处理值假设倾向于低估高铁连接对城市人口流动的实际影响。某城市高铁开通也增加了其周边的无高铁城市的人口流动。

表 3-5　　　　　　　　　子样本的稳健性检验

	（1）	（2）	（3）	（4）	（5）	（6）
	前十城市总强度		剔除中心城市		剔除高铁城市 100km 以内的非高铁城市	
变量	游客流出	游客流入	游客流出	游客流入	游客流出	游客流入
高铁开通（主城市）	0.024**	0.028***	0.029***	0.030***	0.035***	0.034***
	(0.012)	(0.009)	(0.010)	(0.009)	(0.012)	(0.011)
高铁开通（前十目的地城市）			0.009		0.004	
			(0.010)		(0.010)	
高铁开通（前十来源地城市）				0.012		0.008
				(0.009)		(0.010)
观测值	15784	15802	143916	143793	138941	138799
聚类数	360	360	329	329	328	328

注：括号中的值是聚类在城市层面的稳健标准误；** 和 *** 分别代表 5% 和 1% 的显著性水平；所有因变量加 1 后取自然对数；所有列控制日期固定效应、主城市固定效应、主城市特定年份趋势、前十城市固定效应、前十城市特定年份趋势和城市对固定效应。

第四节 高铁开通和出行方式

为了证实高铁对人口流动的因果效应，我们进一步研究高铁开通对乘坐火车（包括高铁和普通火车）、汽车（包括私人汽车和公共汽车）和航空旅行的游客流动强度的影响。不难想象，如果高铁促进了人们乘坐火车出行的增加，那么将减少其他替代的出行方式。然而，人们也可能怀疑高铁的积极作用，因为高铁票价比普通列车贵得多。根据 Lin（2017）的估计，高铁的成本约为普通列车的两倍，分别为 0.43 元/公里和 0.23 元/公里。因此，高铁的价格吸引力将低于其他道路运输工具。

此外，之前的研究发现，中国的高铁伴随着普通列车服务频率的下降，特别是短程线路（H. Li et al.，2020），从而减少了乘坐普通火车旅行的人数。还有证据表明，高铁是航空运输的替代品，减少了中短途航空旅行，但对长途航空旅行具有互补作用（Clewlow et al.，2014；Wan et al.，2016；Weng et al.，2020；F. Zhang et al.，2018）。然而，为了应对高铁带来的竞争，航空公司开通低成本航线，这将增加航空旅行，从而弥补高铁带来的客流量损失（Albalate et al.，2015；Clewlow et al.，2014）。因此，高铁对不同出行方式的影响并不明确。

幸运的是，通过腾讯的迁移数据，我们可以计算出主城市与其前十目的地或前十来源地城市之间三类出行方式的游客流动强度，从而可以估计高铁对游客不同出行方式的影响。实证结果见表3-6。我们首先发现，高铁在主城市的开通使旅客通过火车流出和流入的强度分别增加 3%和 3.7%［见第（1）和第（2）列］。高铁还增加了驾车出行的强度，但仅在 10%的水平上显著［见第（3）和第（4）列］。然而，我们没有发现高铁对旅客乘飞机旅行的流动强度有显著的影响［见第（5）和第（6）列］。这些结果表明，主城市的高铁与道路交通存在一定的互补效应，方便了人口流动。此外，表3-6中第（3）和（4）列的结果还表明，前十城市的高铁与道路交通之间存在互补效应，增加客流量。但是，前十城市的高铁开通与航空运输之间存在替代关系，减少了从前十城市乘飞机到达主城市的客流量［见第（6）列］。这些结果表明，中心城市的高铁在一定程度上代替了航空客运，并在一定程度上与公路运输形成互补关系，从而增加了客流强度。

表 3-6　　高铁开通对出行方式的影响

	(1)	(2)	(3)	(4)	(5)	(6)
	乘坐火车的旅客强度		乘坐汽车的旅客强度		乘坐飞机的旅客强度	
变量	流出	流入	流出	流入	流出	流入
高铁开通（主城市）	0.030**	0.037***	0.026*	0.022*	0.001	-0.002
	(0.012)	(0.012)	(0.013)	(0.013)	(0.007)	(0.007)
高铁开通（前十目的地城市）	-0.022		0.059**		-0.001	
	(0.015)		(0.024)		(0.003)	
高铁开通（前十来源地城市）		-0.016		0.065**		-0.008**
		(0.019)		(0.027)		(0.004)
观测值	157503	157376	157503	157376	157503	157376
聚类数	360	360	360	360	360	360

注：括号中的值是聚类在主城市和前十城市层面的稳健性标准误；*、** 和 *** 分别表示 10%、5% 和 1% 的显著性水平；所有因变量和距离省会的距离加 1 后取自然对数；所有列控制日期固定效应、主城市固定效应、主城市特定年份趋势、前十城市固定效应、前十城市特定年份趋势和城市对固定效应。

第五节　结论

本章利用我国两个节假日的腾讯迁移大数据，估算高铁开通对城市间人口流动的影响。我们使用两个维度的变化构建了一个倍差法分析框架来识别这一影响。第一个维度的变化是有或没有高铁连接的城市之间的客流差异。第二种变化是高铁贯通前后城市间的客流的差异。实证结果表明，高铁开通增加了流向前十目的地城市和来自前十来源地城市的客流强度。该效应在一系列稳健性检验成立。此外，我们发现高铁开通增加了通过火车和汽车旅行的客流强度，但是没有增加通过飞机出行的客流强度。

因此，我们利用来自腾讯迁移大数据的日度面板数据，提供了一致的证据，即交通改善促进了中国城市之间的人口流动，支持了之前关于高铁促进游客流入的发现（Z. Chen & Haynes, 2015b; Y. Liu & Shi, 2019）。高铁连接对乘火车旅行的促进作用表明，尽管高铁比普通列车要贵得多，但它仍然促进了节假日的人口流动，可能是因为由假期旅游需求衍生出来的高铁通行需求缺乏价格弹性。

  本章研究的一个局限性是，我们的城市对数据只包括节假日与前十城市间的人口流动强度，这些前十城市通常是中心城市，而非所有城市。因此，我们的结果并不足以去预测所有城市对和非节假日的高铁对人口流动规模的影响。这仍然需要用一个完整的城市对数据进行估计。尽管高铁对客流量有促进作用，但由于这种影响在中心大城市与偏远小城市之间存在巨大差异，外围城市不应高估高铁对人口流入的作用。中心城市在诸种资源和设施方面对中小城市具有巨大的优势，很有可能会强化区域人口流动的"中心—外"围格局。

  另一个不足是，虽然来自智能手机用户即时位置数据的客流量比官方游客到达量更准确，但我们没有估计高铁对游客收入的影响。如果能够获得智能手机用户支付的详细信息，那么我们可以进一步估计高铁给当地带来的收入增长。虽然一些研究表明，高铁增加了中国的旅游收入（Z. Chen and Haynes, 2015b; Zhenzhi Yang and Li, 2019; Zhou and Li, 2018），但证据还不够充分。正如 Gutiérrez 等（2020）所认为的那样，尽管高铁改善了城市的可达性，从而增加了游客数量，但并不一定会增加旅游收入，因为高铁可能会减少在目的地城市过夜的住宿收入。因此，进一步的研究可以通过支付宝或微信支付等在线支付应用更准确地度量游客的消费支出，来评估增加的客流是否以及如何转化为不同城市的收入。本书的第 8 章和第 11 章将基于城市面板数据对此进行探讨。

第四章　高铁与其他交通方式：替代抑或互补？*

内容提要：本章研究高铁对其他交通方式的影响。虽然现有文献广泛研究了高铁的各种效应，但对高铁的总体交通效应及其对公路交通的影响的研究仍不多见。本章构建了2001~2019年我国256个地级市面板数据，并采用多期DID方法估计了高铁的交通效应。研究结果表明，高铁对整体交通和公路运输没有显著影响，但使铁路客运量增加36.3%，且使机场货运量和客运量分别减少约45%和80%。进一步研究表明，高铁与公路相互补充，改善了客运交通，并替代了普通列车的客运。高铁还使公交数量减少约11%，使出租车数量增加约7%。这些结果意味着，高铁发挥着重塑我国交通系统的作用。

第一节　引言

由于速度快、准时性和舒适性好，高铁已成为许多亚洲和欧洲国家流行的交通工具。正如在全球高铁里程最长的我国，高铁已成为人们跨城出行的首选方式。我国高铁的快速推广吸引了许多研究人员对其社会经济影响进行研究（Z. Chen, 2022）。例如，文献将高铁开通作为一个准实验来估算交通改善对地方经济（Diao, 2018; Gao et al., 2020; Ke et al., 2017; Qin, 2017）、创新（Hanley et al., 2021; Lin et al., 2020; Gao and Zheng, 2020; J. Wang and Ca, 2020; Liao et al., 2022）、区域差距和市场一体化

---

* 本章内容发表信息如下：Gao, Yanyan, Shunfeng Song, and Yue Zou, "Does high-speed rail complement or substitute other transportation modes? City-level evidence from China," *Research in Transportation Business and Management*, Vol. 59, 2025, 101250. 有删改。

(M. Jin et al., 2020; Z. Chen and Haynes, 2017; Vickerman, 2015; Jiao et al., 2020; Cheng et al., 2015; Jie Xu et al., 2019), 以及空气污染 (X. Guo et al., 2020; Fan Zhang et al., 2021; Barwick et al., 2022; Z. Chang et al., 2021) 的影响。本研究对有关高铁的文献进行补充,估计其对整体交通的影响以及对公路、铁路和机场等具体交通方式的影响。

先前的研究还探讨了高铁对不同交通方式的影响,但主要关注高铁对航空运输的影响,发现两者之间存在竞争效应,以及显著的异质性效应 (Q. Zhang et al., 2017; Albalate et al., 2015; López-Pita and Anton, 2003; J. Zhou, 2019; A. Zhang et al., 2019; X. Fu et al., 2012)。同时,文献还讨论了高铁与传统铁路的相互作用,发现高铁减少了客运,但增加了普通铁路的货运,从而提高了当地的交通效率和经济一体化 (李超等, 2021; H. Li et al., 2020; Hu et al., 2023)。然而,关于高铁对城际交通的整体影响及其对公路交通影响的实证研究有限。

我们构建了2001~2019年中国地级市的面板数据,以估计高铁的交通效应。除了估算其对铁路和机场的影响外,我们还以客运量和货运量为结果变量,研究了高铁的总体交通效应和它对公路交通的影响。使用不同维度的运输结果变量有两个优点。首先,我们能够观察高铁对不同运输方式的影响如何形成整体效应。其次,我们能够分析以客运为目标的高铁如何对货运和其他交通产生溢出效应。因此,本研究有助于我们观察高铁更一般的交通效应和理解高铁对经济增长的复杂效应 (Qin, 2017; Gao et al., 2020; Diao, 2018; Ke et al., 2017)。

为了缓解高铁线路布局中的内生性问题,我们关注256个地级市的高铁连接情况,并使用多期倍差法来识别因果效应。实证结果表明,高铁对客货运总量、公路运输量和火车货运量没有显著影响。然而,与之前的研究一致,我们发现高铁增加了火车客运量,减少了机场客运量和货运量。

我们通过几个稳健性检验来证实这些效应。首先,为了观察我们的主要发现是否对高铁测量敏感,我们将2003年开通的秦皇岛—沈阳 (QS) 铁路作为传统铁路,并使用高铁站数量作为替代的高铁连通度量指标。其次,我们改变模型设定,加入城市线性趋势,允许模型误差存在空间自相关性,加入初始结果与年份的交互项。再次,我们考虑异质处理效应,以解决交错DID方法中的两两异质处理效应可能导致估计偏差的问题。最后,我们使用直线策略 (Gao et al., 2020; Hornung, 2015) 构建高铁连接的工具变量 (IV), 并进行两阶段最小二乘法估计。所有这些稳健性检验都证实了本章的主要结论。

我们进一步研究了其他几种高铁的交通效应。首先，更好的初始道路条件会增加高铁对客运总量的促进影响，但在高铁开通前拥有普通铁路的城市，高铁增加的客运量较少。其次，我们估算了高铁对水路运输量的影响，但未发现其对水路运输量有显著影响，尽管水路在中国的运输系统中发挥了一定的作用，尤其是在货运方面，正如下图4-1和图4-2所示。最后，我们估算了高铁对城市内部运输结果的影响，包括公交客运量、每万人公交车拥有量、公交车数量和出租车数量。结果显示，高铁减少了公交车数量，但增加了出租车数量。

这些结果表明，高铁对中国交通运输系统具有很强的结构调整作用。虽然对城际运输总量的影响有限，但它增加了火车客运量，减少了机场客运量和货运吞吐量。换言之，高铁将客运和货运从航空公司分流到铁路系统。由于乘坐高铁的成本高于普铁，高铁对火车客流量的增加效应可能小于其对航空公司的替代效应。高铁对我国交通系统的复杂影响有助于解释在外围地区观察到的高铁对当地经济总体为负的影响（Gao et al., 2020; Qin, 2017）。

目前，探讨高铁与其他交通方式之间相互作用的文献主要集中在对航空运输和普铁的影响方面。我们利用中国地级市较长时间的面板数据，从不同维度考察了高铁对交通结果变量的影响，扩展了相关文献。我们还探讨了高铁与其他交通方式的互动效应。虽然这里也证实了高铁对当地经济的负面影响，但我们观察到了高铁与高速公路互补，增加了客运量，从而减少了负面影响。我们还探讨了高铁对水路运输和城市内部运输结果的影响，以及它与其他运输方式的相互作用。本书提供了一致的证据，表明高铁对我国交通系统产生很强的调整重塑效应。

第二节 研究背景

一 中国高铁和交通发展

我国启动高铁项目的时间远远晚于日本和欧洲，但后来居上，目前已成为世界最大的高铁国家。我国的高铁发展可分为四个阶段：技术积累阶段（2004年之前），技术引进、消化、吸收和再创新阶段（2004~2008年），自主创新阶段（2008~2012年），以及综合创新阶段（2012年之后）（F. Xu, 2018）。具体而言，2003年，随着秦皇岛—沈阳（QS）铁路的开通，我国进行了首次高铁试验。然而，高铁项目的大规模建成开通始于 2008 年，以合肥—南京高铁和北京—天津高铁的开通为标志，我国进入了高铁时代。截至 2018 年，我国已建成运营 107 条高铁线路。2021 年，高铁线路总里程达到 40139 公里，跃居世界第一。由此，中国构建了由"八纵八横"主干线和多条支线组成的高铁网络。

高铁的快速建设极大地改善和重塑了中国的铁路交通系统。特别是 2008 年以来，随着高铁线路的急剧增长，铁路总里程迅速增加［见图 4-1（a）］。与此同时，高速公路在过去几十年也实现了稳步增长，2005 年出现了飞跃式增长，到 2021 年达到 528 万公里［见图 4-1（b）］。航线总里程的增长最为显著，最长达到了 948 万公里，但 2021 年由于新冠疫情的影响而急剧下降［见图 4-1（b）］。然而，由于内陆水域和河流的水路长度未发生变化，水路里程数一直维持在 125000 公里左右［见图 4-1（a）］。

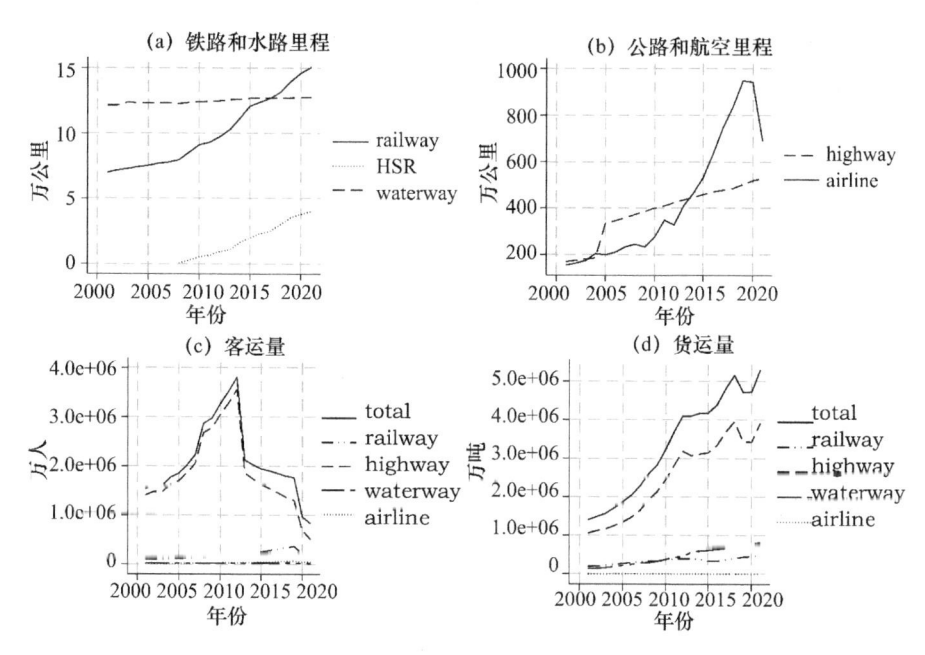

图 4-1 中国的交通发展

数据来源：作者根据 2002~2022 年各年《中国统计年鉴》数据整理得出。

随着我国交通网络的不断扩张和完善，除客运量外，其他运输量迅速增长［见图 4-1（c）］。客运量的异常变化是因为公路客运量的统计方式发生了变化,即从公路客运量中剔除了城市内运输量。这也可能是因为私家车乘客数量的增加而未被纳入统计数据。在新冠疫情负面冲击之前,铁路客运量和航空客运量稳步增长。在货运量中,公路货运量增幅最大,在货运总量中占比最大,其次是水路货运量随着时间的推移持续增长[见图4-1(d)]。然而,与高铁可将超负荷的普铁从客运中释放出来用于货运的观点相反,铁路货运量并未实现稳步增长。

图4-2显示了每种运输方式在客运和货运总量中所占的份额。数据显示,铁路和航空在客运中的份额增加,但公路所占的份额最大,超过60%[见图4-2(a)]。同样,公路在货物运输中所占的份额最大,且随时间变化非常稳定[见图4-2(b)]。近年来,铁路货运份额有所下降,而水路运输份额有所上升[见图4-2(b)]。图4-2还表明,与航空公司在客运中日益重要的作用形成鲜明对比的是,它在货运中的作用微不足道。

总之,随着高铁的快速建成开通,我国的铁路长度快速增加。同时我国的公路和航空也在不断扩张。随着交通的改善,客运量和货运量都得到了提升,其中客运以铁路和航空为主,货运以公路和水路为主。公路在我国的运输系统中占主导地位,但铁路所起的作用也越来越大。

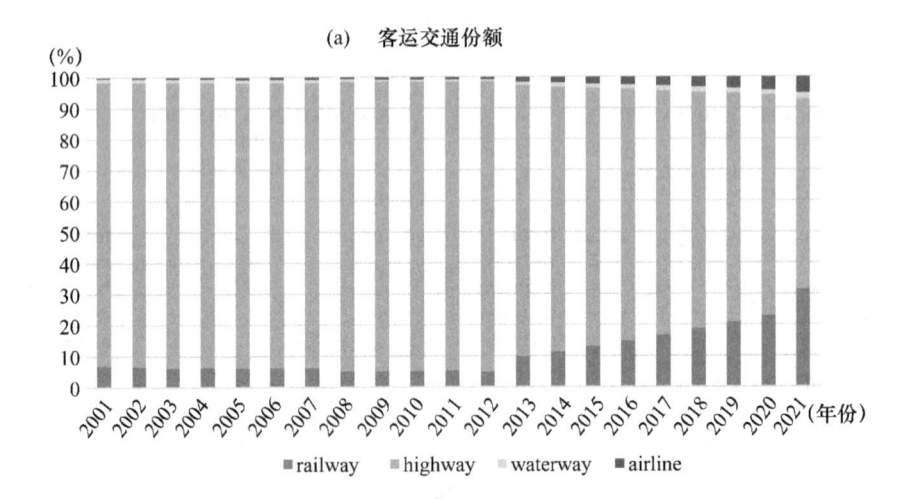

(b) 货运交通份额

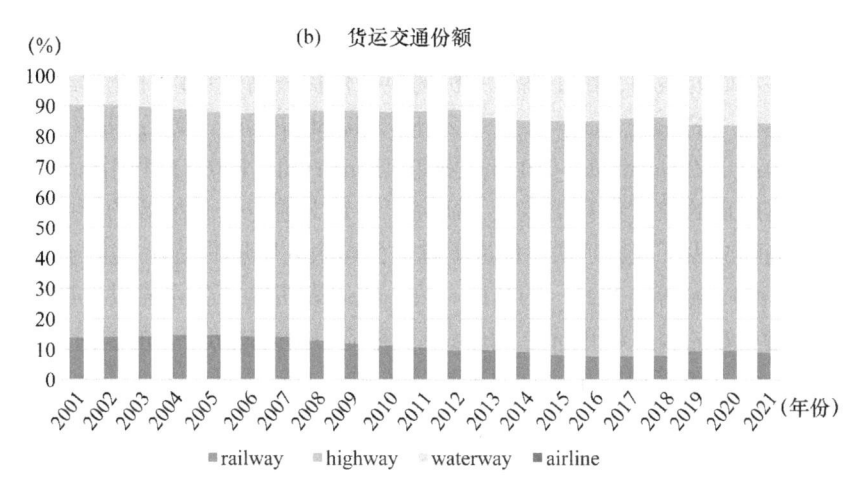

图4-2 按运输方式分列的客运和货运份额
数据来源：作者根据2002~2022年各年《中国统计年鉴》数据整理得出。

二 相关文献

高铁在全球的快速蔓延吸引了大量的研究兴趣。本节将回顾那些关注高铁与其他交通方式关系的文献。一方面，由于高铁提供快速、准点和舒适的服务，高铁可以替代一些其他交通方式。例如，由于我国的机场通常远离城市中心，相比前往高铁站，乘客乘坐飞机需要花费更长的时间前往机场并通过安检。这使得高铁成为一种更为便捷的交通方式，尤其适用于中短途旅行。高铁还可取代高铁沿线的公路运输。另一方面，高铁也可以与其他一些交通方式形成互补。例如，高铁可以释放传统火车的部分客流，因而可以增加铁路货运运力。高铁还可促进配套交通基础设施，如公交车和出租车，在城市地区发挥集散乘客的作用。

许多实证研究探讨高铁对其他交通方式的影响。首先，大多数实证研究关注高铁对航空运输的影响。由于高铁网络比机场更便捷（Xiaoqian Sun et al., 2021），来自中国、欧洲和韩国的证据显示，高铁与航空运输量呈负相关（Clewlow et al., 2014; Z. Chen, 2017; López-Pita and Anton, 2003; H. Li et al., 2019; J.-H. Lee and Chang, 2006）。这种替代效应在中短途航线上更为明显。例如，Dobruszkes等（2014）估计，在欧洲，旅行时间约为2.5小时的高铁显著减少了航空服务，这表明高铁替代了约500公里旅行距离的航空运输。在中国，有研究表明高铁取代了中短途航线，但对长途航线没有影响（J. Zhou, 2019）。R. Zhang等（2019）采用工具变量法发现，高铁使航空公司的票价和班次分别降低了34%和60.2%。关于长途和国际航空旅行，多项研究表明，由于高铁—机场换乘便捷，高铁可以补充枢纽城市的航空运输（Fangni Zhang et al.，2018；Albalate et al.，2015；Shuli Liu et al.，2019；Q. Zhang et al.，2017）。例如，Fang et al.（2023）利用从北京出发的所有航班的数据集和倍差法，研究了高铁对航空公司绩效的影响。他们发现高铁减少了旅行延误，促进了航空公司服务质量的提升。这与Fu等（2012）和Fang等（2023）的结论一致，他们表明航空公司通过发展低成本但质量更好的服务和开通更多国际航线来应对由高铁所带来的国内竞争。

其次，文献还研究了高铁对普铁的影响。人们预期高铁可以分流普铁超负荷的客运量（X. Fu et al.，2012）。因此，高铁可能减少普铁的客运量，但增加其货运量（Hu et al.，2023）。H. Li等（2020）利用DID方法发现，高铁减少了普铁的服务频次，这在短途线路上更为明显，但对其旅行时间和票价没有显著影响。普铁乘客的福利损失占高铁乘客福利增益的8%，两组乘客之间的福利再分配效应相对较小。然而，Wu等（2014）认为，由于高铁的昂贵建设成本和比普铁高出三倍的票价，与大规模铺设高铁相比，新建普铁线，同时在最发达和人口最多的地区少量铺设高铁，可以更有效地解决中国铁路所面临的运力过剩问题。

最后，大量研究关注高铁对航空和传统铁路运输的影响，很少有研究考察高铁对公路运输的直接影响。Zhou（2019）通过调查数据表明，高铁对沿线城际公交线路产生了实质性的负面冲击。Lin等（2021）用倍差法表明，高铁使高速公路上行驶的客车和货车数量分别减少了20.5和15.7个对数点。该影响也被解释为，高铁通过释放普铁的运力来取代公路货运。Guo等（2020）也通过倍差法发现，高铁减少了高速公路沿线的一氧化碳排放，这说明了高铁对公路运输具有替代效应。但是，据我们所知，还没有研究考察高铁对公交车和出租车等城市内交通的影响。

综上所述，现有文献主要关注高铁对航空和普铁运输的影响，很少有研究探讨高铁对其他交通方式和整体交通的影响。我们通过估计高铁对总体和单个交通运输量的影响来补充和扩展现有文献，其中区分了对客运和货运的影响。

第三节　数据和变量

我们结合了多个数据集来估算高铁对总体和单个交通方式的影响。第一，《中国城市统计年鉴》提供了有关运输结果的数据，包括总货运量和客运量，公路、铁路、水路的货运量和客运量。年鉴还包括2001年城市级的初始社会经济变量，如人均GDP、人口密度和公共支出。第二，中国民航局提供了有关航空客运和货运的统计数据，这些数据可以在维基百科上查阅。[①] 由于水路运输在客运中占比最小，我们仅在进一步研究的部分中报告高铁对水路运输的影响。第三，为了控制中国城市之间的区位和地理差异，我们收集了中国城市的经度、纬度和平均地形起伏度数据。纬度和经度可在https：//github.com/boyan01/ChinaRegionDistrict 查找，平均地形起伏度取自 You 等（2018）。第四，城市级的高铁连通数据集，来源于中国研究数据服务平台（CNRDS）。我国直到2008年，才大规模建成和开通高铁线路。截至2019年，已有253个地级市和特大城市接入高铁网络。我们使用一个时变的虚拟变量来衡量我国城市的高铁连通状态，对于样本期内开通高铁的城市，在高铁开通年份该变量取值为1，否则为0。在稳健性检验中，我们还使用每个城市拥有的高铁站数量作为对高铁连通的另一种度量方式。

为了缓解高铁线路的内生性，即高铁线路的建设目标是连接对快速、舒适、准时的交通服务有更大需求的大型中心城市，我们排除了4个直辖市和27个省会城市。正如 Lin 等（2023）所论证的，对于外围非节点城市的高铁连接可能是外生的，因为这些城市恰好位于两个大城市之间。因此，我们获得了2001~2019年256个地级市的非平衡面板数据。本章不包括2019年之后的观察值，因为新冠疫情暴发背景下的城市封锁限制人口流动约三年。出行限制中断了高铁与其他交通方式之间的联系，可能会使研究结果有偏差。由于缺乏官方统计数据，一些变量的观测值只有到2014年。因为铁路和机场运输数据中存在太多缺失值，所以我们使用一年提前值和滞后值的平均值填补这些缺失值（有关这些变量的详细信息，请参见附录表4-A1）。[②] 尽管没有报告，使用原始值不会改变我们的结果。我们还删除了观测时间少于5年的城市。总观测值达到4795个，具体数量取决于变量缺失值的多少。

表4-1报告了主要变量的描述性统计结果。面板 A 显示，我国城市在交通运输量和初期社会经济条件方面存在显著差异。面板 B 报告了分高铁连通状况下这些变量的描述性统计。截至2019年，有160个地级市已通高铁，96个城市未连通高铁。除了航空运输量、纬度和平均地形起伏度外，有高铁连通的城市

---

① 请参阅以下链接：https：// zh. wikipedia. org/zh-hans/%E4%B8%AD%E5%8D%8E%E4%BA%BA%E6%B0%91%E5%85%B1%E5%92%8C%E5%9B%BD%E6%9C%BA%E5%9C%BA%E8%BF%90%E8%90%A5%E7%BB%9F%E8%AE%A1%E5%88%97%E8%A1%A8。

② 若使用原始值，结果也不会发生变化。

在大多数变量上的均值都大于没有连通高铁的城市。这些均值差异表明,除航空运输外,高铁城市较非高铁城市拥有更好的社会经济和地理条件以及更成熟的交通系统。这些差异也意味着,高铁连通与航空运输之间负相关。

表 4-1　　变量的描述性统计

A栏:	观测量	均值	标准差	最大值	最小值
结果变量					
总货运量	3509	8.566	0.888	13.226	4.663
总客运量	3510	8.478	0.866	12.566	5.011
公路货运量	4748	8.477	0.927	13.225	2.197
公路客运量	4744	8.301	0.912	12.566	2.197
铁路货运量	3515	5.552	2.168	10.296	0
铁路客运量	3515	4.815	1.921	9.417	0
机场货运吞吐量	4795	2.404	3.571	12.753	-4.605
机场客运吞吐量	4795	4.843	6.195	17.127	0
2001年的初始控制变量					
人均GDP	256	8.806	0.596	10.984	7.545
人口密度	256	5.621	0.942	9.356	1.609
公共支出	256	12.205	0.797	14.718	4.727
经度	256	114.137	6.944	131.171	84.881
纬度	256	32.861	6.664	50.251	18.258
平均地形起伏度	256	0.673	0.737	3.814	0.001
B栏:	非高铁城市		高铁城市		均值差
	观测值	均值(1)	观测值	均值(2)	(1)-(2)
结果变量					
总货运量	1293	8.377	2216	8.675	-0.298***
总客运量	1294	8.150	2216	8.669	-0.519***
公路货运量	1754	8.282	2994	8.592	-0.310***
公路客运量	1753	7.987	2991	8.485	-0.498***
铁路货运量	1296	5.442	2219	5.616	-0.175**
铁路客运量	1296	4.271	2219	5.132	-0.861***
机场货运吞吐量	1776	2.414	3019	2.399	0.0150
机场客运吞吐量	1776	5.439	3019	4.493	0.946***
2001年的初始变量					
人均GDP	96	8.659	160	8.895	-0.236***
人口密度	96	5.230	160	5.855	-0.625***

续表

A栏：	观测量	均值	标准差	最大值	最小值
公共支出	96	12.06	160	12.29	−0.234**
经度	96	112.8	160	114.9	−2.131**
纬度	96	34	160	32.18	1.823**
平均地形起伏度	96	0.924	160	0.522	0.401***

注：观察值包括2001~2019年间的256个地级市。**和***分别表示均值差在5%和1%的显著水平上存在显著差异。除了经度、维度和平均地形起伏度，其他变量均为对数值。

第四节 实证模型

由于高铁线路开通在不同的年份，我们使用多期倍差法框架来估计高铁对交通运输结果变量的影响。具体实证模型如下：

$$y_{ct} = \beta HSR_{c,t-1} + \gamma(X_{c,2001} \times t) + \theta_t + \delta_c + \epsilon_{ct} \tag{4-1}$$

其中，y_{ct}代表城市c在t年不同交通运输方式结果变量。HSR是高铁连通虚拟变量，我们使用一年滞后期是因为大多数高铁在下半年开通。$X_{c,2001}$是一组2001年城市层面的初始控制变量，包括人均GDP、人口密度、公共支出、经度、纬度和平均地表起伏度。X和t的交互作用可捕捉到不同城市在X方面的初始差异，随着时间的推移，这些差异会随着线性或二次趋势变化。θ_t和δ_c分别为年份和城市固定效应。ε_{ct}为随机扰动项。β衡量了高铁连通对交通运输结果的影响。显著为正的β估计值表明高铁增加了交通运输量，而显著为负的β估计值表明高铁减少了交通运输量。我们报告在城市层面聚类的稳健性标准差，以允许模型误差在城市内相关。

为了利用倍差法得出因果效应，我们检验平行趋势假设是否成立。换言之，有高铁连接和没有高铁连接的城市的运输结果变量必须没有趋势前的差异。为了检验这一点，我们进行了事件研究，通过以下模型估计高铁连通的提前效应和滞后效应。

$$y_{ct} = \beta_j \sum_{j=-m, j\neq -1}^{n} HSR_{cj} + \gamma(X_{c,2001} \times t) + \theta_t + \delta_c + \epsilon_{ct} \tag{4-2}$$

其中，j取值范围为m至n，$m>0$且$n>0$，表示距高铁开通的第j年。当$j>0$时，HSR_{cj}为高铁开通滞后第j年；当$j<0$时，HSR_{cj}为高铁开通前第j年；当$j=0$时，HSR_{cj}为高铁开通当年。我们以高铁开通前一年为参照期。当$j<0$时，β_j是高铁连通提前效应的估计值。该估计值不显著，表明平行趋势假设成立。

图 4-3 总结了使用方程（2）中事件研究法进行平行趋势检验的结果。

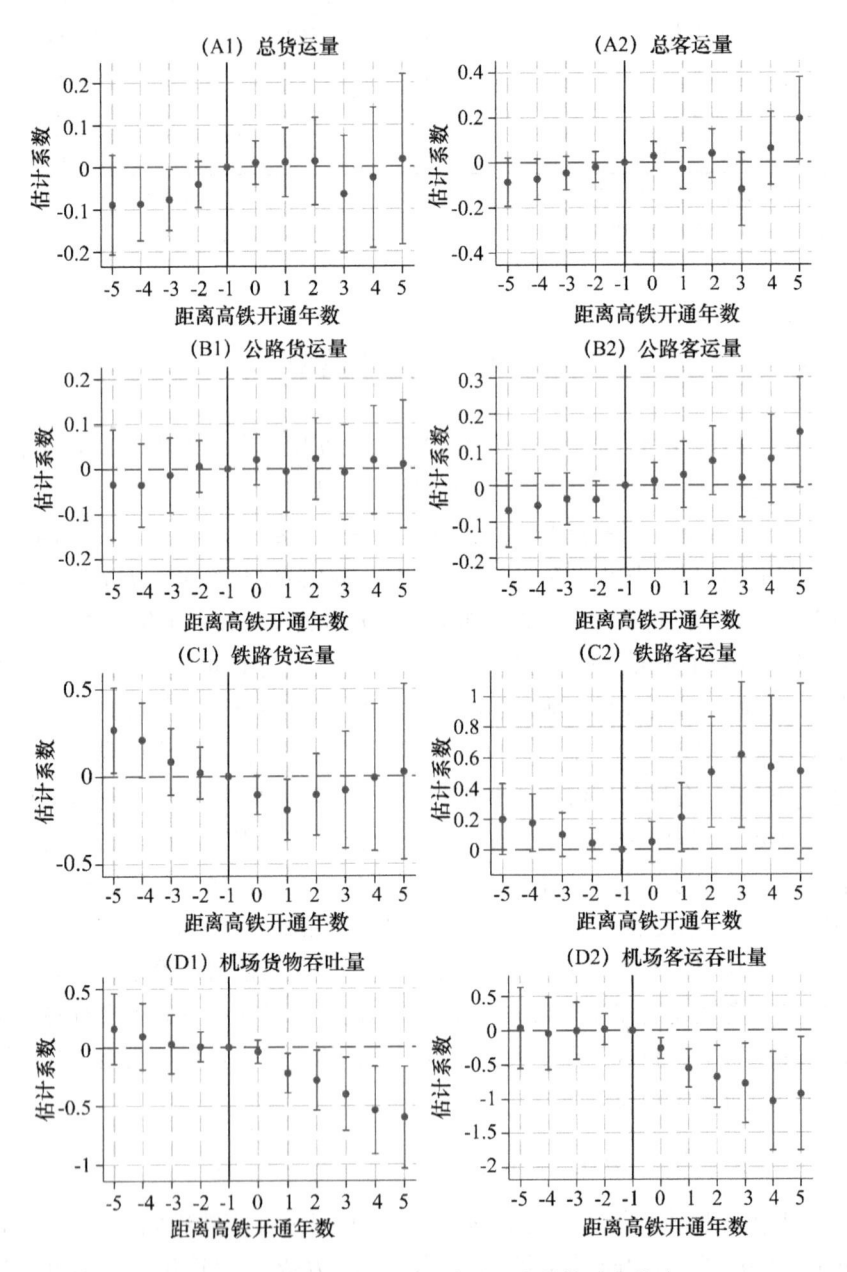

图 4-3　高铁连通对交通运输结果变量的动态效应

注：圆点为方程（2）中设定的事件研究模型得到的点估计值。线段为 95% 显著水平下的置信区间。

由于较少的处理单元,长期的提前和滞后项对于分析动态效应的价值有限(Cunningham,2021),因此我们报告最长五年的提前和滞后效应。图4-4中的估计结果显示,高铁连通仅对总货运量和铁路货运量产生了特定时期的提前效应(见图A1和图C1)。因此,平行趋势假设在对大多数交通运输量的估计中是成立的,从而支持使用倍差法来识别高铁的交通运输效应。

第五节 实证结果

一 基准回归结果

表4-2总结了方程(4-1)的基准回归结果。对于每个结果变量,我们在奇数列报告不含初始城市协变量的回归结果,在偶数列报告包含初始城市协变量的回归结果。A栏显示无论是货运量还是客运量,高铁连通对总运量和公路运量都没有显著影响。因此,没有证据表明高铁对中国城际交通运输总量和公路运输量有明显的促进或阻碍作用。然而,对于客运而言,B栏显示,高铁连通增加了铁路客运量,减少了航空客运量。控制初始协变量后,对铁路客运量的影响稍微变大,但对航空客运的影响变小了。具体而言,高铁连通使铁路客运量增加了36.3%,但使机场客运吞吐量减少了80.8%。高铁对铁路和航空客运截然相反的效应表明,高铁促使旅客更多地选择铁路而不是航空出行。对于货运而言,B栏表明,高铁连通不仅没有增加铁路货运量,反而产生了不太显著的负面影响。这一结果表明,高铁并没有发挥把普铁的运力释放给货运的作用。高铁对机场货物吞吐量的影响显著为负,这表明高铁连通大大减少了航空货运量,在控制初始协变量的情况下约为46%。一个可能的解释是,高铁乘客也会携带行李,乘客数量较少意味着较少的空运货物量。B栏的总体结论是,高铁和航空公司之间存在替代效应,尤其是在客运方面。

表4-2　　　　　　　　　　基准回归结果

	(1)	(2)	(3)	(4)	(5)	(6)	(7)	(8)
A栏:	总货运量对数		总客运量对数		公路货运量对数		公路客运量对数	
高铁连通(t-1)	0.028	0.058	-0.057	-0.001	0.022	0.028	-0.037	0.087
	(0.055)	(0.052)	(0.051)	(0.050)	(0.054)	(0.049)	(0.056)	(0.057)

续表

	(1)	(2)	(3)	(4)	(5)	(6)	(7)	(8)
观测值	3509	3509	3510	3510	4748	4748	4744	4744
R平方	0.819	0.829	0.825	0.829	0.777	0.790	0.762	0.779
B栏：	铁路货运量对数		铁路客运量对数		机场货运吞吐量对数		机场客运吞吐量对数	
高铁连通（t-1）	-0.211*	-0.110	0.352**	0.363**	-0.590***	-0.458***	-1.332***	-0.808**
	(0.109)	(0.111)	(0.162)	(0.149)	(0.181)	(0.177)	(0.321)	(0.318)
观测值	3515	3515	3515	3515	4795	4795	4795	4795
R平方	0.872	0.873	0.847	0.852	0.866	0.874	0.838	0.845
初始控制×年份	否	是	否	是	否	是	否	是
城市固定效应	是	是	是	是	是	是	是	是
年份固定效应	是	是	是	是	是	是	是	是

注：括号内为聚类在城市层面的稳健性标准误。*、** 和 *** 分别表示10%、5%和1%的显著水平。初始控制因素包括人均GDP、人口密度、公共支出、经度、纬度和平均地形起伏度。

二 稳健性检验

（一）替换变量度量

我们首先使用其他的高铁连通衡量方法进行稳健性检验。有人可能会认为，2003年开通的秦沈铁路不应被视为第一条高铁，因为它具有试验性质且运行速度较慢。直到五年后，随着2008年合宁和京津高铁的开通，高铁建设才实现了快速发展。衡量高铁连通情况的第二个指标是一个城市高铁站的数量。这使我们能够估计高铁连通强度对运输结果变量的影响。回归结果见表4-3。我们发现，高铁连接对交通结果的影响与基准结果类似，但高铁站数量的估计值较小且不精确。

表4-3　　　　　　　更换变量度量进行稳健性检验

	(1)	(2)	(3)	(4)	(5)	(6)	(7)	(8)
变量	总货运量对数	总客运量对数	公路货运量对数	公路客运量对数	铁路货运量对数	铁路客运量对数	机场货运吞吐量对数	机场客运吞吐量对数
A栏：将秦沈铁路视为非高铁线路								

续表

	(1)	(2)	(3)	(4)	(5)	(6)	(7)	(8)
高铁连通 (t-1)	0.074	0.019	0.026	0.088	-0.090	0.383**	-0.456**	-0.765**
	(0.054)	(0.052)	(0.050)	(0.058)	(0.115)	(0.155)	(0.179)	(0.321)
观测值	3509	3510	4748	4744	3515	3515	4795	4795
R 平方	0.829	0.829	0.790	0.779	0.873	0.852	0.874	0.844
B 栏：使用高铁站数量							
高铁站数量 (t-1)	0.019	-0.004	0.014	0.009	0.028	0.232***	-0.085	-0.141
	(0.020)	(0.021)	(0.017)	(0.020)	(0.048)	(0.079)	(0.064)	(0.121)
观测值	3509	3510	4748	4744	3515	3515	4795	4795
R 平方	0.829	0.829	0.790	0.778	0.873	0.854	0.873	0.844
初始控制×年份	是	是	是	是	是	是	是	是
城市固定效应	是	是	是	是	是	是	是	是
年份固定效应	是	是	是	是	是	是	是	是

注：括号内为按城市水平聚类的稳健性标准误。** 和 *** 分别表示 5% 和 1% 的显著性水平。初始控制因素包括人均 GDP、人口密度、公共支出、经度、纬度和平均地形起伏度。

（二）改变模型设定

最近的一些研究认为，用趋势前差异来检验平行趋势往往缺乏力度，且加剧了潜在趋势的偏差，导致错误的置信区间覆盖率（Rambachan and Roth, 2019）。同时，平行趋势检验对事件研究中选择的参照期很敏感。因此，建议研究人员应思考违反平行趋势的潜在因素（Kahn-Lang and Lang, 2020），并在使用倍差法时加入线性或二次趋势差异，或考虑灵活的趋势差异（Bilinski and Hatfield, 2018; Mora and Reggio, 2013）。Gao 和 Wang（2023）使用了县的线性趋势来应对处理前高铁和非高铁城市的差异。为了展示这个问题对基准结果的影响，我们在方程（1）的右侧进一步加入了城市的线性趋势。表 4-4 面板 A 报告了回归结果。结果显示，虽然高铁连通仍能使铁路客运量增加约 40%［见第（6）列］，但其对机场结果的影响却发生了显著变化，估计值极不精确［见第（7）列和第（8）列］。同时，高铁连通使客运总量减少了 8.3%，但显著性水平较低［见第（2）列］。尽管如此，这些结果不应被解释为削弱基准结果，因为加入城市的线性趋势吸收了太多运输结果的变化，并且在图 4-3 中没有发现机场吞吐量存在处理前趋势差异。

鉴于交通运输结果变量可能存在空间相关性，我们随后进行了一个稳健性检验，以考虑模型误差项的潜在空间自相关性（Conley，1999）。为此，我们允许经纬度距离在100公里范围内城市之间存在空间相关性。表4-4面板B报告的结果显示，对机场结果变量影响的估计反而更加精确一些。①

第三个设定包括期初结果变量与年份的交互。这能够控制各城市交通运输的初始差异，从而减轻遗漏变量偏误。此时，我们将数据限定在2002~2019年间。回归结果见附录表4-4的面板C。我们证实了基准回归结果，即高铁连通增加了铁路客运量，但减少了机场吞吐量［参见列（7）和（8）］。此外，与基准结果的不显著相反，高铁连通增加了总客运量和公路客运量［见列（2）和（4）］。这些结果表明，遗漏变量偏误可能会低估高铁对总客运量、公路客运量和铁路客运量的影响，但略微高估了对机场结果变量的影响。公路客运量的正的估计值也意味着高铁与公路存在互补关系。

表4-4　　　　　　　　改变模型设定的稳健性检验

变量	(1) 总货运量对数	(2) 总客运量对数	(3) 公路货运量对数	(4) 公路客运量对数	(5) 铁路货运量对数	(6) 铁路客运量对数	(7) 机场货运吞吐量对数	(8) 机场客运吞吐量对数
A栏:								
高铁连通（t-1）	-0.047	-0.083*	-0.004	-0.008	0.127	0.398***	0.016	-0.033
	(0.039)	(0.042)	(0.050)	(0.044)	(0.087)	(0.127)	(0.111)	(0.226)
观测值	3509	3510	4748	4744	3515	3515	4795	4795
R平方	0.903	0.899	0.869	0.871	0.937	0.926	0.945	0.926
B栏:								
高铁连通（t-1）	0.058	-0.001	0.028	0.087	-0.110	0.363**	-0.458***	-0.808***
	(0.054)	(0.051)	(0.050)	(0.065)	(0.112)	(0.160)	(0.172)	(0.314)
观测值	3509	3510	4748	4744	3515	3515	4795	4795
R平方	0.053	0.025	0.057	0.069	0.015	0.044	0.066	0.060
C栏:								
高铁连通（t-1）	0.059	0.080*	0.058	0.133**	-0.007	0.560***	-0.453***	-0.776**
	(0.044)	(0.044)	(0.045)	(0.056)	(0.092)	(0.114)	(0.174)	(0.313)

---

① 我们还使用了允许模型误差在150、200和250公里距离内存在空间相关性的设定。虽然没有报告，但铁路客运量和机场结果的估计值仍具统计显著性。

续表

	（1）	（2）	（3）	（4）	（5）	（6）	（7）	（8）
观测值	3250	3251	4480	4476	3280	3280	4560	4560
R 平方	0.841	0.840	0.805	0.791	0.899	0.887	0.881	0.853
初始控制×年份	是	是	是	是	是	是	是	是
城市固定效应	是	是	是	是	是	是	是	是
年份固定效应	是	是	是	是	是	是	是	是

注：括号内为按城市水平聚类的稳健性标准误。*、**和***分别表示10%、5%和1%的显著性水平。初始控制因素包括人均GDP、人口密度、公共支出、经度、纬度和平均地形起伏度。

（三）异质性处理效应

Goodman-Bacon（2021）指出，双向固定效应估计量是数据中所有可能标准的两期两组（二乘二）倍差法估计量的加权平均值。因此，如果二乘二处理效应是异质的，双向固定效应模型下的倍差法可能会导致估计偏误（Callaway and Sant'Anna，2020）。为了观察主要结果对异质处理效应的稳健性，我们使用允许存在异质效应的 *csdid* Stata 命令（Callaway and Sant'Anna，2020）重新估计了高铁连通的效应。表 4-5 报告了处理组的平均处理效应（ATT）。结果表明，如果考虑异质性处理效应，并以未开通高铁的城市作为对照组，高铁连接会使铁路客运量增加约43%，使机场货运和客运吞吐量分别减少约72%和119%，但对其他交通结果没有显著影响。因此，考虑异质性处理效应会得出一致的结果，即高铁增加了铁路客运量，但减少了航空运输。

表 4-5　　　　　　　　　　异质性处理效应

变量	（1）总货运量对数	（2）总客运量对数	（3）公路货运量对数	（4）公路客运量对数	（5）铁路货运量对数	（6）铁路客运量对数	（7）机场货运吞吐量对数	（8）机场客运吞吐量对数
ATT	-0.058	-0.016	-0.031	0.010	0.089	0.428**	-0.718**	-1.191**
	(0.050)	(0.048)	(0.064)	(0.060)	(0.098)	(0.147)	(0.263)	(0.450)
观测值	3508	3509	4744	4731	3514	3514	4794	4794
初始控制×年份	是	是	是	是	是	是	是	是
城市固定效应	是	是	是	是	是	是	是	是

续表

	(1)	(2)	(3)	(4)	(5)	(6)	(7)	(8)
年份固定效应	是	是	是	是	是	是	是	是

注：括号内为按城市水平聚类的稳健性标准误。** 表示 5% 的显著性水平。初始控制因素包括人均 GDP、人口密度、公共支出、经度、纬度和平均地形起伏度。

（四）内生性问题

虽然我们主要通过使用非中心地级城市的观测值来考虑内生性问题，认为这些城市与高铁的连接主要是因为它们"偶然"地位于高铁线路的目标中心城市之间，但可能仍有一些不可观测的因素会同时决定高铁连通和交通运输结果。为解决这一内生性问题，我们采用直线策略构建了高铁连接的工具变量（IV）。这种策略在之前的研究中被广泛用来作为公路或铁路的工具变量（Hornung，2015；Banerjee et al.，2020；Gao et al.，2020）。为此，我们在高铁分段的中心城市之间绘制直线。鉴于高铁线路的目标是以最短的旅行时间连接中心城市，而直线定义了两个中心城市之间的最短距离，因此位于这些直线上的城市更有可能被高铁连接起来。然而，一个城市是否位于这些直线上可能是外生的。我们构建了一个虚拟变量，将位于这些直线上的城市赋值为 1，否则赋值为 0。为了使这一工具变量随时间变化，我们假设这些潜在的高铁城市与实际高铁线路在同一年开通高铁。由于较新的高铁线路更可能是中央政府权衡的结果或公平发展考虑的结果，从而导致更内生的高铁连通变量，我们将样本期限制在 2001 年至 2013 年之间，这些早期的高铁线路旨在连接特大城市。

表 4-6 报告了工具变量法得到的回归结果。第一阶段结果表明，潜在的高铁连通变量对实际连通变量具有很强的预测作用。Kleibergen-Paap（KP）Wald rk F 统计量远大于 10，表明不存在弱工具变量问题（见面板 A）。面板 B 中报告的第二阶段结果证实了基准结果。高铁连通增加了铁路客流量 [见第（6）列]，减少了机场吞吐量 [见第（7）和第（8）列]，估计值比基准结果更大但不够精确，并且对其他交通变量没有显著影响 [见第（1）列至第（5）列]。因此，工具变量法也支持了基准结果。①

---

① 我们还通过使用有关铁路和机场运输结果的原始数据进行稳健性检验，不进行插补，进行安慰剂测试，随机将高铁连接分配给地级市。这些结果没有报告，但可应要求提供，它们提供了一致的证据。

表 4-6　　工具变量法回归结果

	(1)	(2)	(3)	(4)	(5)	(6)	(7)	(8)
面板 A：以高铁连通为因变量的第一阶段结果									
潜在高铁连通	0.542**	0.542**	0.542**	0.541**	0.543**	0.543**	0.543**	0.543**
	(0.056)	(0.056)	(0.056)	(0.056)	(0.056)	(0.056)	(0.056)	(0.056)
KP Wald rk F statistic	94.07	94.04	94.00	93.89	94.48	94.48	94.48	94.48
面板 B：第二阶段结果									
变量	总货运量对数	总客运量对数	公路货运量对数	公路客运量对数	铁路货运量对数	铁路客运量对数	机场货运吞吐量对数	机场客运吞吐量对数
高铁连通 (t-1)	-0.024	-0.098	-0.025	-0.114	-0.043	0.570**	-0.517	-1.147*
	(0.099)	(0.095)	(0.120)	(0.101)	(0.176)	(0.265)	(0.381)	(0.604)
观测值	3255	3255	3253	3249	3259	3259	3259	3259
R 平方	0.048	0.010	0.041	0.009	0.014	0.033	0.069	0.048
初始控制×年份	是	是	是	是	是	是	是	是
城市固定效应	是	是	是	是	是	是	是	是
年份固定效应	是	是	是	是	是	是	是	是

注：所有估计值均为第二阶段回归结果。直线策略下的潜在高铁连接被用作实际高铁连接的工具变量。数据区间为 2001~2013 年。括号内为以城市为单位的稳健性标准误。*、** 分别表示 10%、5%的显著性水平。初始控制因素包括人均 GDP、人口密度、公共支出、经度、纬度和平均地形起伏度。

第六节　拓展分析

一　初始交通条件异质性

我们探讨了一些异质性效应以进一步支持主要结果。虽然我们没有发现高铁对总运输量和公路运输量有显著的影响，但对铁路客运量和机场吞吐量有显著的效应，这些影响可能会因初始交通基础设施条件差异而不同。具体而言，更好的初始交通基础设施可能会使高铁在重塑当地交通网络方面发挥补充或替代作用。为了观察该异质性，我们首先构建了几个初始交通条件变量，包括 2001 年的公路长度对数、2004 年的火车站数量和 2001 年的机场数量。① 然后, 我们估算了高铁连通与初始交通基础设施变量的交互效应。

表 4-7 报告了异质性效应的结果。第 (1) 列显示, 高铁替代机场减少了货运总量, 其影响仅在 10% 的水平上显著, 估计值为 -0.171。在客运总量方面, 高铁与公路互补, 增加了客运量。这可能是因为公路的密度远高于机场, 因此即使高铁取代了部分公路运输, 但公路可以补充高铁将乘客从高铁站运送到目的地方面发挥了更大的作用。

我们还观察到, 一个城市的初始列车越多, 该城市开通高铁对铁路客运量的正效应 [见第 (6) 列] 就会变小, 减少幅度约为 0.003。这种异质性效应表明, 在铁路基础设施较好的城市, 高铁更多地起到替代已有普铁发挥运输乘客的作用。然而, 我们并没有发现高铁与初始交通基础设施对公路运输量、铁路货运量和航空运输量产生共同影响 (见表 4-7 其余列)。

表 4-7　　　　　　　　　　　初始运输条件的异质性影响

变量	(1) 总货运量对数	(2) 总客运量对数	(3) 公路货运量对数	(4) 公路客运量对数	(5) 铁路货运量对数	(6) 铁路客运量对数	(7) 机场货运吞吐量对数	(8) 机场客运吞吐量对数
高铁连通 (t-1)	-0.221	-1.493**	0.293	0.281	-0.052	0.468**	-0.528***	-0.741**
	(0.637)	(0.671)	(0.513)	(0.897)	(0.124)	(0.182)	(0.199)	(0.355)
高铁连通 (t-1) × 铁路	0.001	-0.000			-0.002	-0.003**		
	(0.001)	(0.001)			(0.001)	(0.002)		
高铁连通 (t-1) × 公路	0.036	0.175**	-0.032	-0.024				
	(0.075)	(0.082)	(0.062)	(0.105)				
高铁连通 (t-1) × 机场	-0.171*	0.089					0.237	-0.228
	(0.095)	(0.093)					(0.362)	(0.623)
观测值	3473	3474	4701	4697	3515	3515	4795	4795
R 平方	0.829	0.830	0.790	0.778	0.873	0.852	0.874	0.845
初始控制×年份	是	是	是	是	是	是	是	是
城市固定效应	是	是	是	是	是	是	是	是

---

① 有关此处和下文所用变量的数据来源, 请参见附录表 4-A1。

续表

	(1)	(2)	(3)	(4)	(5)	(6)	(7)	(8)
年份固定效应	是	是	是	是	是	是	是	是

注：铁路＝2004年火车站数量；公路＝2001年高速公路对数长度；机场＝2001年机场数量。*、**和***分别表示10%、5%和1%的显著性水平。初始控制因素包括人均GDP、人口密度、公共支出、经度、纬度和平均地形起伏度。

二 对更多交通运输方式的影响

虽然本章关注的重点是高铁对城际公路和机场运输结果变量的影响，但人们可能会对高铁如何影响更多其他交通运输方式感兴趣，如水路和市内交通运输变量，如公共汽车和出租车。我们预计高铁对水路运输的影响有限，因为水路运输作为客运交通方式的重要性很小（见图4-3）。相反，高铁可能会增加市内交通，因为它需要更多和更好的市内道路基础设施来集散城市中的乘客。

为此，我们估计了高铁连通对水路货运量和客运量、公交乘客数量、每万人公交车数量、公交车数量及出租车数量的影响。表4-8的回归结果显示，高铁连接对水路货运量和客运量［见第（1）列和第（2）列］、公交乘客数量［见第（3）列］以及每万人公交车数量［见第（4）列］均无显著影响。然而，高铁连接对公交车和出租车数量有显著影响。高铁使公交数量减少11.3%，但使出租车数量增加7%。[①]

为什么高铁连通会对公交车和出租车产生相反的影响？虽然我们无法对此进行详细研究，原因之一可能是高铁导致城市内部的公共交通资源从公共汽车转向支持高铁的道路和便利设施等。许多高铁站位于郊区，甚至远离市中心的偏远地区。因此，这些车站可能对公交车不太友好。由于高铁票价较高，乘客对价格的敏感度可能较低，但对时间的敏感度较高，因此更愿意乘坐出租车，而出租车通过在线预订变得非常方便和准时。也有文献指出，高铁会导致城市收缩或人口外流至外围地区（Deng et al., 2019；Gao et al., 2020）。一方面，高铁带来的城市扩张或高铁新城需要大量公共资源用于基础设施建设。另一方面，人口外流导致部分公交线路客流不足，停止运营。在这两方面的共同作用下，为节省公共开支，填补高铁造成的市内换乘需求缺口，需要调整和减少公交供给，增加出租车供给。

[①] 虽然没有报告，但可应要求提供，这些影响在与本章第5.2节类似的各种检验下是稳健的。

表 4-8 高铁对其他交通运输方式的影响

变量	(1) 水路货运量对数	(2) 水路客运量对数	(3) 公交乘客量对数	(4) 每万人公交车数量对数	(5) 公交车数量对数	(6) 出租车数量对数
高铁连通（t-1）	0.018	-0.114	-0.085	-0.002	-0.113***	0.074***
	(0.139)	(0.133)	(0.057)	(0.045)	(0.037)	(0.028)
观测值	4435	4397	4733	3749	4763	4759
R 平方	0.931	0.820	0.841	0.829	0.868	0.896
初始控制×年份	是	是	是	是	是	是
城市固定效应	是	是	是	是	是	是
年份固定效应	是	是	是	是	是	是

注：括号内为按城市水平聚类的稳健性标准误。*** 表示 1% 的显著性水平。初始控制因素包括人均 GDP、人口密度、公共支出、经度、纬度和平均地形起伏度。

三 对地级市经济的影响

最后，我们研究高铁以及初始交通基础设施对以人均 GDP 衡量的当地经济的影响。这使我们能够观察高铁连通如何影响非中心城市的经济，以及初始基础设施条件是否会影响高铁连接对地方经济的影响。现有文献提供了许多关于高铁连接总体效应的证据，但这些证据并不一致（Qin, 2017; Ke et al., 2017; Diao, 2018; Gao et al., 2020）。我们在重新审视这一效应的同时，也考虑了高铁与其他初始交通条件的交互效应。

表 4-9 报告了回归结果，其中第（1）列是高铁连接对人均 GDP 的影响，其余各列是交互效应。高铁连接使地级市的人均 GDP 降低了约 7%[见第（1）列]。这一结果印证了之前的研究，即高铁阻碍了外围地区经济的发展（Gao et al., 2020; Qin, 2017）。对此，本书第 8 章将进一步研究。在交互效应中，我们发现在路网较长的城市，高铁连接对经济的阻碍作用往往较小[见第（2）列和第（5）列]。交互项的估计值为 0.083。鉴于对数道路长度的平均值为 8.28，正联合效应为 0.68，几乎可以抵消高铁连接带来的负面经济效应。这一结果与表 4-7 第（2）列中的异质性效应相呼应，即初始道路条件与高铁互为补充，增加了总客运量。然而，无论是初始普铁站数量还是初始机场，都没有与高铁连通一起对当地经济产生显著的共同影响[见第（2）、（3）和（4）列]。这也符合异质性效应，即初始机场条件与高铁连通没有显著的交互效应[见第（7）列和第

(8)列], 但高铁取代普铁来运送旅客 [见第（6）列]。

表4-9　　　　　　　　高铁对地级市经济的影响

变量	（1）	（2）	（3）	（4）	（5）
	\multicolumn{5}{c}{人均GDP的对数}
高铁连通（t-1）	-0.069***	-0.745***	-0.070***	-0.056**	-0.765***
	(0.020)	(0.212)	(0.022)	(0.023)	(0.218)
高铁连通（t-1）×铁路		0.000	0.000		
		(0.000)	(0.000)		
高铁连通（t-1）×公路		0.083***			0.084***
		(0.026)			(0.026)
高铁连通（t-1）×机场		-0.039		-0.039	
		(0.037)		(0.036)	
观测值	4785	4729	4785	4785	4729
R平方	0.965	0.966	0.965	0.965	0.966
初始控制×年份	是	是	是	是	是
城市固定效应	是	是	是	是	是
年份固定效应	是	是	是	是	是

注：铁路=2004年火车站数量；公路=2001年高速公路对数长度；机场=2001年机场数量。括号内为聚类在城市层面的稳健性标准误。** 和 *** 分别表示5%和1%的显著性水平。初始控制因素包括人口密度、公共支出、经度、纬度和平均地形起伏度。

第七节　结论

本章利用2001～2019年256个中国地级市的面板数据，采用双重差分方法估计了高铁连接对交通的影响。研究发现，高铁对总体运输量、道路运输量和火车货运量没有显著影响，但对火车客运量和机场客、货运吞吐量有显著影响。具体而言，高铁增加了火车客运量，但减少了机场吞吐量。我们还发现，高铁增加了城市内初始道路较好的城市的总客运量，但减少了普铁站较多的城市的火车客运量。此外，高铁减少了公交车数量，但增加了出租车数量，表明高铁引导城市内交通从公共汽车转向私人出租车。最后，我们得出高铁对当地经济产生负面影响的结论，但如果城市拥有较好的初始公路条件，这种影响可以得到缓解。

本章的研究结果证实了之前的研究（R. Zhang et al.，2019；Z. Chen，2017；H. Li et al.，2019），这些研究也显示了高铁对航空运输有负面影响，其估计值与之相当。然而，我们的结果并不支持高铁将超负荷的普铁运力从客运转移到货运的观点，因为高铁对火车货运量没有正向影响。此外，尽管有资料显示高铁减少了公路运输，但总体效应并不是负面的，这表明高铁可以作为公路的补充，将更多乘客送往没有高铁连接的地区。

这些研究结果意味着，高铁在调整客货流结构而非增加总客货流量方面发挥着更大的作用。随着高铁的开通，部分乘坐传统火车和飞机出行的人口转而乘坐高铁，这并不一定会增加我国的客运总量。高铁对客货运总量的影响较小且不显著，但对火车客运量和机场吞吐量等特定交通运输方式有显著影响。

虽然我们没有发现高铁对道路交通运输量具有促进效应，但高铁与初始道路条件对总客运量的正向互动效应表明，地方政府应建设设计完善的道路网络，以更好地发挥高铁的交通促进功能。这与已有研究结果（L. Dong et al.，2021）相呼应，即远离城市中心的高铁站对交通可达性的改善较小，更有可能导致高铁"鬼城"而非繁荣新城。因此，一个政策启示是高铁应建在靠近城市中心的地方，更好地接入当地交通基础设施，以实现更大的可达性改善。

第五章　高铁与企业创新：来自发达地区的证据[*]

内容提要：本章以我国高铁的建设作为准自然实验，检验由 Garrison 和 Souleyrette（1996）提出的伴随创新假说（Companion Innovation Hypothesis），即交通运输的改善通过创造"做好旧事"或"开辟新事"的机会来推动其他行业的创新。基于我国长三角和珠三角制造业企业的三轮创新调查数据开展的实证研究发现，高铁促进了外围地区制造业企业的创新；该效应在长三角地区更大，随时间的推移而增加，且从促进工艺创新转向促进产品创新。进一步研究表明，高铁连接通过唤起企业家对创新和知识产权保护的重视，开辟新的创新源泉，产生市场规模效应等渠道促进企业创新。

第一节　引言

交通基础设施一直被认为是区域经济发展的重要源泉和前提条件（Démurger，2001；Donaldson，2018；Garrison and Souleyrette，1994；Banerjee et al.，2020）。为了满足人们日益增长的对快速舒适交通服务的需求，提高客运效率，日本于1964年建成了世界上第一条高铁——新干线。随后，法国、德国和西班牙等欧洲国家也出现了高速铁路。经过几十年的建设，日本和西欧国家已经形成了运行良好的高铁网络。相较而言，我国高铁建设起步较晚，但发展迅速。自2008年第一条高铁线路开通以

---

[*] 本章内容发表信息如下：Gao, Yanyan, and Jianghuai Zheng, "The impact of high-speed rail on innovation: An empirical test of the companion innovation hypothesis of transportation improvement with China's manufacturing firms", *World Development*, Vol. 127, 2020, 104838。有删改。

来，我国已经在 2015 年以惊人的速度建成了"四纵四横"的高铁骨干网。根据国务院 2016 年 7 月发布的《中长期铁路网规划》，到 2020 年年底，高铁网络将覆盖 80% 的大城市。目前，我国高铁总里程数超过 4 万公里，已成为世界上拥有最长高铁公里数的国家。

高铁在世界的"蔓延"吸引了大量学者评估其社会经济效应。现有的文献表明，一方面，高铁可以提高区域可达性（Sasaki et al., 1997；Shaw et al., 2014），促进知识和思想的传播（X. Dong et al., 2020），增加就业（Lin, 2017），进而促进经济增长（Ahlfeldt and Feddersen, 2018；C.-L. Chen and Hall, 2011；Hornung, 2015；Ke et al., 2017），增强市场一体化和分散拥挤的城市经济（Zheng and Kahn, 2013），以及缩小区域经济差距（Z. Chen and Haynes, 2017）；另一方面，它会产生更有利于中心城市的经济极化效应（Banister and Berechman, 2001；Vickerman, 2015；Qin, 2017），导致非对称的区域可达性提升（Banister and Berechman, 2001；Jiao et al., 2017；Sasaki et al., 1997；Shaw et al., 2014），从而不利于高铁连通的外围地区的经济增长（Vickerman, 2015；Qin, 2017）。

创新在交通改善和经济变量两者关系中发挥着重要的作用。长期以来，熊彼特（Schumpeter and Backhaus, 2003）及其追随者（R. S. Lee, 2013；Scherer, 1986；Wolfe, 2011）以及大量的宏微观层次的实证研究（Ahlstrom, 2010；Demirel and Mazzucato, 2012；Foster et al., 2018；Grossman and Helpman, 1990；Grossman and Helpman, 1993；Kogan et al., 2017）证明了创新在经济发展中的基础性作用。同时，高铁使面对面交流更为容易，而面对面交流是促进知识和理念传播的最重要驱动因素之一，从而推动了被连接地区企业的创新活动（Antonelli, 2000；X. Dong et al., 2020；Kivimäki et al., 2000）。

然而，尽管有许多研究探讨了创新的决定性因素，如研发活动（Love and Roper, 1999；Newman et al., 2015）、国际贸易（Badinger and Tondl, 2003；Bloom et al., 2016；Damijan and Kostevc, 2015；Gorodnichenko et al., 2010；Grossman and Helpman, 1990；Grossman and Helpman, 1991；Michaels, 2008）、产业集群（Carlino and Kerr, 2015；Huber, 2011；Marshall, 1890；Rodríguez-Pose and Comptour, 2012）、文化差异（Nathan and Lee, 2013）、公共政策以及企业家精神（Z. Wang et al., 2010），但关于交通改善对创新影响的实证研究仍待拓展。本章研究的贡献在于，以我国高铁的开通为外生冲击，评估交通运输改善对创新活动的影响。

的确有不少研究讨论了交通改善对创新的影响。例如，Mac Donald

(1989)评估了斯塔格斯法案（Staggers Act）导致的铁路管制放松对铁路系统竞争和创新的影响，以及对粮食运输的影响。美国经济地理学家 William L. Garrison 及其合著者（Garrison and Souleyrette II, 1994）认为，交通改善可以带来巨大的外部市场，促进专业化和创新。这也是斯密定理——"市场规模决定劳动分工"的另一种说法（Smith, 1937）。他们进一步阐述了"伴随创新"假说（Garrison and Souleyrette, 1996），认为交通改善通过与外部市场缔结联系，使人们能够尝试新事物或以新的方式完成旧任务，并可以促进企业间的交流以创造新的生产方式，从而激发其他部门的创新。然而，尽管他们提供了详细的讨论，但并没有对这一假说进行有效的实证检验。该理论在很长一段时间内被地理学者和经济学者所忽视。

直到最近才有一些论文开始间接地部分检验了交通改善的伴随创新假说。这些论文和本章研究内容密切相关。第一篇文章是 Xu Wang 等（2018）的研究，该文通过匹配中国道路信息和制造业企业专利数据来评估道路密度对企业创新的影响。他们运用工具变量（IVs）法发现，道路密度每提高10%，专利创新就会增加0.71%，而这是通过市场规模的扩大和知识溢出效应的增加实现的。我们在以下几个方面对其进行补充：首先，我们用高铁网络作为外生冲击。与道路密度相比，高铁网络更加外生于企业决策和企业层面变量，因为高铁线路由中央政府部门负责设计，其建设涉及大规模投资，通常无法由单个企业提供资金。其次，本研究使用县域数据而不是城市数据来匹配企业层面的数据。此时高铁的连通更外生，因为县级不可观测变量决定高铁线路的可能性小于城市不可观测变量。最后，独特的制造业企业创新活动调查数据使我们能够直接、全面地衡量企业的创新活动，包括具体的创新类型和创新投入。虽然专利被广泛用于衡量创新，但它们通常不是"有用"的创新（Garrison and Souleyrette, 1996）。De La Tour 等（2011）也强调，中国企业申请了很多技术和商业价值较低的专利。

另一篇是 X Dong 等（2020）的文章，他们将中国市级高铁网络作为自然实验，以研究高铁对知识生产的影响。他们提供了确凿的证据表明，高铁提高了合作者的生产力，并加强了一线和二线城市研究者之间的合作。他们认为，高铁可以促进技能人才面对面的互动，推动知识和思想的快速传播。由于学术论文中的知识生产并不是创新，或者仅能算创新价值链中的一个方面（Roper et al., 2008; Roper and Arvanitis, 2012），我们在使用县级而非市级高铁数据的情况下，提供了高铁连接促进制造业企业创新的直接证据，补充了他们的研究。

此外，还有两篇论文也探究了高铁对企业创新的影响。首先，Inoue 等（2017）利用日本长野北陆新干线的开通并运用倍差法评估了高铁对企业创新的影响。他们发现，通过促进企业进行协同创新和知识传播，高铁的开放增加了高铁线路 30 公里以内企业申请的专利数量。与此篇论文相似，Qingsong 等（2018）利用中国 2007~2013 年的高铁作为外生冲击，分析交通基础设施对企业创新的影响。同样使用倍差法，他们发现，高铁连接城市的企业在专利增长、技术知识外溢和对人才的吸引力方面表现更佳。由于专利在衡量企业创新上的局限性，本章通过提供高铁促进企业创新的因果证据，拓展了这两篇文献。

具体而言，我们以我国的高铁建设为自然实验，直接检验了交通改善的伴随创新假说。本研究的数据来自四个独立的数据库：江苏、浙江、广东三省制造业企业的三轮创新调查、中国工业企业统计数据库、县级高铁连通信息以及省级和地级市统计年鉴。我们将这些数据合并，并构建关于企业创新及其决定因素（包括高铁连通情况）的面板数据。本章主要运用倍差法来分析高铁连接对企业创新的影响。由于建设高铁的首要目标是缩短中心城市之间的旅行时间，因此，一个县是否被高铁连接，在很大程度上外生于企业层面的变量，并且在控制主要县级协变量的条件下外生于县级遗漏变量。

为了进一步解决高铁线路布局的内生性问题，我们使用了工具变量法（IVs）。由于两个城市之间最短的距离是一条直线，靠近该直线的县更有可能开通高铁。同理，由于高铁（特别是在早期阶段）的目标是连接中心城市，附近的县也更有可能被高铁连接。这些直线策略已经被现有研究用作实际交通连接情况的工具变量（Banerjee et al., 2020; Faber, 2014; Hornung, 2015）。因此，我们进一步使用直线策略，运用工具变量法来进行稳健性检验。此外，我们还采用匹配方法在更相似企业之间评估高铁对企业创新的影响。

我们检验伴随创新假说的数据来自我国最发达的两个地区——长三角和珠三角地区，但仅包括江苏、浙江和广东三个省份。我们剔除了长三角的特大城市——上海，因为高铁线路首要目标是连接上海和北京等特大城市。由于特大城市的企业往往比其他城市的企业具有更强的创新能力，因此，把上海纳入研究可能会高估高铁对企业创新的实际影响。即使不包括上海，三个省份的数据仍可以很好地检验这一假说。一方面，长三角地区和珠三角地区都是中国最发达、最具创新活力的地区，制造业企业大力开展各种创新活动。虽然在 2005 年，北京的专利数量排名全国第一，但长三角和珠三角的省市占据了其他前五名的位置（F. Liu and Sun, 2009）。但是到 2017 年，两地区的总专利数已经超过北京，三省专利数占全国专利数比重约为47%，其中广东省排名第一①。另一方面，2008年以来这些地区都开通了多条高铁线路，从而对交通改善产生了足够多的外生冲击。自从2008年两个地区第一条高铁开通以来，到2014年年底，总共有15条高铁线路延伸到长三角和珠三角，形成了一个比其他地区更密的高铁网络。虽然苏北、浙南和广东周边地区的一些城市并不属于传统意义上的"长三角"或"珠三角"地区，但我们采取广义的"长三角""珠三角"的定义，包括三省的所有县市。近年来，各省政府也采用了此种定义，以在两地发展更大、更一体化的区域经济。这也能让我们充分使用来自三省的企业创新数据来验证交通改善的伴随创新假说。

运用来自长三角和珠三角的数据以及双重差分法，我们发现高铁开通促进了制造业企业创新。具体而言，它增加了被连通县中制造业企业进行创新活动的可能性，扩大了创新范围，促进了产品和工艺创新。异质性分析表明，在浙江、江苏两省被高铁连接后，其制造业企业的创新能力明显高于广东省企业。研究还发现，高铁开通的创新促进效应随着时间的推移而增强，且从促进工艺创新转向促进产品创新。最后，我们探索了高铁连通促进创新的机制，发现高铁可以通过让企业家认识到创新的重要性，促进创新合作，开辟创新投入的新来源，以及增加企业营销活动来促进创新。

第二节 数据和实证策略

一 数据

本章合并了不同来源的数据库。首先，制造业企业创新活动的数据来源于上海、江苏、浙江和广东等省市的三次制造业企业创新调查。国家统计局和科技部在2007年、2011年和2015年5月联合开展了这些调查。2011年以前年营业收入在500万元以上，以及2011年以后年营业收入在2000万元以上的"规模以上"制造业企业均被要求参与这些调查。与广泛使用的欧洲共同体创新调查一致，该调查由企业创新问卷和企业家问卷组成。前一份问卷要求企业提供其基本信息，回答开展产品和工艺创新、创新投入以及知识产权保护等问题。后一份问卷请企业家代表提供他们的基本资料，例如性别、年龄、教育水平、他们对公司创新活动和相关政策

---

① 参见国家专利局编纂的《专利统计年报2017》：https://www.cnipa.gov.cn/tjxx/jianbao/year2017/a.html。

的态度及看法。企业家代表必须是高级管理人员，职位不得低于副总裁，并需对公司的创新活动有全面的了解。

其次，根据 Y. Li（2016）提供的在线高铁网络数据，我们通过搜集高铁站和线路开通时间，手动构建了县域高铁连通数据。截至 2014 年年底，江苏、浙江两省共开通了 8 条高铁线路，广东省开通 7 条高铁线路（见附录 5-A1）。其他用于度量县级创新决定性因素的数据来自江苏省官方统计网站（http://www.jssb.gov.cn/tjxxgk/tjsj/tjnq/nj2017/index_1508.html）、浙江省官网（http://tjj.zj.gov.cn/tjsj/tjnj/），以及广东省各地级市的官方统计网站（http://www.gdstats.gov.cn/）。

最后，我们运用中国工业企业数据库收集制造企业的创新决定因素数据。该数据集来自中国国家统计局（NBSC）进行的年度调查结果，包含了从 1998~2013 年数十万家工业企业的会计信息。所有规模以上的工业企业都必须报告会计信息和企业基本信息。现有文献广泛运用中国工业企业数据库去评估中国制造业的生产率（Brandt et al., 2012）、加入 WTO 对中国制造企业绩效的影响（Brandt et al., 2017），以及道路密度对创新的影响（Xu Wang et al., 2018）。

我们首先根据唯一企业代码和年份把创新调查数据与工业企业数据库进行匹配。其次，根据县级行政代码和年份，将创新调查数据进一步与县域高铁连通数据和其他变量进行匹配。我们剔除了来自上海的数据，因为建设高铁的目的就是连接上海。而且，大城市官员更有可能影响中央政府以使其所在城市成为高铁连接城市。高铁连接的目标城市通常都是那些具有经济和政治重要性的区域，为了减少这种高铁线路布局带来的内生性，我们参照现有文献（Banerjee et al., 2020；Faber, 2014）的做法，删除了地级市市辖区的观测值。最后，我们也剔除了非制造业企业的观测值。由此，我们构建了 2006、2010 和 2014 年三年间县域高铁开通、企业创新和其他协变量的非平衡面板数据。数据集包含 73700 个观测值，其中 2014 年有 61381 个，这意味着大多数在 2006 年运营的企业并没有出现在 2010 年和 2014 年。江苏、浙江、广东的观测值分别为 29736、26634 和 17330 个（见附录表 5-A2）。为了充分利用现有数据，本章直接利用非平衡面板数据来评估高铁连通对企业创新的影响。[①]

[①] 由于企业的进入和退出，平衡面板数据仅包含 1480 家企业的 4440 个观测值，即 2006~2015 年三省县域仅有 1480 家企业存活。因此，平衡面板数据的代表性不如非平衡面板数据，使用平衡面板数据会降低估计的精确度。

二 实证策略

(一) 实证模型

本章采用倍差法评估高铁连通对企业创新的因果效应。如果共同趋势假设得到满足，则倍差法是一种有效的因果推断工具。由于长三角和珠三角的高铁线路开通于不同的年份，这意味着处理发生在多个年份，因此我们使用更一般的倍差法，即以下双向固定效应面板数据模型：

$$Innov_{ict} = \alpha HSR_{c,t-1} + \beta Firm_{ic,t-1} + \gamma County_{ct} + f_i + \theta_t + v_{ict} \quad (5-1)$$

其中，$Innov$ 表示企业创新水平，HSR 为高铁连通变量。$Firm$ 和 $County$ 分别为企业和县级控制变量。f_i 和 θ_t 分别为企业和年份固定效应。下标 i，c 和 t 表示企业、县和年份。v 为随机扰动项。α、β、γ 为待估系数。α 为显著为正，表明高铁连通导致的交通改善促进了制造业创新。由于这些高铁线路大部分开通于年底，我们使用高铁连通的一年滞后项。此外，为了缓解创新与企业层面协变量之间的反向因果关系，我们也使用了企业协变量的一年滞后项。考虑到同一地区和同一行业内的制造业企业可能因其区域或业务联系而相互影响，我们报告聚类在地级市和两位数行业代码层面的稳健性标准误。

(二) 变量

对于结果变量——企业创新，首先用一个虚拟变量来度量制造业企业是否在调查年度之前的两年内进行了产品创新、生产工艺创新或辅助性工艺创新三者中的任何一项。其次，我们用三个创新虚拟变量之和来度量企业创新的范围。创新范围是指企业进行不同类型创新活动的范围 (Bortoluzzi et al., 2015)。这里的创新范围取值从 0 (不进行任何一种创新) 到 3 (进行所有三种创新)。再次，为了考察高铁连通对各类创新的影响，我们用三个代表每种创新活动的虚拟变量分别度量企业的具体创新情况。复次，我们利用企业、国内、国际三个层次新产品的"新度"虚拟变量对创新绩效进行测度。所有新开发的产品都必须是企业层面的新产品，但不一定是国内或国际层次的新产品，因为后者代表更高的产品创新水平。最后，我们构建一个虚拟变量来度量企业在调查年度的前两年内是否有进行中的创新或经历了创新失败。

高铁连通变量为一个虚拟变量。对于任何一个县，该变量在有任何一条高铁线路连接的年份取值为 1，在没有高铁连接的年份取值为 0。由于它是一个时变虚拟变量，在控制了个体和年份固定效应后，模型 (1) 相当于倍差法 (Angrist and Pischke, 2014)。使用虚拟变量，而不是服务频率或乘客数量，可以更好地识别从没有高铁连通到有高铁连通的这一实质性变化带来的创新提升效应。与是否开通高铁相比，由服务频率所衡量处理强度更加内生于对火车的需求。客流量增加的城市将安排更多的车次停靠。同样，在游客数量预计会增长的假日，将会开通更多的高铁班次。由于这些与高铁服务需求相关的变量是不可观测的，如果它们也决定了企业的创新但没有被控制，那么使用高铁服务频次作为变量的估计将是有偏差的。鉴于高铁服务频率与客运量所涉及的内生性问题，部分实证文献仅使用一个虚拟变量来识别高铁的各种影响（X. Dong et al.，2020；Liao et al.，2022；Qin，2017）。除此之外，由于我们使用的是县域高铁数据，一个县是否被高铁连接比是否提供更多的高铁服务更加意义重大。同理，高铁沿线县域之间的列车频次差异显然小于高铁连接的中心城市与周边县（市）之间列车频次的差异。因此，在提高一个县的可达性方面，高铁连通比高铁服务频率更具决定性。因此，我们仅使用高铁连通的虚拟变量来确定高铁对企业创新的影响。

根据现有的关于企业层面创新决定因素的文献（Acs and Audretsch，1987；Audretsch，1995；Bhattacharya and Bloch，2004；Choi et al.，2011；Newman et al.，2015；Salomon and Shaver，2005；Şeker，2012；Shefer and Frenkel，2005；Yi et al.，2017），我们首先包括以下企业层面的控制变量：总资产收益率、总资产规模、主营业务收入、员工人数、企业年龄、隶属关系虚拟变量以及出口虚拟变量。若公司隶属于国家、省或地市级政府，国企隶属关系虚拟变量取值为1，否则为0。正如现有文献所示（Hou et al.，2017；M. Song et al.，2015），企业政治联系程度与企业创新相关，我们用隶属关系虚拟变量来衡量企业的政治联系程度。出口虚拟变量用来表示出口—创新关系，在公司有出口的年份取值为1，否则取值为0。同时，根据现有的高铁相关文献，我们还控制了一些县级协变量，包括人均公共支出、人均固定资产投资和人口密度（X. Dong et al.，2020；Ke et al.，2017；Qin，2017）。最后，我们还控制了企业家特征变量，包括企业家的年龄、教育水平、性别和对创新重要性的态度，因为企业家因素也与企业创新相关（Knudson et al.，2004；Larson，2000；Szirmai et al.，2011）。表5-A3进一步给出了所有变量的定义和数据来源。

主要变量的描述性统计如表5-1所示。我们可以看出，高铁县和非高铁县的制造业企业之间存在着显著差异。具体而言，在是否开展任何创新、创新范围和工艺创新等方面，高铁连通县的企业比非连通县的企业具有更低创新，但它们在许多其他方面也与非连通县的企业存在显著差异。因此，我们不能简单得出高铁连通会阻碍企业创新的结论，因为两组其他条件不同。

表 5-1 变量的描述性统计

变量	所有数据 观测值	均值	无高铁连通 观测值	均值	有高铁连通 观测值	均值	均值差
创新结果变量							
任何创新	73460	0.494	40111	0.5	33383	0.487	0.013***
创新范围	73424	1.020	40078	1.038	33346	0.999	0.039***
产品创新	73487	0.418	40106	0.42	33381	0.416	0.004
生产工艺创新	73455	0.341	40091	0.35	33364	0.33	0.020***
辅助性工艺创新	73462	0.261	40097	0.268	33365	0.253	0.015***
新产品创新水平							
企业层面创新	30726	0.951	16847	0.958	13879	0.944	0.014***
国内创新	24653	0.690	14260	0.652	10393	0.743	-0.092***
国际创新	21002	0.340	12839	0.291	8163	0.418	-0.127***
正在进行的创新	73470	0.294	40104	0.289	33366	0.300	-0.011***
创新失败	73470	0.151	40104	0.144	33366	0.160	-0.015***
核心解释变量							
高铁连通	73700	0.398	40180	0	33520	0.876	-0.876***
企业层面协变量							
总资产收益率	62393	1.670	34316	1.889	28077	1.401	0.488***
总资产	62527	10.755	34401	10.665	28126	10.864	-0.199***
主营业务收入	62402	11.276	34318	11.307	28084	11.238	0.069***
企业年龄	62401	10.581	34317	10.351	28084	10.862	-0.511***
员工数量	62392	5.672	34311	5.603	28081	5.757	-0.154***
隶属关系	73700	0.993	40180	0.995	33520	0.991	0.004***
出口虚拟变量	73700	0.313	40180	0.255	33520	0.384	-0.129***
县级层面协变量							
人口密度	63138	6.432	39596	6.341	23542	6.584	-0.242***
公共支出	63138	8.757	39596	8.73	23542	8.802	-0.072***
固定资产投资	63136	10.357	39596	10.265	23540	10.512	-0.247***
企业家层面协变量							

续表

	所有数据		无高铁连通		有高铁连通		
性别	73482	0.633	40104	0.666	33378	0.594	0.073***
年龄层	73483	2.820	40103	2.903	33380	2.72	0.183***
对待创新的态度	73483	2.193	40105	2.2	33378	2.186	0.013***
教育水平	73481	3.886	40104	3.893	33377	3.877	0.016**

注：除企业年龄、隶属关系和出口虚拟变量外，企业层面的协变量均采用自然对数值。县级的协变量也采用自然对数值。** 和 *** 分别表示 5% 和 1% 的显著性水平。

（三）平行趋势检验

为了证明倍差法的有效性，我们进行平行趋势假设，即实验组和对照组的创新活动在处理前具有相同的趋势。实证文献使用处理变量的提前项来检验这一假设（Autor，2003）。若没有提前效应，则假设成立。由于我们的面板数据非常不平衡（大部分来自最近的一次调查），我们基于第一次调查的数据估计高铁连通的提前效应。与此同时，由于前两次调查与我们研究范围内的第一条高铁线路开通时间（2008 年）之间有 3 年的时间间隔，我们估计了 3 年和 4 年的提前效应。检验结果如表 5-2 所示。结果表明，在 5% 的显著性水平下，高铁连通对企业创新不存在提前效应，因而支持使用倍差法进行因果效应估计。

表 5-2   平行趋势检验

变量	（1）任何创新	（2）创新范围	（3）产品创新	（4）生产工艺创新	（5）支持性工艺创新
高铁连通（-4）	-0.004	-0.039	0.008	-0.033	-0.014
	(0.023)	(0.059)	(0.023)	(0.023)	(0.022)
高铁连通（-3）	-0.012	-0.081	-0.013	-0.032	-0.035*
	(0.022)	(0.054)	(0.022)	(0.021)	(0.020)
其他协变量	Yes	Yes	Yes	Yes	Yes
观测量	4825	4825	4825	4825	4825

注：括号内的值为稳健性标准误。* 表示 10% 的显著性水平。所有结果均来自 OLS 估计。数据为第一次创新调查数据。高铁连通（-4）和高铁连通（-3）分别指高铁连通之前第 4 年和第 3 年。

第三节 实证结果

一 高铁连通与企业创新

表5-3报告了高铁连通对制造业企业创新的影响,其中创新采用是否开展任何创新和创新范围来度量。作为基准,第(1)列报告了混合OLS回归结果,其中控制了年份固定效应。第(2)至(5)列报告了使用倍差法得到的估计结果。其中,第(3)列添加了企业级控制变量,第(4)列添加企业家控制变量,第(5)列添加县级控制变量。这里的结果变量是企业是否开展任何一种创新,而且采用固定效应模型控制不可观测的时变和不变固定效应。根据混合OLS和倍差法估计结果,我们发现,如果不控制县级协变量,高铁连通对企业是否开展创新活动没有显著影响。然而,当控制县级协变量时,高铁连通将使企业从事三种创新中任何一种创新的概率增加4.5%。在创新范围方面也能观察到类似的结果。如第(6)和第(7)列所示,在控制县级变量后,我们发现高铁连通对创新范围具有显著的促进作用。高铁连通使企业创新范围扩大了0.121,该结果在1%的水平上显著。研究结果表明,县级协变量不应该从控制变量中剔除,因为县级协变量与高铁连通呈正相关,但与企业创新呈负相关。我们通过比较第(4)至第(7)列的结果可以发现,忽略县级协变量将导致遗漏变量偏误,从而低估高铁连通对企业创新的作用。

表5-3　　　　　　　　　　高铁连通和企业创新

	(1)	(2)	(3)	(4)	(5)	(6)	(7)
	混合OLS	\multicolumn{6}{c}{双重差分}					
变量	\multicolumn{5}{c}{任何创新}	\multicolumn{2}{c}{创新范围}				
高铁连通(t-1)	0.008	-0.004	0.006	-0.003	0.045***	0.016	0.121***
	(0.013)	(0.015)	(0.016)	(0.016)	(0.017)	(0.039)	(0.042)
企业级层面协变量	是	否	是	是	是	是	是
县级层面协变量	是	否	否	否	是	否	是
企业家层面协变量	是	否	否	是	是	是	是
年份固定效应	是	是	是	是	是	是	是

续表

	（1）	（2）	（3）	（4）	（5）	（6）	（7）
企业固定效应	否	是	是	是	是	是	是
观测值	53163	73460	62185	62152	53163	62126	53144
企业数		62910	53877	53854	46285	53852	46284

注：括号内的值为聚类在地级市和两位数行业代码层面的稳健性标准误。*** 表示1%的显著水平。

表5-4进一步列出了不同创新类型的估计结果，即产品创新、生产工艺创新和辅助性工艺创新。我们同样发现，忽略县级协变量会低估高铁连通对各类创新的影响，且高铁连通对工艺创新的影响更为显著。高铁连通倾向于增加进行产品创新，但并不显著［见第（2）列］，且高铁连通分别使企业开展生产工艺创新和辅助性工艺创新的概率提高5%和4.3%［见第（4）和第（6）列］。

高铁对产品和工艺创新影响的差异的一种解释是，交通运输网的完善带来的新市场增加了对现有产品的需求，也就是说，减少企业开发新产品的需求，增加对其新的高效生产工艺的需求，以满足外部市场对现有产品不断增长的需求。这一结果与De La Tour等（2011）的研究结果部分一致。他们发现，中国企业更注重工艺而非产品创新，他们更倾向于在国际市场上购买制造设备，并从华裔中招聘有技能的高管。

表5-4　　　　　高铁连通对特定企业创新活动的影响

变量	（1）	（2）	（3）	（4）	（5）	（6）
	产品创新		生产工艺创新		支持性工艺创新	
高铁连通（t-1）	-0.031*	0.029	0.023	0.050***	0.025*	0.043**
	(0.017)	(0.029)	(0.015)	(0.018)	(0.013)	(0.017)
企业层面协变量	是	是	是	是	是	是
县级层面协变量	否	是	否	是	否	是
企业家层面协变量	是	是	是	是	是	是
年份固定效应	是	是	是	是	是	是
企业固定效应	是	是	是	是	是	是
观测值	62169	53176	62143	53155	62152	53164

续表

	(1)	(2)	(3)	(4)	(5)	(6)
企业数	53853	46285	53853	46284	53853	46284

注：括号内的值为聚类在地级市和两位数行业代码层面的稳健性标准误。*、**、*** 分别表示 10%、5%、1% 的显著性水平。

二　高铁连通与创新绩效

表 5-5 报告了高铁连通对企业、国内、国际三个层次产品创新的影响。高铁连通使制造业企业开展国际新产品的创新概率增加了 7.3%［见第（3）列］，但对其他级别的产品创新概率没有显著影响。由于超过 95% 的新产品创新者声称他们的产品创新是企业层面的创新（见表 5-1），即虚拟变量变化不大，因此高连通自然与企业层面的产品创新没有显著关联。高铁连通促进国际新产品创新而非国内新产品创新，可能由于这些发达地区形成了高度专业化和合作化的经济有关（Luo and Shen, 2009），这使得大多数制造业企业的产品创新已经是国内新产品。这也与后面的机制分析一致，即高铁促进国内企业与外国公司合作，从而促进国际新产品的创新。此外，高铁连通与企业是否有正在进行中的创新活动在 10% 的显著水平上负相关，但对创新失败（终止某些创新活动）的影响不显著［分别见第（4）和第（5）列］。这些结果可以解释为高铁连通对企业创新产生了相反的作用。一方面，它通过使制造业企业接近新的投入和产品市场来促进企业创新。另一方面，它带来了新的竞争对手，阻碍了企业正在进行的创新活动，增加了企业在创新中失败的可能性。如果这两种效应大小相当，会导致高铁对企业正在进行的创新和创新失败没有显著影响。这些结果也与现有文献（Simpson et al., 2006；Wright et al., 2005）一致，表明创新活动是有风险的，并不一定会成功并迅速获得回报。

表 5-5　　　　　　　　　高铁连通和企业创新绩效

	(1)	(2)	(3)	(4)	(5)
	在产品创新企业中			所有企业	
变量	企业层面创新	国内创新	国际创新	进行中的创新	创新失败
高铁连通（t-1）	-0.004	0.008	0.073**	-0.033*	-0.008
	(0.013)	(0.023)	(0.031)	(0.018)	(0.015)
控制变量	是	是	是	是	是

续表

	(1)	(2)	(3)	(4)	(5)
年份固定效应	是	是	是	是	是
企业固定效应	是	是	是	是	是
观测值	24811	19466	16210	53164	53164
企业数	22329	17318	14411	46284	46284

注：括号内的值为聚类在地级市和两位数行业代码层面的稳健性标准误。*、** 分别表示10%、5%的显著性水平。

三 省域异质性分析

由于三省在社会经济、地理和文化习俗等方面存在巨大差异，我们估计了高铁连通对企业创新影响的省级异质性。对此，我们估计省份虚拟变量与高铁连通变量的交互项的估计系数。估计结果如表5-6所示。研究发现，长三角地区的浙江、江苏两省企业在高铁连通后进行创新的概率明显高于广东企业，但高铁对浙江企业创新的影响更大［见第（1）和第（2）列］。高铁连通提高了浙江企业开展产品创新的概率，同时提高了江苏企业开展辅助性工艺创新的概率［见第（3）和第（5）列］。这种差异可能由如下事实所致：相较于其他已经拥有更密集、更方便的交通网络的省份，高铁给多山的浙江带来了更大的可达性改善。此外，由于私有产权的强激励作用，当高铁让企业获得外部创新机会时，浙江的民营企业可能比江苏的企业或国有企业做出更快反应。因此，高铁能在浙江省激发更多的制造业企业创新。与此同时，珠三角地区被称为世界工厂，来自香港、台湾的FDI使该地区形成出口导向的工业化（Wen, 2013）。广东省企业多采取贴牌生产、来料加工贸易的发展模式，从而使广东企业的创新能力不如长三角企业，对国外市场的变化比对国内市场的变化更敏感，结果广东省企业对高铁带来的外部市场提供的创新机会反应较弱。

表5-6　　　　高铁连通对企业创新的空间异质性影响

变量	(1)	(2)	(3)	(4)	(5)
	任何创新	创新范围	产品创新	生产工艺创新	辅助性工艺创新
高铁连通（t-1）×浙江	0.166**	0.359**	0.134*	0.090	0.129**
	(0.074)	(0.177)	(0.071)	(0.070)	(0.065)

续表

	（1）	（2）	（3）	（4）	（5）
高铁连通（t-1）×江苏	0.159**	0.325*	0.046	0.083	0.202***
	(0.074)	(0.182)	(0.071)	(0.072)	(0.068)
高铁连通（t-1）	-0.111	-0.209	-0.071	-0.033	-0.102
	(0.072)	(0.172)	(0.068)	(0.067)	(0.063)
控制变量	是	是	是	是	是
年份固定效应	是	是	是	是	是
企业固定效应	是	是	是	是	是
观测值	53176	53144	53176	53155	53164
企业数	46285	46284	46285	46284	46284

注：括号内的值为聚类在地级市和两位数行业代码层面的稳健性标准误。*、**、***分别表示10%、5%、1%的显著性水平。

四 动态效应

为了观察当越来越多的县域被高铁连通时，高铁对制造业企业创新的影响如何随时间变化，我们将高铁连通的一年滞后项分为两个变量：第一个是2010年的高铁连通（t-1），第二个是2014年的高铁连通（t-1）。由于长三角第一条高铁开通于2008年，这两个变量使我们能够观察高铁在不同年份对制造业创新的影响。估计结果如表5-7所示。从中可知，高铁连通仅在2014年对企业开展任何类型的创新活动具有显著的影响，对企业创新范围也有显著但逐渐减弱的促进作用［见第（1）和第（2）列］。第（3）列显示，高铁连通先降低、后增加企业的产品创新。最后，第（4）和第（5）列表明，高铁连通对两种工艺创新均有促进作用，但随着时间的推移，这种促进作用从0.1以上减小到0.04以下。①

动态效应结果很有趣，信息量很大。结果表明，随着越来越多的县由高铁相连，会形成规模更大、一体化程度更高的市场，制造业企业减少了创新的种类，但增加了创新的概率，并从工艺创新转向产品创新。越来越多高铁的开通导致更大的市场规模，产生了连锁效应。

---

① 使用高铁连通更长的滞后期来检验动态效应也可以观察到类似的结果。例如，我们发现，高铁开通的两年滞后项会提高企业进行任何一种创新的概率，扩大创新范围并促进产品创新，而不会促进工艺创新。

它首先使制造企业能够以更有效的方式销售其现有产品，即促进工艺创新。而且，正如斯密定理所言，市场规模促进了劳动分工和专业化，因而更多的是专业化创新。此外，高铁连通带来的本地新进入者或外部同行会强化市场竞争，本地制造业企业要想在竞争中生存下来，进行产品创新至关重要。

表5-7　　　　　　　　高铁连通对企业创新的动态影响

变量	(1)任何创新	(2)创新范围	(3)产品创新	(4)生产工艺创新	(5)辅助性工艺创新
高铁连通（t-1 2010）	0.017	0.158**	-0.062**	0.113***	0.101***
	(0.034)	(0.064)	(0.028)	(0.032)	(0.031)
高铁连通（t-1 2014）	0.049***	0.115***	0.044**	0.040**	0.033**
	(0.016)	(0.043)	(0.017)	(0.018)	(0.017)
控制变量	是	是	是	是	是
年份固定效应	是	是	是	是	是
企业固定效应	是	是	是	是	是
观测值	53176	53144	53176	53155	53164
企业数	46285	46284	46285	46284	46284

注：括号内的值为聚类在地级市和两位数行业代码层面的稳健性标准误。**、*** 分别表示5%、1%的显著性水平。

第四节　稳健性检验

一　替换县级控制变量

首先，我们用人均GDP替代县级控制变量，用以度量县级社会经济总体情况（相关变量及其数据来源见附录表5-A4）。由于人均GDP是衡量当地经济水平的最重要指标，也是投资、公共支出、人力资本和出口等各种变量的结果，控制人均GDP可能会大幅降低遗漏与高铁连通相关变量的可能性。此外，单个制造业企业的创新活动也不太可能决定一个县的人均GDP。因此，我们有理由认为，控制人均GDP可以更好地缓解遗漏变量偏误。估计结果见表5-8A栏。我们发现，高铁连通促进了制造业企业开展各种创新活动，推动其开展工艺创新，并扩大其创新范围。然而，虽然高铁连通对产品创新的影响也为正,但结果并不显著,这与前文表5-4第（2）列报告的结果一致。我们还发现,在1%的显著性水平下,人均GDP与制造业创新呈负相关,这可能与我国以投资为主的粗放式经济增长模式有关。

二 子样本估计结果

在前面,我们采用了广义的长三角和珠三角划分,观察值来自三省的所有县域。有人可能认为该划分忽略了一个事实,即狭义的两个区域内经济一体化程度更高,并受相同区域政策的影响。为了观察高铁连通对创新的影响是否因两区域定义的变化而不同,我们把观察值限制在狭义的长三角和珠三角地区。在长三角,我们只选取来自苏州、无锡、常州、镇江、扬州、泰州、南通、宁波、湖州、嘉兴、绍兴、舟山、泰州等13个非中心城市县域的数据。对于珠三角,因为狭义珠三角地区的其他城市没有县和县级市,只有市辖区,我们只选取来自江门、肇庆和惠州等城市县域的数据。表5-8的B栏报告了估计结果。我们发现,高铁连通的估计系数与表5-3和表5-4一致,但显著性水平较低,且估计系数稍小一点。

表5-8　　　　替换协变量或运用子样本进行稳健性检验

变量	(1) 任何创新	(2) 创新范围	(3) 产品创新	(4) 生产工艺创新	(5) 辅助性工艺创新
A栏：替换协变量					
高铁连通（t-1）	0.053***	0.142***	0.037*	0.057***	0.050***
	(0.017)	(0.044)	(0.019)	(0.018)	(0.017)
Ln（人口密度）	-0.149***	-0.315***	0.210***	0.041	-0.062*
	(0.031)	(0.085)	(0.040)	(0.042)	(0.036)
Ln（人均GDP）	-0.269***	-0.670***	-0.318***	-0.215***	-0.135***
	(0.039)	(0.100)	(0.043)	(0.045)	(0.037)
观测值	53056	53024	53056	53035	53044
企业数	46253	46252	46253	46252	46252
B栏：狭义的长三角与珠三角地区					
高铁连通（t-1）	0.043**	0.116**	0.029	0.050**	0.039*
	(0.020)	(0.052)	(0.021)	(0.023)	(0.020)

88　第一部分　核心影响机制

续表

	（1）	（2）	（3）	（4）	（5）
观测值	35819	35803	35829	35812	35820
企业数	30704	30704	30704	30704	30704

注：括号内的值为聚类在地级市和两位数行业代码层面的稳健性标准误。*、**、*** 分别表示10%、5%、1%的显著性水平。所有回归都控制年份和固定效应。A栏中的其他控制变量包括总资产收益率、总资产、主营业务收入、企业年龄、员工人数、隶属关系、出口虚拟变量、企业家性别、年龄组别、创新态度、教育程度。除了没有人均GDP，B栏中的控制变量与A栏相同。

三　匹配法估计结果

我们进一步使用匹配的方法进行稳健性检验。利用观测到的数据，匹配法构建了一个与处理组在处理前几乎相同的控制组，从而得到更可靠的因果推断。现有的估计处理效应的匹配法包括倾向评分、逆概率加权、回归调整、最近邻匹配，以及各类变形。尽管倾向评分很受欢迎，King和Nielsen（2016）表明它不应该用于匹配，因为它增加了不平衡性、低效性、模型依赖和结果偏差。因此，我们使用三种互补的匹配方法：回归调整（RA）、逆概率加权（IPW）和最近邻匹配（NNM），来检验结果的稳健性。RA法使用回归模型预测潜在的结果，并用样本均值估计处理效应。它被用来估计母亲吸烟状况对婴儿出生体重的影响（Cattaneo，2010）。IPW法通过修正缺失的潜在结果，使用估计出来的概率权重来估计实际结果和潜在结果之间的处理效应。NNM是一种非参数匹配方法，它不需要给结果模型或处理模型指定具体的函数形式。接受另一种处理水平的相似对象的平均结果被用来模拟每一个个体缺失的潜在结果。这些相似的对象就是最接近的那些。它们由协变量的一个加权函数决定，其中使用了马氏距离，权重则基于协变量的方差—协方差矩阵的逆。Abadie和Imbens（2006；2011）指出，当匹配是基于两个或两个以上的连续协变量时，NNM估计是不一致的，他们通过使用变量的一个线性函数设定了一个校正偏差的估计量。因此，我们按照他们的建议来纠正此类不一致。

附录表5-A5报告了基于最近邻匹配得到的协变量平衡性改进情况。表5-9的A、B、C栏则报告了使用RA、IPW和NNM法得到的估计结果。我们只使用2014年的观测数据进行匹配，因为如果我们使用所有可用数据来控制公司固定效应和年份固定效应，那么会有太多的控制变量。我们还使用人均GDP来替代固定资产投资和公共支出，因为匹配方法要求处理变量在控制这些协变量后独立于误差项。结果表明，高铁连通促进了制造业企业创新。在三种匹配方法中，RA和IPW法得出相似的估计结果（见A栏和B栏），而NNM产生的估计参数较小，且高铁连通对工艺创新的影响仅在10%的水平上显著［见C栏的第（4）和第（5）列］。但是，匹配法得到的效应要比表5-3和表5-4中倍差法得到的估计量小很多，因为这里只使用了2014年的数据。

表5-9　　　　　　　　　基于匹配法的稳健性检验

变量	（1）任何创新	（2）创新范围	（3）产品创新	（4）生产工艺创新	（5）辅助性工艺创新
A栏：回归调整					
高铁连通的平均处理效应	0.021***	0.062***	0.032***	0.015***	0.016***
	(0.005)	(0.013)	(0.005)	(0.005)	(0.005)
观测值	45058	45057	45058	45057	45057
B栏：逆概率加权					
高铁连通的平均处理效应	0.025***	0.071***	0.035***	0.017***	0.020***
	(0.005)	(0.013)	(0.005)	(0.005)	(0.005)
观测值	45058	45057	45058	45057	45057
C栏：最近邻匹配					
高铁连通的平均处理效应	0.016**	0.049***	0.026***	0.011*	0.011*
	(0.006)	(0.015)	(0.006)	(0.006)	(0.006)
观测值	45058	45057	45058	45057	45057

注：括号内的值为稳健性标准误。*、**、***分别表示10%、5%、1%的显著性水平。控制变量包括总资产收益率、总资产、主营业务收入、企业年龄、员工人数、隶属关系、出口虚拟变量、企业家性别、年龄组别、创新态度、教育程度、人口密度、人均GDP。这里仅使用2014年数据。

四　内生性问题

虽然高铁线路布局不太可能内生于制造企业层面的协变量，但我们有可能在模型（1）的右侧遗漏了一些同时决定企业创新活动和高铁连通的变量。表5-3和表5-4表明，忽略县级人口密度、公共支出、固定资产投资等变量会低估高铁连通对创新的促进作用。因此，可能遗漏了一些县级不可观测变量。例如，旨在发展创新经济的地方官员可能有强烈意愿推动地方高铁建设。经济重地会为企业创新提供更好的支持，它们也可能被优先安排建设高铁。此外，政府也会有意选择制造业企业创新能力较弱的发展中地区，改善其交通设施，以促进其社会经济发展。

为了进一步解决高铁线路布局的内生性问题，我们沿循 Banerjee 等（2012），Faber（2014）和 Hornung（2015）的做法，使用简单的直线策略为实际高铁连通变量构建工具变量。由于早期建设高铁主要目标是缩短北京、天津、上海和广州等大城市之间的通行时间，直线线路是实现这一目标的最佳设计。通过在中心城市（大多为省会城市）之间绘制直线，我们构建了一个潜在高铁连通变量，如果一个县位于由现有高铁线路连通的两个中心城市之间的直线上，取 1，否则取 0。我们将潜在高铁连通县的高铁开通时间设定为相同线路上实际高铁的开通时间，并将其作为实际高铁连通变量的第一个工具变量。此外，也因为高铁旨在缩短大城市之间的旅行时间，靠近中心城市的县域更有可能被高铁连接起来。因此，潜在高铁连通与各县到省会的经纬度直线距离之间的交互项被用作实际高铁连通的第二个工具变量。

由于一个县的位置以及该县是否位于两个中心城市之间的直线上，在控制了一些县级协变量后，相对于遗漏变量是外生的，它们被认为是实际高铁连通变量合格的工具变量（Banerjee et al.，2020；Hornung，2015）。以上述变量为工具变量进行两阶段最小二乘（2SLS）估计的实证模型给定如下：

$$Innov_{ict} = \alpha HS R_{c,\ t-1} + \beta Fir m_{ic,\ t-1} + \gamma count\ y_{ct} + c_i + f_t + v_{ict}, \quad (5-2)$$
$$HS R_{c,\ t-1} = \theta PHS R_{c,\ t-1} + \rho Fir m_{ic,\ t-1} + \lambda count\ y_{ct} + \kappa_i + \delta_t + \varepsilon_{ict},$$
$$(5-3)$$

其中 PHSR 为实际高铁连通的工具变量。θ，ρ 和 λ 是第一阶段方程中要估计的参数，ε 代表随机扰动项。

表 5-10 报告了基于工具变量法进行的稳健性检验，其中 A 栏仅使用第一个自变量，B 栏则使用第一个自变量及其与距离变量的交互项作为实际高铁连通的工具变量。我们再次发现，高铁连通显著扩大了企业创新的范围，增加了企业开展任何形式创新和产品创新的概率，尽管它们对工艺创新没有显著影响。此外，与表 5-3 和表 5-4 中倍差法得到的结果相比，工具变量法产生了更大的估计系数。第一阶段 F 值表明工具变量与内生性高铁连通高度相关，过度识别检验在 5% 显著性水平下无法拒绝零假设，表明工具变量法是有效的。

表 5-10　　　　　　　　　工具变量法的稳健性检验

变量	（1）任何创新	（2）创新范围	（3）产品创新	（4）生产工艺创新	（5）辅助性工艺创新
A 栏：一个 IV					
高铁连通（t-1）	0.152***	0.403***	0.198***	0.095	0.113*
	(0.056)	(0.142)	(0.058)	(0.063)	(0.063)
观测值	53056	53024	53056	53035	53044
企业数	46253	46252	46253	46252	46252
第一阶段 F 值	738.45	735.83	738.45	734.99	739.32
B 栏：两个 IV					
高铁连通（t-1）	0.119**	0.325**	0.182***	0.067	0.078
	(0.054)	(0.136)	(0.055)	(0.061)	(0.060)
观测值	52842	52810	52842	52821	52830
企业数	46063	46062	46063	46062	46062
第一阶段 F 值	639.87	639.23	639.87	636.53	642.61
过度识别检验	3.507*	3.073*	0.835	1.606	3.472*

注：括号内的值为稳健性标准误。*、**、*** 分别表示 10%、5%、1%的显著性水平。所有回归都控制了年份和企业固定效应；其他控制变量包括总资产收益率、总资产、主营业务收入、企业年龄、员工人数、隶属关系、出口虚拟变量、企业家性别、年龄组别、创新态度、教育水平、人口密度、人均 GDP。A 栏使用潜在高铁连通变量作为实际高铁连通变量的工具变量，而和 B 栏则同时使用潜在的高铁连通变量及其与省会距离的交互项作为实际高铁连通变量的工具变量。

第五节　影响机制分析

高铁的功能与其他交通工具类似，只不过它更快、更舒适、更准时。正如 Garrison 和 Souleyrette（1994；1996），Inoue 等（2017）以及 Lei Wang 等（2018）所言，交通运输的改善带来了巨大的外部市场、促进了专业化和创新、方便交流以促进思想、技术和知识的传播，并通过获取外部创新投资刺激创新合作，从而创造了创新机会。高铁也扮演着类似的角色。它使企业能够进入外部市场，从而带来对现有产品的新需求和廉价要素的新供应商，但同时也会吸引外部竞争者。此外，当企业面临激烈的市场竞争时，企业家可能会愈发认识到创新的重要性。对于外围地区的企业而言，进入外部市场也意味着获得先进的理念、技术以及知识，使其能够通过合作或收购进行各种创新活动。Broekel（2015）基于德国的数据发现，创新能力较低的地区从区域企业合作中获益最多。Seo 等（2017）的研究还发现，不同形式的研发合作可以导致出乎意料的创新表现，这取决于企业的技术水平和专有制度。综上所述，高铁连通可以通过三个渠道促进企业创新：改变企业家和企业对创新及知识产权保护的态度、为获取创新投入开辟新渠道、为现有产品创造新市场。随着高铁的开通，企业家可能会愈发认识到创新的价值，企业可能会更加利用外部先进或廉价资源进行创新，并通过投资于营销、培训或新产品设计进入外部市场。为了检验这些机制，我们采用与模型（1）相同的策略估计高铁连通对不同机制变量的影响（具体变量参见附录表5-A4）。

一 改变企业家对创新的态度

首先，我们通过估计高铁连通对企业家创新重要性态度和知识产权保护意识的影响来检验第一个机制。结果见表 5-11。我们发现，高铁使企业家更有可能认为创新对企业发展"非常重要"[见第（1）列]。它还促使制造业企业申请专利、注册商标、形成国家标准，并采取措施保护技术和商业秘密[见第（2）、（3）、（5）和（6）列]。然而，高铁连通对企业的版权注册、拥有自主品牌或自主开发品牌没有显著影响[第（4）、（7）和（8）列]。原因可能是我国缺乏切实的知识产权保护，企业不一定需要拥有或开发自己的品牌来满足高铁带来的新需求。

表 5-11　　　　　　　高铁连通与企业家对创新的态度

A 栏：	（1）	（2）	（3）	（4）
变量	认为创新非常重要	申请专利	注册商标	注册版权
高铁连通（t-1）	0.082***	0.061**	0.260***	0.042
	(0.020)	(0.031)	(0.042)	(0.034)
观测值	53190	18702	16255	13612
企业数	46293	16806	14664	12223

续表

B栏:	(5)	(6)	(7)	(8)
变量	形成国家或者行业标准	保护企业技术和商业秘密的内部措施	拥有主要产品的品牌	自主开发品牌
高铁连通（t-1）	0.179***	0.186***	0.025	0.045
	(0.043)	(0.053)	(0.033)	(0.033)
观测值	14889	16776	24810	11965
企业数	13360	15180	22379	11508

注：括号内的值为聚类在地级市和两位数行业代码层面的稳健性标准误。**、*** 分别表示5%、1%的显著性水平。所有结果均来自控制年份和企业固定效应的模型。除了第（1）列未控制企业家创新态度，其他列控制变量包括总资产收益率、总资产、主营业务收入、企业年龄、员工人数、隶属关系、出口虚拟变量、企业家性别、年龄组别、创新态度、教育水平、人口密度、公共支出和固定资产投资。

二 开辟创新源泉

第二种影响机制是指高铁通过使企业接近外部企业和使用外部创新资源来促进创新。我们通过评估高铁连通对企业不同创新方式和投入选择的影响来验证这一点。表5-12报告了高铁连接对企业七种创新方式的影响。结果发现，在创新企业中，高铁连通增加了创新合作的机会。对于产品创新者来说，高铁连通通过促进企业与国内大学和外国公司的合作创新的概率分别增加6.2%和5%［见A栏第（5）和（6）列］。对于工艺创新者，高铁连通也促进了创新合作，使其与其他国内企业和大学的合作分别增加了6.3%和6.4%［见B栏第（3）和第（5）列］。由于产品创新比工艺创新需要更先进的知识和技术，高铁连通对产品创新的影响是通过促进企业与国内高校和国外企业合作来实现，而国内高校和国外企业都比国内其他潜在合作伙伴更接近全球创新前沿。同时，由于高铁带来巨大的市场，为了满足这些外部市场带来的新需求，制造业企业通过与国内企业合作来轻松实现工艺创新。值得注意的是，高铁连通都不会激发自主创新［见第（1）列］。这与我们数据中的制造业企业来自外围县域的事实相一致，它们的创新水平普遍低于中心城市的同行。因此，由于高铁让先进的创新要素变得容易获取，联合创新而不是独立创新是一种更经济的选择。

表 5-12　　　　　　　　　　高铁连通与企业创新方式

变量	(1) 自主创新	(2) 其他集团企业	(3) 其他国内企业	(4) 国有研究所	(5) 国内大学	(6) 国外企业	(7) 合作创新
		合作创新机构					
A 栏：产品创新							
高铁连通（t-1）	-0.008	0.016	0.008	0.008	0.062**	0.050**	0.016
	(0.022)	(0.022)	(0.022)	(0.020)	(0.031)	(0.022)	(0.032)
观测值	22016	13995	14254	13888	14622	13956	13398
企业数	20724	12388	12642	12297	12913	12362	12637
B 栏：工艺创新							
高铁连通（t-1）	-0.001	-0.041*	0.063**	0.010	0.064**	0.027	0.061
	(0.027)	(0.025)	(0.028)	(0.024)	(0.031)	(0.018)	(0.039)
观测值	20151	13096	13408	12952	13588	12963	12543
企业数	18122	11700	11981	11566	12128	11577	11897
C 栏：	(8)	(9)	(10)	(11)	(12)	(13)	(14)
变量				创新投入来源			
	内部 R&D	外部 R&D	获取新的机器和设备	获取新的技术专利	员工培训	重新设计商标外观	营销
高铁连通（t-1）	0.030	0.066**	0.082***	0.092***	0.099***	0.070**	0.156***
	(0.020)	(0.029)	(0.029)	(0.029)	(0.030)	(0.034)	(0.036)
观测值	24798	16757	20290	16881	20183	18237	18226
企业数	21905	14571	17769	14708	17649	16809	15887

注：括号内的值为聚类在地级市和两位数行业代码层面的稳健性标准误。*、**、*** 分别表示 10%、5%、1% 的显著性水平。所有回归都控制了年份和企业固定效应以及其他控制变量。

通过估计高铁连通对企业内部和外部创新投入的影响，我们进一步证实了高铁为企业创新创造了新源泉。表 5-12 中 C 栏的结果再次表明，高铁连通增加了外部创新投入来源，而对内部研发的影响不显著［见第 (8) 列至 (11) 列］。具体而言，高铁增加了企业使用外部研发、获取先进机械、设备、技术和专利的可能性，增幅为 6.6%—9.2%。这些结果与

De La Tour 等（2011）关于中国光伏产业的研究结果一致，即中国制造商通过从国际市场购买制造设备获得相关技术和技能。

三 市场规模效应

除了先进的创新投入，高铁还有助于外围地区制造企业接近外部产品需求，形成了促进企业创新的市场规模效应渠道。为了满足这些多样化的需求，制造企业需要调整他们的战略和生产工艺。正如 Garrison 和 Souleyrette（1996）所述，交通改善会导致专业化和劳动分工。制造企业通过重新设计他们的品牌形象、培训他们的工人和向市场投资来适应新市场的需求。虽然目前的创新调查数据不允许我们直接检验高铁开通的市场规模效应，但它可让我们间接检验这些效应。如表5-12的第（12）至（14）列所示，高铁连通使制造企业重新设计品牌外观、培训员工和营销产品的概率分别增加了7%、9.9%和15.6%，该结果高度显著。通过评估高铁连通对企业家看待各种创新来源重视程度的影响，也可以验证市场规模效应。此外，我们发现，高铁连通提高了企业家对客户作为创新来源重要性的认同，同时降低了非市场创新来源（如大学和研究机构）的重要性（见附录表5-A6）。这些结果可以揭示高铁通过其他方面的市场规模效应影响企业创新，也就是说，高铁带来的需求和竞争促使制造业企业生产更能满足市场需求的产品。

第六节 结论

本章以我国的高铁建设为准自然实验，利用制造业企业数据来检验交通运输改善的伴随创新假说。通过对高铁连通前后的企业数据和县级数据的匹配，利用倍差法识别高铁连通对制造业创新的影响。实证结果表明，高铁连通有助于促进产品和工艺创新，扩大企业创新范围，以及推动国际新产品创新。进一步研究表明，长三角企业比珠三角企业更能从高铁连通中获益，且随着高铁连通的县域数量增加，高铁连通的创新促进效应会逐渐增强。此外，高铁连通通过三个渠道促进创新：提高企业家对创新重要性的认同，激励企业与外部机构进行合作创新，以及接近外部市场以进行营销投资。

我们的实证研究以高铁网络作为外生冲击，为 Garrison 和 Souleyrette（1996）提出的交通改善伴随创新假说提供了确凿的证据。更宽泛地讲，我们通过提供新证据分析企业在面对国内而非国际外部市场开放时如何创新，拓展了现有关于贸易开放、创新和生产率增长的大量研究（Acharya and Keller, 2009; Connolly and Yi, 2015; Damijan and Kostevc, 2015; Grossman and Helpman, 1990; Keller, 2010; Love et al., 2011; Murray et al., 2016）。尽管这里的外部市场进入是通过快速交通工具——高铁（而不是取消关税）实现的，但它们的功能是相似的，因此产生了相似的效果。

本章研究的第一个局限性是，虽然我们使用了一系列方法直接衡量创新，但由于现有数据的限制，我们没有衡量创新产出和创新绩效。从创新价值链的视角而言（Hansen and Birkinshaw, 2007; Roper and Arvanitis, 2012; Roper et al., 2008），我们的创新投入和产品及流程创新的指标不包含价值链最后阶段的指标，如新产品的销售收入。由于目前的数据缺乏这方面的信息，我们将这些问题留给未来的研究。此外，本章并未对Garrison 和 Souleyrette Ⅱ（1996）提出的伴随创新假说的其他方面进行检验。例如，交通改善是否带来消费领域的创新？这也需要进一步地拓展。

第二部分

经济绩效评估

第六章 高铁与农业经济：来自县域的证据*

内容提要：本章评估高铁对县域农业经济的影响。尽管不少证据表明公路和传统铁路促进了乡村发展，但我们仍无法充分理解高铁对农业经济的影响。对此，我们构建了2001~2017年中国县级面板数据，并使用倍差法开展实证研究。研究结果表明，在控制县域特定线性趋势后，高铁连通使农业增加值和粮食产量分别增加了3%和5%左右。这种效应主要是因为，高铁提高了生产率，且促进了粮食生产结构的调整。

第一节 引言

长期以来，交通基础设施被认为是提高农业生产率和减少农村贫困的重要因素（Mamatzakis，2003；Dercon et al.，2009；Khandker et al.，2009；Qin and Zhang，2016；Bai et al.，2021；Iimi et al.，2019）。尽管现有文献已经对农村道路和传统铁路的诸种效应进行了丰富的探讨，但是鲜有文献研究高铁是否以及如何影响农业经济。另一方面，关于高铁各种影响的证据越来越多，但是关于高铁如何影响农业和农村发展的研究却很少。例如，实证研究检验了高铁对区域经济增长的影响（Ke et al.，2017；Diao，2018；Qin，2017）、对经济结构的影响（Lvhua Wang et al.，2016；Shao et al.，2017），以及这些宏观效应背后驱动力量，例如劳动力迁移（Deng et al.，2019；Guirao et al.，2017；F. Wang et al.，2019）、对创新的激励

---

* 本章内容发表信息如下：Gao, Yanyan, and Xinping Wang, "Chinese agriculture in the age of high-speed rail: Effects on agricultural value added and food output", *Agribusiness*, Vol. 39, No. 2, 2023, pp. 387~405. 有删改。

(X. Dong et al., 2020; Lin et al., 2020) 和对生产率的提升作用 (L. Liu and Zhang, 2018; Wetwitoo and Kato, 2017)。现有文献较少探讨高铁对农业经济的影响，主要原因在于高铁是一种客运交通工具，且相对于普铁和客车成本较高，而农业生产资料往往通过公路进行运输。

即便如此，现有的研究仍然可以为我们分析高铁将如何影响农业活动提供丰富的启示。首先，可以预测，高铁将使外部先进要素投入变得容易获得，从而提高农业生产率。高铁还给农产品带来了外部需求。相对于本地需求，外部市场往往具有更高支付意愿，从而增加了农产品的商业价值。此外，高铁还使农民容易接近先进知识、技术和人力资本，从而激发农业部门的工艺和产品创新活动。因此，通过连接农村地区与外部要素和产品市场，高铁可能有助于振兴农业经济。

但高铁也可能对农业和农村经济发展产生一些不利的冲击。最大的担忧是，由于高铁连接的外部市场可以提供更多的就业机会和工资水平，高铁的开通将促进农村人口外流。考虑到我国巨大的区域发展不平衡和城乡收入差距，高铁促进人口外流的可能性很大。此外，由于农业活动在空间上高度分散，并且远离高铁站所在的城市中心，高铁连通给农业带来的效益可能没有给城市部门带来的效益那么大，也可能需要更长的时间才能显现出来。

大量关于交通和农村发展关系的文献也可以帮助我们去分析高铁发挥作用的一些机制。具体来说，公路或铁路促进农业和农村发展升级的途径有两条。首先是结构调整效应。道路交通带来的市场规模扩张将有助于劳动分工和专业化，农村劳动力将向农村非农业产业或者非农部门转移。同时，因为铁路网络带来的可达性改善增加了土地价值 (Donaldson and Hornbeck, 2016)，更多的土地被用于种植具有更高价值的农产品 (Mu and van de Walle, 2011; Qin and Zhang, 2016; Berg et al., 2018; Asher and Novosad, 2020)。其次是投入调整效应。交通的改善降低了化肥、农业机械和先进技术的获取成本，从而提高了农业生产率和产量 (Olsson, 2009; Tong et al., 2013; Qin and Zhang, 2016; Seedhouse et al., 2016; Iimi et al., 2019; Shrestha, 2020)。农产品新市场的出现还可以增加对农村工人的需求，诱导农业生产投资，增加农业收入，从而减少农村贫困 (Dercon et al., 2009; Khandker et al., 2009; Qin and Zhang, 2016; Shrestha, 2020)。

由于高铁的功能类似于公路和铁路，上述分析可以用于厘清高铁在改造农业活动中的作用。高铁有助于增加农业投入的使用以满足外部市场对农产品不断增长的需求。它也通过带来新的种植技术提高农业生产率，或者通过带来新的农业商业模式提高农产品附加值。一个典型的例子是高铁对乡村旅游业发展的潜在贡献，正如现有对高铁与旅游业的关系的研究所暗含的那样（Albalate et al.，2017；Masson and Petiot，2009）。高铁开通后，更多的游客可以来到偏远的县城享受乡村生活，他们比当地居民更愿意以更高的价格购买当地的农产品。因此，高铁创造了新的农村商业模式，并增加了农业部门的产品价值。这种分析与尼日利亚的一项调查（Seedhouse et al.，2016）一致。该调查发现农村交通的改善激发了女性企业家的创业活动。这也与秘鲁的家庭层面的证据一致，即发现信息获取可以促进农民的市场参与和改善其决策（Q. Fan and Salas Garcia，2018）。此外，高铁可以促进当地居民与运输行业相关的就业（Shujing Liu and Kesteloot，2016）。然而，需要注意的是，如果高铁主要用于帮助农民寻找外部就业机会，特别是当高铁连接的农村地区没有足够的资源去发展当地经济时，这些渠道可能会对农业产生不利的影响。

本章将估计高铁连通对我国县域农业增长的影响。我们通过构建2001~2017年县级面板数据和采用倍差法来进行因果效应的识别。使用县域而非地级市层面面板数据的优点在于县域农业活动要多于城市或市辖区。此外，由于高铁的目的是缩短大城市之间的旅行时间，因此县域高铁的开通为当地交通运输的改善提供了一次更外生的冲击。一个县有连上高铁网很大程度上是因为它幸运地位于两个大城市之间的高铁线上。因此，高铁连接可以用以构建一个准自然实验，去识别交通改善对农业经济的影响。

实证研究发现，在控制了不同县之间的线性趋势差异后，高铁的开通促进了农业经济的发展。高铁的开通将使农业增加值和粮食产量分别提高约3%和5%。为了检验该结论的稳健性，我们改变控制变量，使用来自更偏远地区、更外生的样本，把标准误聚类在地级市层面，进一步控制二次县级特定趋势和线性市级和省级特定趋势，以及使用另一种高铁定义。都得到高度一致的结果。此外，我们发现，高铁通过提高农业生产率和调整粮食生产结构而不是增加可测的农业要素投入来促进农业增加值和粮食产出的增长。

通过提供高铁开通促进农业增长的确凿证据，本研究对现有文献贡献包括两个方面。首先，我们表明高铁带来的交通运输改善也可以促进农业增长，补充了关于农村公路和铁路相关效应的研究。与公路和铁路不同，高铁降低了客运交通成本，而且高铁站通常位于远离县城的农村地区。此外，农村公路的建设比高铁建设存在更大的内生性问题，因为农村公路更有可能建在农业经济更好的地方，是当地农业经济发展的结果。因此，我国县域高铁连接可以看作是农村交通条件改善的一次外生冲击。我们能够使用不同县的高铁连通的时空差异构建一个准自然实验,以识别交通改善对农业的因果效应。

其次,我们把高铁效应的研究拓展到对农业活动的影响,丰富了这方面的文献。如前所述,大量与高铁相关的文献很少考察高铁对农村发展的影响。虽然一些实证研究发现,高铁带来的竞争加剧,降低了高铁城市的城乡收入差距(Huang et al., 2020)和农民工收入(Kong et al., 2021),但人们在很大程度上尚不清楚高铁是否以及如何重塑农业活动。因此,我们对高铁开通与农业增长之间因果效应的识别拓展了现有研究。

第二节 实证设计

一 实证模型

为了估计高铁对农业部门的影响,我们首先给出以下实证模型:

$$Ln(y_{it}) = \alpha_1 HSR_{i,t-1} + X'_{it}\beta_1 + c_i + \rho_t + v_{it} \tag{6-1}$$

式中,y 为农业产出变量;HSR 是衡量高铁连通的虚拟变量,有高铁运营的县取值为1,否则为0;X 是县级协变量。下标 i 和 t 分别表示县和年份;c_i 和 ρ_t 分别为县域和年份固定效应;v_{it} 是随机误差项。我们使用的高铁连接年份滞后一年,因为大多数高铁线路开通于年底。[①] α_1 和 β_1 是要估计的系数,前者衡量了高铁连通对农业产出变量的影响,因而是我们感兴趣的待估系数。显著为正的估计值表明高铁对农业生产有促进作用。

由(6-1)式设定的实证模型是一种多阶段倍差法估计框架,因为高铁连通的县域开通高铁的年份不同。这里,县域开通第一条高铁之前的年份是处理前时期,开通后的年份是处理后时期。同时,设有高铁站的县为处理组,其余县为对照组。该模型也是一个双向固定效应面板数据模型。县域固定效应使我们能够控制时不随时间变化的县域特征变量,比如区位、文化和历史因素,这些因素可能决定高铁连通和农业产出。同时,年份固定效应使我们能够控制影响所有县域的时变共同因素,比如气候变化和国家农业政策。

使用倍差法得到真正的因果效应估计必须满足平行趋势假设。首先,

---

① 例如,根据中国研究数据服务平台(CNRDS),截至2018年9月30日,一共有107条高铁线(段)建成开通,其中12月份开通的线路有54条。

可以进行事件研究来估计我们感兴趣的变量对结果变量是否存在提前和滞后效应。如果发现提前效应不显著，则可以认为平行趋势成立，即在处理发生之前，结果变量在处理组和对照组之间没有差异。我们构建如下事件研究模型进行平行趋势检验：

$$Ln(y_{it}) = \sum_{j=-m}^{k} \alpha_j HSR_{i,j} + \varphi HSR_{i,t-k-1} + c_i + \rho_t + v_{it}, \quad (6-2)$$

其中，$m > 0$，$k > 0$；当 $j < 0$ 时，表示提前年份，$j > 0$ 时，表示滞后年份，$j = 0$ 表示高铁连通当年。为了证明使用 DID 框架的合理性，我们需要估计，当 $j < 0$ 时，α_j 的估计值不具有统计显著性。此外，φ 的估计值显著，则表明高铁连通对农业产出有 k+1 年的滞后效应。

如果提前效应的估计系数是显著的，那么模型（6-1）设定的倍差法估计无法进行有效的因果效应推断。克服违反平行趋势假设的一个简单办法是，通过控制截面特定的趋势，来允许截面之间存在不同的趋势（Angrist and Pischke, 2014）。也就是说在等式（6-1）的右边加上县域特定的线性趋势或二次趋势，也就是如下模型：

$$Ln(y_{it}) = \alpha_2 HSR_{i,t-1} + X'_{it}\beta_2 + c_i + \rho_t + f(c_i, t) + v_{it} \quad (6-3)$$

$f(\cdot)$ 是一个趋势函数，可以被设定为县域特定的线性趋势（$c_i \times t$）、二次趋势（$c_i \times t^2$）、三次趋势（$c_i \times t^3$）等。如果平行趋势不太可能成立，那么模型（6-3）可以比模型（6-1）提供更令人信服的估计结果。最近的一些研究表明，一个可靠的因果推理最好始终控制线性趋势，因为实际上无法检验平行趋势假设（Mora and Reggio, 2013; Bilinski and Hatfield, 2018; Rambachan and Roth, 2019）。控制这些县域特定趋势还具有减轻遗漏变量偏误的优点，因为它使我们能够控制县域特定的随时间变化的不可观测的因素。因此，如果由（6-2）式估计的提前效应是显著的，我们将基于模型（6-3）式来估计因果效应。

二 变量和数据

因变量的度量方法有两种。我们首先用农业增加值来度量结果变量。这是一个广义的农业产业定义，包括种农业（狭义）、林业、畜牧业、副业和渔业。同时，我们还使用一个狭义的农业活动产出指标——粮食产量作为因变量。这里的粮食产量包含了谷物、肉类和植物油的产量。

我们感兴趣的解释变量是高铁连通。与本书前面章节相同，这里使用一个时变虚拟变量来衡量中国县域间的高铁连通。该变量可以很好地捕捉在县域内开设高铁车站所带来的交通条件的根本性改善。尽管之前的研究也使用可达性或高铁服务频次来度量（Z. Chen and Haynes, 2017; Jiao et al., 2017; Diao, 2018）。本章没有采用这些度量，理由是：首先，由于农业活动在空间上是分散的，在县域内部没有一个农村中心让我们计算高铁带来的可达性；其次，不同县的高铁站点的服务频次差异远小于城市之间的这种差异。为了缩短大城市间的客运时间，只有部分高铁在县级高铁站停靠。同时，高铁服务频次相比高铁连通更内生，因为它可能是当地对高铁服务需求的结果。因此，对于一个县级行政机构来说，是否开通高铁是比服务频次更为显著的交通改善特征，因此这种度量在现有文献中得到了广泛的应用（X. Dong et al., 2020; Qin, 2017）。

控制变量包括农业投入和社会经济变量。根据《中国县域统计年鉴》提供的数据和一些以前的研究（Nan et al., 2019），包含的投入变量为土地面积和农业机械动力。社会经济变量包括公共支出和人口。在本章研究的时间跨度内，这四个变量都有所有年份的数据。因为缺少全面的官方统计数据，我们无法控制化肥使用量或耕地面积等变量。尽管如此，我们认为忽略这些变量不会使我们的估计有偏，因为这些变量不可能决定一个县的高铁连通状况。关于遗漏变量偏误的担忧也可以通过控制县域特定趋势而在很大程度上得以消除，正如模型（6-3）所示。稳健性检验也表明，更多的控制变量或者替代其中的控制变量对回归结果的影响很小。这些额外的控制变量有工业增加值、居民存款余额和农业劳动力。为了检验高铁影响农业增长的机制，我们还将主要农业投入变量作为机制变量。

农业产出和所有控制变量的数据取自《中国县域统计年鉴》（2001～2018）。县级高铁连通信息从中国高铁地图（http://crh.gaotie.cn/CRHMAP.html）手动收集（变量定义、时间跨度以及数据来源参见附录表6-A1）。考虑到地级市的辖区通常是城市中心，农业活动有限，我们删除了市辖区的数据。同时，由于县和县级市之外的其他县级行政单位也存在太多的缺失值，我们也将其删除。为了使数据在我们的研究期间尽可能连续，我们用前一年和后一年的平均值来填充缺失值。因此，我们构建了2001～2017年中国1496个县和507个县级市的非平衡面板数据，共有32813个观测值。由于存在缺失值，回归中实际使用的观测值将小于总观测值。

三 描述性分析

表6-1报告了主要变量的描述性统计。可以发现，不同变量间的观测值数量不同，从31947到32813不等。约3.6%的观测值有高铁连

接，这表明中国大多数县没有开通高铁。虽然没有报告，但截至2017年高铁开通的观测值占比已增加至13.08%，有239个高铁县。因此，3.6%的高铁连接观测结果并不意味着不同时间、不同县域之间高铁连通的变化不大。B栏还报告了分高铁连通状况的描述性统计。可以发现，高铁连通县域的农业增加值、粮食产量和公共支出更大，拥有更多的人口，使用更多的机械动力，但土地面积较小。因此，简单地比较高铁连通县域和无高铁连通县域的农业产出均值差异，无法有效识别高铁对农业经济的影响。

表6-1 主要变量的描述性统计

A栏：所有数据	观测值	均值	标准差	最小值	最大值
农业增加值	32489	11.341	1.183	4.419	14.145
粮食产出	30259	12.087	1.138	5.795	15.109
高铁连通	32813	0.036	0.185	0	1
土地面积	32548	7.707	0.918	4.025	12.748
农业机械总动力	31947	3.031	1.081	-2.303	7.321
公共支出	32527	11.053	1.214	4.234	15.174
人口	32565	3.525	0.938	0.000	5.981

B栏：高铁连通状态	非高铁县 观测值	(1) 均值	高铁县 观测值	(2) 均值	均值之差 (1)—(2)
农业增加值	28513	11.268	3976	11.868	-0.600***
粮食产出	26418	12.039	3841	12.418	-0.380***
高铁连通	28758	0	4055	0.289	-0.289***
土地面积	28568	7.735	3980	7.509	0.226***
农业机械总动力	27987	2.983	3960	3.372	-0.389***
公共支出	28548	11.002	3979	11.424	-0.423***
人口	28585	3.457	3980	4.011	-0.554***

注：除高铁连通外，其他变量均取自然对数；***表示1%的显著性水平。

图6-1展示了开通高铁和没有开通高铁县域的结果变量变化趋势。随着时间的推移，开通高铁和没有开通高铁两个县域组的农业产出呈现出

相似的趋势，但我们不能直接看出在 2003 年首次开通秦皇岛—沈阳高铁以及在 2008 年开始大幅开通高铁后两组县域之间的差距在缩小。此外，与农业增加值相比，粮食产出的波动性更大，可能是因为后者更容易受气候的影响。即便如此，总体而言我国农业实现了持续性增长，农业增加值从 12590 亿元增加到 46650 亿元。因此，评估高铁对农业增长的真实效应需要更可信的因果识别技术。

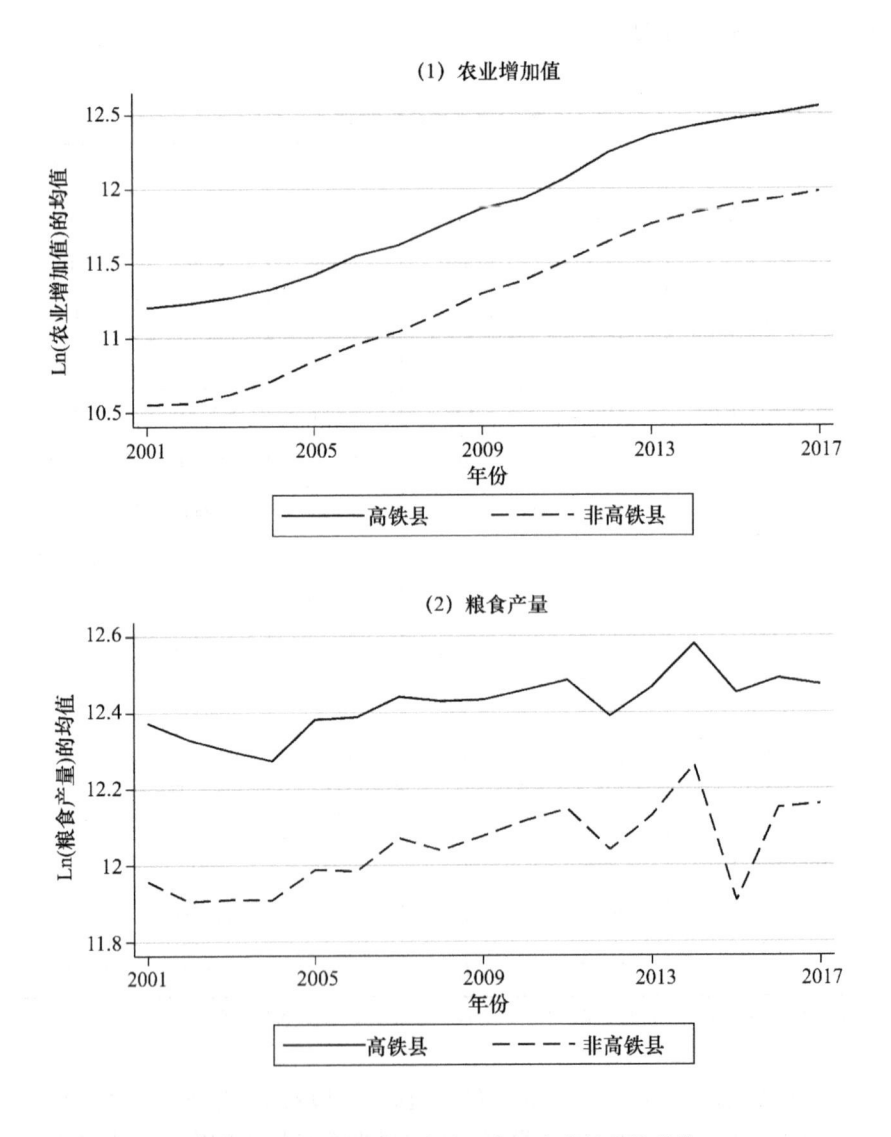

图 6-1　高铁县和非高铁县农业产出的变化趋势

四 平行趋势检验

为了检验高铁县与非高铁县之间农业产出在处理前是否存在显著的差异，我们基于（6-2）式估计高铁开通的提前和滞后效应，并使 $m = 4$，$k = 2$。回归结果见表6-2第（1）和第（2）列。研究发现，高铁对农业增加值和粮食产量均存在显著的提前效应和滞后效应。这意味着，高铁县和非高铁县域的农业增加值和粮食产量存在显著的处理前趋势差异。换言之，平行趋势并不成立。因此，为了利用倍差法得出可信的估计结果，我们需要控制县域特定趋势。表6-2的第（3）和（4）列的回归结果支持了这种做法——在控制了县域特定线性趋势后，高铁的提前效应不再显著，但当期和滞后效应基本显著，且为正。

表6-2 平行趋势检验

变量	（1）Ln（农业增加值）	（2）Ln（粮食产量）	（3）Ln（农业增加值）	（4）Ln（粮食产量）
高铁连通（-4）	-0.048***	-0.030**	0.000	-0.010
	(0.013)	(0.015)	(0.010)	(0.011)
高铁连通（-3）	-0.051***	-0.041***	0.011	-0.010
	(0.015)	(0.015)	(0.012)	(0.015)
高铁连通（-2）	-0.059***	-0.051***	0.018	-0.007
	(0.016)	(0.018)	(0.014)	(0.019)
高铁连通（-1）	-0.063***	-0.035	0.028	0.021
	(0.017)	(0.022)	(0.017)	(0.022)
高铁连通（0）	-0.065***	-0.069***	0.040**	0.002
	(0.018)	(0.024)	(0.019)	(0.032)
高铁连通（1）	-0.074***	-0.049**	0.052**	0.046*
	(0.020)	(0.024)	(0.022)	(0.027)
高铁连通（2）	-0.085***	-0.062***	0.062***	0.052*
	(0.020)	(0.022)	(0.024)	(0.030)
高铁连通（t-3）	-0.123***	-0.108***	0.091***	0.082**
	(0.023)	(0.028)	(0.028)	(0.035)
县域固定效应	是	是	是	是

续表

	(1)	(2)	(3)	(4)
年份固定效应	是	是	是	是
县域特定线性趋势	否	否	是	是
观测值个数	32469	30229	32469	30229

注：括号内的值为聚类在县域层面的稳健性标准误；** 和 *** 分别表示5%和1%的显著水平。

第三节 主要结果及其稳健性

一 主要回归结果

表6-3报告了高铁连通对农业经济影响的主要回归结果。第（1）至（4）列是对农业增加值的影响，第（5）至（8）列是对粮食产量的影响。在第（1）、（2）、（5）和（6）列中，我们没有控制县域特定趋势，而在其他列中，则控制了县域特定线性趋势。两组的估计结果相反。当没有控制县域特定趋势时，我们发现高铁连通不利于农业经济发展。具体来说，在控制了其他县级协变量［见第（2）和第（4）列］后，农业增加值和粮食产出分别减少了5.8%和5.1%。在控制这些协变量后，负向影响显著减少，这表明估计量对这些控制变量是敏感的。然而，如第（3）、（4）、（7）和（8）列所示，控制了县域特定线性趋势时，我们发现高铁连通增加了农业产出，添加四个协变量后对估计结果影响很小。高铁的开通使农业增加值增加3.3%，粮食产量增加5.5%。由于表6-2已经表明，农业产出存在显著的处理前趋势差异，我们倾向于相信控制县域特定线性趋势所得到的估计结果，即高铁的开通会促进农业增长。因此，本章后文的估计都控制县域特定线性趋势。

表6-3 高铁连通和农业产出

变量	(1)	(2)	(3)	(4)	(5)	(6)	(7)	(8)
	Ln（农业增加值）				Ln（粮食产量）			
高铁连通 (t-1)	-0.072***	-0.058***	0.035***	0.033***	-0.060***	-0.051***	0.055***	0.055***
	(0.015)	(0.014)	(0.011)	(0.011)	(0.018)	(0.018)	(0.012)	(0.012)

续表

	(1)	(2)	(3)	(4)	(5)	(6)	(7)	(8)
土地面积		0.195***		0.155***		0.132**		0.138**
		(0.051)		(0.057)		(0.052)		(0.057)
农业机械总动力		0.082***		0.037***		0.041***		0.031***
		(0.010)		(0.008)		(0.010)		(0.009)
公共支出		0.087***		0.070***		0.044***		0.058***
		(0.014)		(0.011)		(0.013)		(0.012)
人口		0.076		0.198***		0.192***		0.326***
		(0.047)		(0.055)		(0.051)		(0.076)
县域固定效应	是	是	是	是	是	是	是	是
年份固定效应	是	是	是	是	是	是	是	是
县域特定线性趋势	否	否	是	是	否	否	是	是
观测值	32469	31852	32469	31852	30229	29870	30229	29870

注：括号内的值为聚类在县域层面的稳健性标准误；** 和 *** 分别表示5%和1%的显著水平。

二 稳健性检验

（一）改变控制变量

为了巩固主要结果，我们进行稳健性检验。我们首先通过添加更多或使用可替代的控制变量来检验估计结果的敏感性。值得注意的是，其他社会经济变量也可能有助于农业增长。例如，工业部门可以通过提供更先进的机器设备，促进农业增长。同时，一个发达的农村金融体系可以为农村地区的贷款需求提供融资。正如Aung等（2019）和Nan等（Nan et al.，2019）所示，农村信贷政策和信用社对农业活动有积极影响。为了观察遗漏这些变量将如何改变我们的结果，我们添加了工业增加值和居民存款余额作为额外的控制变量。表6-4的第（1）、（2）列报告的估计结果表明，高铁连通仍然对两项农业产出有促进作用，尽管估计值稍微变小了。

在第（3）和第（4）列，我们使用了一个更准确的衡量农业部门劳动力投入的指标——农业从业人员数量。然而，这个变量的观察值仅到2013年。研究发现，高铁开通对农业增长有促进作用，但对粮食产量的影响较小且显著水平较低。由于时间跨度变短，一个较小且不显著的估计意味着，相比促进农业增加值，高铁可能需要更长的时间来促进粮食产量。这是因为高铁带来的新市场可以很容易地提高现有农产品的价值，但需要时间来调整农业生产以更好地适应新的需求。

(二) 使用子样本

第二个担心是位于中心城市附近的县域更有可能被高铁连通。由于这些县的农业活动通常比偏远的县具有更高的价值和生产率，这些县的高铁连通变量可能不那么外生。为了解决这一问题，我们删除了来自中心城市（包括4个直辖市、27个省会城市和7个重要城市——大连、青岛、苏州、宁波、深圳、珠海和厦门）的县级行政单位的观测数据。因此，与这些城市中的县域相比，位于这些中心城市之间的、剩下的县域的高铁连接更外生。第 (5) 和第 (6) 列的回归结果显示，高铁连接仍然对农业产出有积极影响，且估计系数更大，对农业增加值和粮食产出的影响大小分别为3.7%和5.6%。

表6-4 稳健性检验——改变控制变量和使用子样本

变量	(1) 所有数据 Ln(农业增加值)	(2) 所有数据 Ln(粮食产量)	(3) 2001~2013 Ln(农业增加值)	(4) 2001~2013 Ln(粮食产量)	(5) 移除中心城市的观测值 Ln(农业增加值)	(6) 移除中心城市的观测值 Ln(粮食产量)
高铁连通 (t-1)	0.031*** (0.011)	0.052*** (0.012)	0.035** (0.014)	0.030* (0.018)	0.037*** (0.012)	0.056*** (0.013)
工业附加值	0.042*** (0.009)	-0.008 (0.009)				
存款余额	0.001 (0.008)	0.008 (0.009)				
农业从业人员			0.033*** (0.012)	0.079* (0.042)		
县域固定效应	是	是	是	是	是	是
年份固定效应	是	是	是	是	是	是
县域特定线性趋势	是	是	是	是	是	是
观测值	29826	27854	22567	21223	27316	25537

注：括号内的值为聚类在县域的稳健性标准误；*、**、*** 分别表示10%、5%、1%的显著性水平；控制变量与表6-3中第 (4) 列相同。

(三) 改变模型设定

接下来通过改变模型设定来检验稳健性。为了获得更保守的估计结果，我们将标准误聚类在地级市层面，而不是现有的县域层面，从而允许模型误差在地级市内和随着时间变化相关。由此得到的标准误略大于县级聚类标准误。但从表6-5的第（1）和第（2）列可以发现，高铁的开通仍使农业增加值和粮食产出分别增加了3.1%和5.1%。

我们还通过控制县、地级市和省层面更多的趋势差异来进行稳健性检验。在之前的估计中，我们只控制了县域特定的线性趋势。有人可能会质疑，县域农业产出的趋势差异也可能是非线性的。此外，一些地级市或省级未观测到的时变特征也可能同时决定县域高铁连通和农业活动。例如，更大的城市和更发达地区可能首先通过高铁连通起来，并拥有更先进的农业部门。忽略这些变量可能会使我们对因果效应的估计有偏差。为了解决这些问题，我们增加了对县级二次趋势、城市特定线性趋势和省份特定线性趋势的控制。第（3）和（4）列的回归结果显示，高铁连通导致农业增加值和粮食产量分别增加2.9%和5.2%。虽然估计结果略小于表6-3报告的估计结果，但仍在5%的水平上显著。

(四) 对首条高铁线采用不同的定义

由于高铁在中国的大规模推出始于2008年，早期具有试验性质的、于2003年开通的秦皇岛—沈阳（QS）高铁不应被视为中国的第一条高铁。尽管QS高铁的设计速度符合高铁的定义，但其运行速度低于200公里/小时。为了检验这种不同的高铁定义是否会破坏我们的估计，我们剔除了秦沈高铁所涉及的两个省份（河北和辽宁）中的数据。第（5）和第（6）列的估计结果表明，高铁连通与农业产出指标仍正向相关。

表6-5　　稳健性检验——改变模型设定和首条高铁的定义

变量	(1) Ln（农业增加值）	(2) Ln（粮食产量）	(3) Ln（农业增加值）	(4) Ln（粮食产量）	(5) Ln（农业增加值）	(6) Ln（粮食产量）
高铁连通（t-1）	0.031**	0.051***	0.029**	0.052***	0.028**	0.059***
	(0.015)	(0.019)	(0.012)	(0.013)	(0.011)	(0.013)
县域固定效应	是	是	是	是	是	是
年份固定效应	是	是	是	是	是	是
县域特定线性趋势	是	是	是	是	是	是

续表

	(1)	(2)	(3)	(4)	(5)	(6)
县域特定二次趋势	否	否	是	是	否	否
城市特定线性趋势	否	否	是	是	否	否
省级特定线性趋势	否	否	是	是	否	否
观测值	29976	28038	29323	27399	27138	25571

注：括号内的值为聚类在县域层面的稳健性标准误；**和***分别表示5%和1%的显著水平；控制变量与表6-3的第（4）列相同。

第四节 影响机制分析

一 高铁和农业投入

虽然我们得到了一致的结果：高铁开通显著促进了农业增长，但仍需要对其背后的影响机制进行检验。正如前文所述，高铁可能像乡村公路和传统铁路一样，提高农业机械、化肥和人口等外部要素的可及性（Dorosh et al., 2011; Qin and Zhang, 2016; Iimi et al., 2019; Shrestha, 2020）。因此，高铁可以通过促进农民使用外部投入来促进农业增长。由于数据限制，我们仅有三种农业投入变量：土地面积、机械动力和人口。由于土地面积由行政区划来衡量，其变化不大，我们主要考察高铁连通是否会影响机械动力的使用和县域人口的变化。我们还使用机收面积、设施农业面积、农村人口和农业从业人员等作为影响机制变量。尽管这些变量是更准确的农业投入指标，但是由于只有最近几年的《中国县域统计年鉴》才公布这些变量的数据，可用的数据很少。回归结果见表6-6。我们发现，高铁连通仅在10%的显著水平上对农业从业人员具有正向影响。这些结果与我们在表6-3中汇报的主要结果一致，增加县域协变量的控制对高铁连通变量估计值的影响不大。

表6-6　　　　　　　　　　高铁连通和农业投入

变量	(1) Ln（农业机械总动力）	(2) Ln（机器收割面积）	(3) Ln（设施农业面积）	(4) Ln（人口）	(5) Ln（农村人口）	(6) Ln（农业从业人员）
高铁连通（t-1）	-0.011	-0.025	-0.026	-0.001	0.011	0.065*
	(0.016)	(0.063)	(0.160)	(0.005)	(0.009)	(0.038)

续表

	（1）	（2）	（3）	（4）	（5）	（6）
县域固定效应	是	是	是	是	是	是
年份固定效应	是	是	是	是	是	是
县域特定线性趋势	是	是	是	是	是	是
观测值	30036	6770	6996	30622	23060	23071

注：括号内的值为聚类在县域层面的稳健性标准误；* 表示10%的显著水平。

二　高铁和粮食生产结构

第二个机制分析研究了高铁连通对粮食生产结构——每种粮食（谷物、肉类和植物油）占粮食总产出的比重——的影响。此前的研究发现，交通运输的改善导致农业生产的结构向外部市场需求更旺、出价更高的产品调整（Mu and van de Walle, 2011）。基于县级数据的可得情况，我们估计了高铁连通对上述三种食品所占份额的影响。表6-7中第（1）和第（3）列所报告的估计结果表明，高铁连通增加了谷类食品的份额，降低了肉制品的份额，对植物油产品份额没有显著影响。粮食生产结构向谷物调整意味着，高铁带来的可达性提升和跨区域贸易增强了农村地区谷物生产在三类粮食中的比较优势。

三　高铁和农业生产率

最后，我们检验高铁连通是否通过提高农业生产率来促进农业增长。现有文献表明，农村公路可以通过增加对技术和创新的投资（Olsson, 2009）来增加外围地区的种植密度（Berg et al., 2018）和生产率（M.-A. Ortega, 2018）。为了检验这种生产率提升机制，我们估计了高铁连通对农业生产率的影响，其中生产率采取两种度量方式。首先，我们用劳动生产率，即人均农业增加值和人均粮食产量来衡量农业生产率。表6-7第（4）和第（5）列的回归结果显示，高铁连通确实提高了劳动生产率，估计系数大小与前文主要结果相似。其次，参照现有研究（Mamatzakis, 2003；Teruel and Kuroda, 2005；Warr and Suphannachart, 2021），我们使用回归残差来衡量生产率。具体来说，我们首先基于模型（6-3）用除高铁连通滞后项之外的所有解释变量对农业产出进行回归，生成模型残差，即得到所谓的"索洛剩余"。然后，我们估计高铁连通对该残差的影响。表6-7中第（6）和第（7）列报告了回归结果。从中我们发现，高铁连通使农业增加值和粮食产出的生产率分别增加了1.7%和2.7%。

表6-7 高铁连通、生产结构和农业生产率

变量	(1) 谷物 (%)	(2) 肉类 (%)	(3) 植物油 (%)	(4) Ln（人均农业增加值）	(5) Ln（人均粮食产量）	(6) 农业增加值残差	(7) 粮食产量残差
高铁连通（t-1）	1.630***	-1.565***	-0.065	0.031***	0.051***	0.017***	0.027***
	(0.356)	(0.325)	(0.120)	(0.011)	(0.012)	(0.005)	(0.006)
控制变量	否	否	否	是	是	否	否
县域固定效应	是	是	是	是	是	是	是
年份固定效应	是	是	是	是	是	是	是
县域特定线性趋势	是	是	是	是	是	否	否
观测值	28356	28356	28356	29976	28030	29976	28030

注：括号内的值为聚类在县域层面的稳健性标准误；*** 表示1%的显著水平；控制变量与表6-3中第（4）列相同。

第五节 结论

高铁在中国引发了一场交通革命，极大地改善了其连接地区的可达性。由于高铁线路的设计是为了减少大城市或者中心城市之间的旅行时间，一个县域体是否连通高铁是一个近似外生的事件。通过把高铁站在外围县域的开通作为一个准自然实验，我们识别了交通改善带来的农业经济效应。倍差法估计显示，高铁连通导致了农业附加值和粮食产出的增长。影响机制分析表明，高铁的农业增长效应的驱动因素是生产率的提高而不是可观测和测度的投入要素使用的增加。同时，高铁连通增加了谷物产出的份额，表明高铁驱使县域农业在谷物生产方面形成和发挥其比较优势。

因此，尽管高铁是客运交通工具，但其带来的交通改善对农业经济也具有促进作用。同时，高铁的客运特性可以用来理解为什么高铁没有增加可观测到的要素投入的使用，但提高了农业生产的效率。化肥和农业机械只能通过货运铁路和公路等传统运输设施运往农村地区。即便如此，高铁加速了客流，随之而来的是各种信息的流动，包括农产品市场信息、农业经营新模式，以及高效种植技术信息。此外，考虑到我国巨大、持续的城

乡收入差距，农村人口的外流使得农民能够拥有大面积的耕地，并以生产率更高的方式种植农作物。因此，高铁开通提高了农业生产率。

需要说明的是，我们缺乏对农业投入的完整衡量，比如化肥的使用量，而耕地面积和农业劳动力只能用土地面积和人口来间接度量。然而，这些问题不会影响我们的实证结果，因为估计结果表明，在控制了县域特定线性趋势后，进一步控制县域协变量并不会对估计结果产生太大的影响。同时考虑到县域往往位于中心城市的外围，县域高铁的连通具有较强的外生性，与这些遗漏的或难以测量的投入变量之间关联不大。

另外，某个县域内开通高铁对相邻的未连接高铁的县域具有潜在的空间溢出效应。因此，可能会违反稳定的单位处理值假设（Imbens and Rubin，2015）。然而，我们认为，不必过于担心这一点，因为我国县域农业活动空间高度分散，道路交通的密度远低于城市地区。即使在美国，也有研究通过空间模型（Tong et al.，2013）发现，交通基础设施对农业产出的空间溢出效应非常有限，尤其是铁路。即便如此，我们将这些潜在的问题留给未来的研究。

第七章 高铁与服务经济：
以旅游业为例*

内容提要：本章利用中国 2004~2015 年间的城市面板数据，评估了高铁对旅游业增长的影响。差分法的实证结果表明，高铁对旅游收入没有促进作用，但增加了游客数量，从而导致了对次均旅游收入的负效应。进一步的研究发现，该效应存在异质性。通过接入高铁网，欠发达的中西部地区比发达的东部地区吸引了更多的游客，而拥有独特旅游资源的城市虽然吸引的游客较少，但比没有这些资源的城市获得了更多的旅游收入。

第一节 引言

恩格尔定律指出，食品消费随着居民收入的增加而减少，教育、住房和旅游支出所占比例在不断增加。人们喜欢在紧张和快节奏的工作之后放松和享受。现代快捷的交通方式，如飞机和公路，通过增加偏远地区旅游目的地的可达性，促进了这种舒适旅游的需求。在各种现代交通工具中，高铁是最受欢迎的交通工具之一，它提供舒适、快速、准时、便捷的交通服务。在过去的十多年中，我国大力推动高铁建设，已经成为高铁里程最长的国家。本章以旅游业为例评估高铁对服务业发展的影响。

提到高铁与旅游的关系，不难看出高铁通过提高可达性和流动性来影响旅游业（Cascetta et al., 2011; Levinson, 2012; Su and Wall, 2009; Degen Wang et al., 2014）。然而，这种影响既可以为正，也可以为负。一

---

* 本章内容发表信息如下：Gao, Yanyan, Wei Su, and Kaini Wang, "Does high-speed rail boost tourism growth? New evidence from China", *Tourism Management*, Vol. 72, 2019, pp. 220~231. 有删改。

方面，高铁提高了城市的可达性，使游客能够轻松舒适地前往目的地。因此，高铁有望增加旅游人数。另一方面，高铁带来的可达性改善是不对称的，这种改善更倾向于旅游资源集中和提供专业旅游服务的中心城市。这意味着高铁可能更有利于中心地区的旅游业。因此，高铁可达性对旅游业的净效应不那么明确。

现有研究已经检验了这种影响，但提供的证据并不一致。Albalate 和 Fageda（2016）研究了西班牙高铁对旅游需求的影响，发现高铁对机场交通的替代作用并没有增加旅游人数和过夜停留。同样使用了来自西班牙的面板数据，Albalate 等（2017）得到了类似的结果。Masson 和 Petiot（2009）认为，由于交通改善带来的集聚力，高铁系统将增强中心城市作为旅游目的地的吸引力。Pagliara 等（2015）基于在马德里进行的一项偏好调查发现，西班牙高铁系统促使游客前往马德里附近的其他城市，但并不影响他们选择马德里作为旅游目的地。Chen 和 Haynes（2012）利用动态面板数据模型发现，高铁促进了国际旅游需求，但效果有限。

本章基于我国城市面板数据提供高铁影响旅游经济增长的新证据，丰富了现有文献。我国快速推进的高铁建设提供了一个准自然实验，使我们能够评估可达性改善如何影响旅游需求。虽然现有文献研究了中国高铁的可达性和流动性影响（Cao et al.，2013；Jiao et al.，2017；Shaw et al.，2014；Lvhua Wang et al.，2016），以及高铁对区域旅游发展的影响（Degen Wang et al.，2018；Xin Wang et al.，2012）和对国际游客的影响（Z. Chen and Haynes，2015b），但仍有待于强化对两者之间因果关系的识别。此外，我国地域辽阔、城乡和东西之间发展差距悬殊，基于我国转型经济背景得到的研究结果可能不同于现有的研究结果。我们沿循 Albalate 和 Fageda（2016）和 Albalate 等（2017）的研究，使用倍差法来识别高铁开通对旅游需求的影响。此外，我们进一步考虑高铁线路的内生选择问题，采取直线策略（Atack et al.，2010；Banerjee et al.，2020；Faber，2014；Hornung，2015）来构建高铁开通的工具变量。我们还估计高铁开通对旅游增长的区域性和城市级别异质性影响，并进行各种稳健性检验。

倍差法估计结果表明，高铁并没有促进城市旅游收入的增长，但是确实使旅游人次增加了 5.9%，从而导致次均旅游收入减少了 7.9%。异质性分析显示，西部和中部欠发达地区城市通过连接高铁吸引了更多的游客，但更多的游客并没有带来更多的收入。此外，我们发现拥有独特旅游资源的城市比没有独特旅游资源的城市吸引更少的游客，但获得更多的旅游收入。稳健性检验进一步支持了高铁对这两种旅游结果变量的不同效应。

第二节　文献综述

高铁发挥作用的基本方式之一是提高城市间的可达性和流动性（Cao et al.，2013；Diao，2018；Shaw et al.，2014）。然而，正如 Sasaki 等（1997）所指出的那样，这种可达性的改善是不对称的，更有利于中心城市，因为都市区在教育、经济、医疗、文化、旅游等领域集中更多的优势资源。结果，中心城市可能从高铁开通中受益更多，从而强化区域经济的极化。基于即将建成的佩皮尼昂和巴塞罗那之间的南欧高铁线路，Masson 和 Petiot（2009）讨论了高铁对旅游业的这种集聚效应。考虑到中国长期存在的城市偏向政策和政府主导的经济发展模式（Sicular et al.，2007；D. T. Yang and Cai，2003），高铁带来的有利于中心城市的非对称可达性改善可能会更为显著。因此，中国的高铁开通可能通过提高可达性来促进旅游增长，但不一定会带动外围地区的旅游增长。

本章研究与一些关于高铁对旅游发展影响的研究高度相关。来自中国、日本、西班牙、法国等国家的证据表明，高铁的连接增加了人口的流动性、城市的可达性，使外围地区被选为旅游目的地，同时也强化了中心城市作为旅游中心的地位（Albalate and Fageda，2016；Delaplace et al.，2014；Kurihara and Wu，2016；Masson and Petiot，2009；Pagliara et al.，2015；Degen Wang et al.，2014）。高铁对旅游业发展影响的证据颇为复杂，而且取决于许多其他社会经济因素。Albalate 和 Fageda（2016）认为，高铁开通会对旅游业产生替代和互补效应。前者认为高铁可以替代其他交通方式，如航空和公路。当高铁将更多的游客带到其连接区域时，它也减少了航空公司的游客数量。互补效应则表明，高铁作为其他交通方式的补充，通过提高可达性来吸引游客。这两种效应都在欧洲市场中被观察到，但总体上替代效应超过了互补效应（Albalate et al.，2015；Dobruszkes et al.，2014），导致高铁开通对游客数量和过夜停留次数的影响不显著（Albalate et al.，2017；Albalate and Fageda，2016）。

这两种相反的效应如何在中国发挥作用，仍有待研究。尽管越来越多的研究评估了中国高铁系统的各种影响，包括其对国际游客数量的影响，但关于高铁开通对中国旅游业增长影响的实证研究却相当有限。例如，Wang 等（Xin Wang et al.，2012）发现高铁加强了中心城市作为首选旅游目的地的地位，这意味着中心城市的旅游业将从高铁开通中获益更多。

Chen 和 Haynes（2012；2015b）利用动态面板数据模型发现，中国高铁对国际旅游需求具有一定的促进作用，这在一定程度上支持了高铁与航空公司在吸引国际游客方面的互补效应。因为国际航空公司大多开设在中心城市，旨在连接中心城市的高铁也提高了外围城市的可达性，方便外国游客前往。

除了前面提到的两种相反的效应，Wang 等（Xin Wang et al.，2012）强调高铁对中国旅游市场的竞争效应，特别是对外围地区的竞争效应。高铁加剧了当地旅游业的竞争，不仅来自拥有更好的旅游资源、服务和便利设施的中心城市，也来自与之相连的外围城市。因此，仍需要更多的实证研究来揭示高铁开通带来的这些混合效应及其对城市旅游增长的净效应。

第三节 研究设计

一 实证模型

为了评估高铁开通对旅游经济增长的影响，参照现有经济增长实证文献（Barro，1991；Gerring et al.，2005；Acemoglu et al.，2019）以及上述关于高铁与旅游关系的实证研究，我们使用如下双向固定效应面板数据模型：

$$Ln(Tour_{it}) = \rho Ln(Tour_{i,t-1}) + \alpha HSR_{i,t-1} + \gamma Controls_{it} + c_i + \theta_t + v_{it}$$
(7-1)

其中，$Tour$ 为旅游结果变量，HSR 为高铁开通变量，$Controls$ 为控制变量向量。下标 i 和 t 分别是城市和年份，c_i 和 θ_t 表明城市固定效应和年份固定效应。v_{it} 是随机误差项。由于许多高铁线路开通于年底，我们把高铁开通变量滞后一年。通过（7-1）式两边减去 $Tour$ 的一年滞后项，我们可以将实证模型改写为：

$$Tour\_Growth_{it} = (\rho - 1)Ln(Tour_{i,t-1}) + \alpha HSR_{i,t-1} + \gamma Controls_{it} + c_i + \theta_t + v_{it}$$
(7-2)

其中 $Tour\_Growth$ 是旅游业增长率的自然对数。因此，无论我们估计的是模型（7-1），还是模型（7-2），α 度量了高铁开通对旅游增长的影响。根据实证增长文献中旅游经济收敛性质的证据，$\rho < 1$ 表明，在旅游业规模更大的城市增长更慢，即具有旅游经济收敛的特征。

模型（7-1）实际上就是一个多期倍差法。采用倍差法进行因果推断需要满足平行趋势假设。沿循 Autor（2003），我们使用下面的动态事件分析模型来验证该假设。

$$Ln(Tour_{it}) = \rho Ln(Tour_{i,t-1}) + \sum_{k=-m}^{q} \beta_k HSR_{i,t}(t=o+k) + \gamma Controls_{it} + c_i + \theta_t + v_{it} \tag{7-3}$$

其中 o 为某城市接入高铁的年份，$q > 0$，$m \geq 0$，$k \leq 0$。当 $k < 0$ 时，β_k 度量的是高铁开通对旅游增长的提前效应；当 $k = 0$ 时，它度量的是高铁开通当年的效应，当 $k > 0$，β_k 度量了高铁开通的滞后效应。如果提前效应不显著，我们倾向于认为平行趋势假设成立。然而，这种提前效应也可以解释为高铁对旅游业增长的预期效应。

接下来进一步考虑可能存在的高铁线路布局的内生性问题。高铁旨在缩短中心城市或大城市之间的交通时间，如上海、北京和广州。经济和政治上重要的城市更有可能通过高铁线路连接起来。此外，遗漏决定高铁开通和旅游的变量，将导致对高铁开通对旅游增长影响的估计有偏差。例如，有强烈意愿发展旅游经济的地方官员可能也会努力游说让高铁线路连接他们的城市。与此同时，旅游资源丰富的城市也更有可能被优先安排修建高铁。未能控制这些不可观测的变量将使 OLS 估计高估实际效应。为了解决这种内生性，我们使用工具变量（IVs）方法。我们沿循现有研究（Faber, 2014; Hornung, 2015）和本书前面章节，采用直线策略构建潜在高铁开通变量作为实际高铁开通变量的工具变量。

具体而言，我们在高铁的两端城市（通常是省会城市）之间画直线。位于这些线路上的地级市被定义为潜在的高铁开通城市。我们将其高铁开通年份设定为实际高铁线路各段线路的最早开通年份。对于那些有多条高铁连通的城市，我们也会将其高铁开通时间设定为第一条高铁开通的时间。Gao 等（2020）曾表明，在控制了一些社会经济变量后，采用直线策略构建的潜在高铁开通是实际高铁开通的合格工具变量。以潜在高铁开通变量为工具变量进行两阶段最小二乘法（2SLS）估计的实证模型如下：

$$Ln(Tour_{it}) = \rho Ln(Tour_{i,t-1}) + \alpha HSR_{i,t-1} + \gamma Controls_{it} + c_i + \theta_t + v_{it} \tag{7-4}$$

$$HSR_{i,t-1} = \lambda P HSR_{i,t-1} + \eta Ln(Tour_{i,t-1}) + \phi Controls_{it} + k_i + \delta_t + \varepsilon_{it} \tag{7-5}$$

其中，PHSR 为潜在的高铁开通变量，式（7-5）为第一阶段估计模型。

二 变量选取

在衡量当地旅游经济时，Massidda 和 Etzo（2012）以意大利 20 个地区间的双边旅游流量作为因变量。在衡量西班牙的旅游经济时，Albalate 和 Fageda（2016）先使用游客总数和平均旅游过夜数量来衡量旅游结果变量，并进一步使用游客数量、过夜、平均停留、外国游客和酒店入住率作为因变量（Albalate et al. , 2017）。在与我国旅游相关的文献中，Chen 和 Haynes（2015b）关注的是旅客数量和收入。Campa 等（2016）在一项基于西班牙的案例研究中也使用了这些指标。

我们使用三个变量来衡量国内旅游经济结果——国内旅游收入、国内旅游人次和国内次均旅游收入。其中，国内次均旅游收入为国内旅游收入除以旅游人次。我们所感兴趣的解释变量，高铁开通，是一个虚拟变量。当某城市至少被一条高铁线路连接（至少有一个高铁车站）时，该变量取值为 1，否则取值为 0。这与相关文献一致（Albalate et al. , 2017；Albalate and Fageda, 2016；Z. Chen and Haynes, 2015b；K. Dong et al. , 2018）。

控制变量的选取也基于现有的实证工作。首先，控制人均 GDP，这是当地经济最重要的指标。许多现有的实证研究中也对其进行了控制（Albalate et al. , 2017；Albalate and Fageda, 2016；Z. Chen and Haynes, 2015b；Massidda and Etzo, 2012）。由于人均 GDP 也是其他社会经济变量的结果变量，对其进行控制可以减少遗漏，同时决定旅游经济和高铁开通那些变量的可能性。

其次，5A 级景区数量衡量城市开发当地旅游资源的能力。我们没有使用世界遗产的数量来衡量这一能力，因为它比 5A 级景区的数量变化少得多。然而，我们确实利用世界遗产的数量来构建旅游资源独特性存在的虚拟变量，用于异质性分析和稳健性检验。

再次，控制变量与道路模式和航空运输有关。在决定当地的旅游经济方面，公路和铁路是高铁的替代品或补充（Albalate et al. , 2017；Albalate and Fageda, 2016）。为了捕捉这些影响，现有的文献用公路里程数控制交通模式（Massidda and Etzo, 2012）、客运专线客流量和铁路长度（Z. Chen and Haynes, 2015b），或用诸如机场交通、低成本航线、机场扩建和航空网枢纽来控制航空交通（Albalate et al. , 2017；Albalate and Fageda, 2016）。根据数据可得情况，我们使用公路客运量和是否拥有机场虚拟变量来衡量这些替代交通模式。

最后，我们还控制了公共支出、人口规模和密度以及在中国各城市之间存在显著差异的居民收入等变量。公共支出衡量的是地方政府为促进旅游和举办吸引游客的文化或体育活动提供资金和公共基础设施的能力。公共支持对旅游业发展的重要性被广泛强调（Felsenstein and Fleischer, 2003；Mules and Dwyer, 2005）。人口密度和人口被用来控制市场规模和劳动分工及专业化的潜力（Albalate et al., 2017；Albalate and Fageda, 2016；Massidda and Etzo, 2012）。人口是衡量市场潜力的指标，而人口密度则是衡量人类活动的强度和关联性的指标。更密集和密切联系的人类活动往往具有较大的正外部性和外溢性，也使当地更值得参观和游览。与此同时，人口密度高的城市通常在经济、地理或政治方面具有重要的历史意义，因此有更多值得探索的文化和历史遗迹。此外，游客数量和收入与居民收入相关（Louca, 2006；Stronge and Redman, 1982），正如恩格尔定律所阐述的那样，随着收入的增加，食物支出会减少，而包括旅行在内的其他支出会增加。

三　数据来源

我们通过匹配不同来源的城市层面数据来开展实证研究。首先，我们从中国各省市的省级统计年鉴中收集旅游经济结果变量及其决定因素的数据。其次，5A级景区和世界遗产信息分别来自中国文化和旅游部网站与中国世界遗产网。2007年，国家旅游局开始提供5A级景区认证以来，我们对2007年之前的所有景区价值均赋值0。再次，高铁开通信息来自Li（2016）。我们根据中国高铁在线地图手工收集具体开通时间。我们检查每条高铁线路，构建一个虚拟变量，该虚拟变量表示哪些城市开通了高铁，以及开通时间。高铁开通虚拟变量最能捕捉到城市从"不连接高铁"状态到"连接高铁"状态的突然转变，并被相关研究广泛采用（Donaldson, 2018；Faber, 2014；Shao et al., 2017）。最后，我们从中国民用航空局的网站上收集了机场名单的数据，然后通过百度百科或360百科，手动查询每个机场的投入使用时间。我们根据城市名称和年份匹配各种数据来源，最终构建了从2004~2015年288个城市非平衡面板数据，包括257个一般地级市、27个省会城市，以及4个直辖市。

表7-1报告了变量的描述性统计以及开通和未开通高铁城市的分组描述性统计。我们发现，由于缺失一些数值，面板数据是非平衡的，22%的观测值位于开通高铁时期，且高铁开通和未开通城市的各变量均值存在显著的差异（见B栏）。相对于非高铁城市，高铁城市具有更高的国内旅游收

入、旅游人次以及次均旅游收入。但是,由于高铁城市在其他社会经济变量上也与非高铁城市不同,我们不能据此简单地推断高铁开通促进了旅游增长。

表7-1 变量的描述性统计

A栏:全样本	观测值	均值	标准差	最小值	最大值
国内旅游收入（万元）	2979	13	1.461	7.074	17.504
国内旅游人次（万）	2853	6.630	1.147	1.099	11.947
次均国内旅游收入（元/人次）	2820	6.453	0.702	1.681	9.518
高铁连通	3456	0.220	0.414	0	1
人均GDP（元）	3456	10.100	0.775	7.662	12.456
人口（万人）	3441	5.848	0.700	2.819	8.124
公共支出（元/人）	3441	8.120	0.878	5.842	11.819
人口密度（人/平方公里）	3435	5.715	0.915	1.609	7.887
城镇职工平均工资（元）	3421	10.234	0.508	8.509	12.678
公路客运量（万人）	3430	8.537	0.970	4.407	12.566
有机场	3456	0.431	0.495	0	1
5A景区数量（个）	3456	0.288	0.700	0	7
世界遗产数量（个）	3456	0.462	0.765	0	7
潜在的高铁连通	3456	0.280	0.449	0	1

B栏:分组	非高铁城市 观测值	(1)均值	高铁城市 观测值	(2)均值	均值差 (1)—(2)
国内旅游收入（万元）	1121	12.542	1858	13.54	-0.997***
国内旅游人次（万人）	1094	6.098	1759	6.96	-0.862***
次均国内旅游收入（元）	1074	6.374	1746	6.502	-0.129***
高铁连通	1308	0	2148	0.354	-0.354***
人均GDP（元）	1308	9.921	2148	10.21	-0.289***
人口（万人）	1293	5.571	2148	6.014	-0.443***
公共支出（元/人）	1293	8.118	2148	8.122	-0.004

续表

A栏：全样本	观测值	均值	标准差	最小值	最大值
人口密度（人/平方公里）	1287	5.188	2148	6.031	-0.843***
城镇职工平均工资（元）	1285	10.202	2136	10.253	-0.051***
公路客运量（万人）	1284	8.098	2146	8.800	-0.701***
有机场	1308	0.492	2148	0.394	0.098***
5A景区数量（个）	1308	0.157	2148	0.368	-0.211***
世界遗产数量（个）	1308	0.518	2148	0.427	0.090***
潜在的高铁连通	1308	0.166	2148	0.349	-0.183***

注：除高铁连通、机场、5A级景区、世界遗产和潜在高铁连通外，其余变量均为自然对数；括号中为原始变量的单位；*** 表示1%的显著水平。

第四节 实证结果

一 基准回归结果

表7-2报告了基于模型（7-1）估计得到的高铁开通对国内旅游经济增长的影响。估计结果表明，高铁开通增加了旅游人次［见第（4）和第（5）列］，但是，在控制了人均GDP、5A景区、客运交通客流量、机场和其他解释变量之后，它并没有显著影响旅游收入［见第（1）至（3）列］。结果，高铁的开通会显著降低次均旅游收入［见第（6）和第（7）列］。具体来说，高铁开通增加了5.9%的旅游人次，减少约7.9%的次均旅游收入。因变量的一年滞后项的估计值小于1，说明旅游经济具有收敛的特征。在其他控制变量中，我们只观察到人均GDP、5A级景区、人口与旅游经济结果变量显著相关［见第（2）至（5）列］。在有更多的控制变量时，高铁开通对旅游收入影响不同也表明，高铁开通在某种程度上内生于其他社会经济变量［见第（1）和（2）列］。然而，在控制了人均GDP、5A景区、客运交通客流量、机场后，更多的控制变量并不会影响高铁开通的效应大小［见第（2）列和其他列］。这减少了对遗漏其他不可观测变量所导致的内生性问题的担心。由于人均GDP与人口、公共支出、人口密度和工资等因素密切相关，在接下来的分析中，我们没有对这些变量进行控制。

表 7-2　　　　　　　高铁开通和旅游经济增长——倍差法结果

	(1)	(2)	(3)	(4)	(5)	(6)	(7)
变量	Ln（旅游总收入）			Ln（旅游人次）		Ln（次均旅游收入）	
因变量 (t-1)	0.428***	0.403***	0.406***	0.514***	0.507***	0.395***	0.400***
	(0.027)	(0.024)	(0.024)	(0.050)	(0.050)	(0.021)	(0.021)
高铁连通 (t-1)	−0.067***	−0.013	−0.014	0.059*	0.059*	−0.079**	−0.079**
	(0.024)	(0.023)	(0.023)	(0.032)	(0.032)	(0.032)	(0.032)
Ln（人均GDP）		0.283***	0.253***	0.124**	0.086*	0.137**	0.148**
		(0.054)	(0.061)	(0.054)	(0.051)	(0.062)	(0.064)
5A 景区数量		−0.077***	−0.072***	−0.053***	−0.050***	−0.004	−0.004
		(0.014)	(0.014)	(0.012)	(0.012)	(0.016)	(0.016)
Ln（公路客运量）		−0.003	−0.011	0.024	0.018	−0.046**	−0.046**
		(0.019)	(0.019)	(0.017)	(0.018)	(0.021)	(0.023)
有机场		0.081*	0.081*	−0.034	−0.032	0.106**	0.104**
		(0.043)	(0.044)	(0.043)	(0.043)	(0.048)	(0.048)
Ln（人口）			0.208		0.362**		−0.159
			(0.154)		(0.162)		(0.168)
Ln（公共支出）			0.163**		0.135**		0.029
			(0.071)		(0.065)		(0.061)
Ln（人口密度）			−0.059		−0.032*		−0.025
			(0.039)		(0.019)		(0.040)
Ln（员工平均工资）			−0.170		−0.049		−0.142
			(0.133)		(0.050)		(0.148)
观测值	2918	2897	2878	2781	2762	2735	2716
R 平方	0.780	0.781	0.787	0.843	0.844	0.273	0.280
城市数	288	288	288	288	288	288	288

注：括号内的值为聚类在城市层面的稳健性标准误。*、**、*** 分别表示10%、5%、1%的显著水平。所有列都控制了年份和城市固定效应。

平行趋势假设的检验结果见表 7-3。我们发现在 5% 的显著性水平下，高铁开通对旅游收入和旅游人次基本上没有提前影响。除了第（4）和第（5）列中存在显著的提前一年和三年的高铁开通效应。然而，这些负的提前效应也可能反映了游客预期高铁的开通,从而减少开通前对未来高铁城市的出游。

表7-3 平行趋势假设检验

变量	(1)	(2)	(3)	(4)	(5)	(6)
	Ln(旅游收入)		Ln(旅游人次)		Ln(次均旅游收入)	
高铁连通(-3)	-0.117*		0.025		-0.142**	
	(0.064)		(0.016)		(0.065)	
高铁连通(-2)	-0.111*	-0.050	-0.004	-0.032	-0.112*	-0.020
	(0.058)	(0.035)	(0.017)	(0.026)	(0.059)	(0.044)
高铁连通(-1)	-0.005	0.043	-0.037	-0.047**	0.032	0.092*
	(0.040)	(0.053)	(0.026)	(0.021)	(0.040)	(0.054)
高铁连通(0)	0.010	-0.001	-0.015	-0.012	0.048	0.033
	(0.040)	(0.040)	(0.021)	(0.020)	(0.047)	(0.047)
高铁连通(1)	0.119	0.122	0.203***	0.206***	0.096	0.085
	(0.456)	(0.442)	(0.068)	(0.066)	(0.521)	(0.501)
高铁连通(2)	-0.209	-0.143	-0.201***	-0.215***	-0.203	-0.108
	(0.457)	(0.446)	(0.074)	(0.070)	(0.519)	(0.503)
高铁连通(t-3)	-0.068**	-0.046**	-0.028	-0.026	0.003	0.020
	(0.027)	(0.023)	(0.041)	(0.037)	(0.048)	(0.044)
观测值	2672	2817	2599	2746	2567	2712

注:括号内的值为聚类在城市层面的稳健性标准误。*、**、***分别表示10%、5%、1%的显著水平。所有列都控制了年份和城市的固定效应。其他控制与表7-2的第(2)列相同。

二 工具变量法估计结果

为了解决高铁线路布局的潜在内生性,我们基于式(7-4)和(7-5)进行了两阶段最小二乘法(2SLS)估计,结果见表7-4。其中奇数列尾第一阶段估计。由潜在高铁开通的估计系数和F值可知,潜在高铁开通与内生变量实际高铁开通密切相关,且不存在弱工具变量的问题。第2阶段估计结果与表7-2的倍差法估计结果一致:高铁开通对旅游收入的影响不显著,但对旅游人次和次均旅游收入的影响是基准结果下的3.7倍。2SLS和倍差法OLS估计的巨大差异在于,我们的IV是在高铁线路的两端城市之间画直线,由此导致较小的第一阶段估计系数,和较大的第二阶段估计结果，因为第二阶段估计是简化形式估计系数与第一阶段估计的比值（Angrist and Pischke, 2014：第 3 章）。因此，我们发现高铁对旅游收入和人次的影响只随着更多的控制变量而略有下降。由于高铁线路对次均旅游收入的影响是高铁线路对旅游收入和人次影响的自然结果，为简化内容，在以下各节中，我们仅使用旅游收入和人次作为因变量。

表 7-4　　　　高铁开通和旅游业增长——工具变量法

变量	（1）高铁连通（t-1）	（2）Ln（旅游收入）	（3）高铁连通（t-1）	（4）Ln（旅游人次）	（5）高铁连通（t-1）	（6）Ln（次均旅游收入）
高铁连通（t-1）		-0.092		0.223**		-0.299***
		(0.079)		(0.098)		(0.106)
潜在的高铁连通（t-1）	0.282***		0.293***		0.275***	
	(0.042)		(0.043)		(0.043)	
观测值		2897		2781		2735
第 1 阶段 F 值	21.91***		20.47***		21.59***	

注：括号内的值为聚类在城市层面的稳健性标准误。**、*** 分别表示 5%、1% 的显著水平。奇数列的结果为第一阶段估计，偶数列的结果为第二阶段估计。所有列都控制了年份和城市固定效应。其他控制变量包括因变量的一年滞后、人均 GDP、5A 级景区数量、公路客运量和拥有机场。工具变量为采用直线策略构建的潜在高铁开通。

三　异质性分析

这里首先研究两类异质性，即东、中和西三大区域的异质性，以及直辖市、省会城市和外围地级市三个城市层级的异质性。我们将高铁开通与区域和城市层级的虚拟变量进行交互，并估计其交互效应，结果如表 7-5 所示。我们从第（1）至（4）列可知，虽然在旅游收入方面没有观察到区域和城市层级的异质性，但在高铁开通对旅游人次的影响存在显著的区域和城市层级异质性。具体来说，与东部地区相比，高铁促进了中西部地区的游客数量；同时与一般地级市相比，高铁对省会城市的游客人次的影响要低 12.1%。因此，异质性分析与之前的结果一致，即高铁只是增加了旅游人次，但高铁开通后外围城市比中心城市吸引更多的游客。

进一步的异质性分析关于旅游资源差异。拥有独特旅游资源的城市比没有旅游资源的城市更有可能吸引更多的游客，拥有更好的旅游设施，从而提供更专业的旅游服务。因此，高铁对旅游增长的影响可能因各个城市旅游资源的差异有关。在这里,我们使用一个虚拟变量,即一个城市是否至少有一个世界遗产,来表明这个城市是否有独特的旅游资源。通过在模型(7-1)的等式右侧加入高铁与世界遗产虚拟变量的交互项,我们估计了高铁开通关于旅游资源的异质性。表7-5 的第(5)和(6)列报告的估计结果表明,与没有世界遗产的城市相比,高铁开通会导致有世界遗产的城市的游客数量的增长较低,但这些城市的旅游收入增长较高。这种异质性可能原因在于,游客对于具有世界遗产城市的旅游需求具有较低的需求价格弹性。世界遗产具有广泛的声誉,通常是国内外游客的旅游目的地。尽管高铁分散了一部分游客,但是这些城市拥有独特的旅游资源,对其需求无法被取代,且可以收取更高的票价以应对增加的需求,从而从高铁开通中获得更多的收入。

表 7-5　　　　　　　　　高铁对旅游增长的异质性影响

变量	(1) Ln(旅游收入)	(2) Ln(旅游人次)	(3) Ln(旅游收入)	(4) Ln(旅游人次)	(5) Ln(旅游收入)	(6) Ln(旅游人次)
高铁连通(t-1)	-0.032 (0.042)	-0.051** (0.025)	-0.003 (0.025)	0.085** (0.039)	-0.041* (0.025)	0.106** (0.045)
西部地区×高铁连通(t-1)	0.050 (0.061)	0.372** (0.153)				
中部地区×高铁连通(t-1)	0.025 (0.046)	0.104*** (0.030)				
直辖市×高铁连通(t-1)			-0.045 (0.067)	-0.070 (0.098)		
省会城市×高铁连通(t-1)			-0.053 (0.052)	-0.121** (0.057)		
世界遗产城市×高铁连通(t-1)					0.087** (0.042)	-0.145*** (0.051)
观测值	2897	2781	2897	2781	2897	2781

注:括号内的值为聚类在城市层面的稳健性标准误。*、**、***分别表示10%、5%、1%的显著水平。所有列都控制了年份和城市固定效应。其他控制变量包括因变量的一年滞后、人均GDP、5A级景区数量、公路客运量和拥有机场。

第五节　稳健性检验

这里将对前文报告的主要结果进行稳健性检验。第一个稳健性检验仅使用来自外围城市的数据，即移除来自直辖市和省会城市的观测值。利用外围城市的数据可以缓解高铁线路布局的内生性问题。结果报告在表7-6的第（1）和（2）列。我们再次看到，高铁开通使游客数量增加了8.3%，这比所有数据得到的估计要大［见表7-2第（4）列］，但对旅游收入影响不显著。这一结果与高铁通过提高可达性来吸引更多游客到其连接的外围城市的直觉相一致。

高铁线路布局内生性的另一个来源是，拥有独特旅游资源的城市更有可能开通高铁。这些城市的地方官员也有强烈的动机去努力游说中央政府，使得他们的城市开通高铁，从而充分发挥他们在发展旅游经济中的优势。如果忽略这些因素，将导致对高铁开通对旅游经济影响的估计有偏差。为了缓解这种内生性，我们从数据中剔除了优秀旅游城市。我们根据国家旅游局在1998年提出的《中国优秀旅游城市的检验标准（试行）》来定义旅游城市。由此，54个城市被认定为第一批优秀旅游城市，包括3个直辖市、14个副省级中心城市、25个地级城市和12个县级市。表7-6的第（3）和（4）列展示了不包括这些旅游城市的估计结果。我们再次发现高铁的连接促进了旅游人次的增长，但对旅游收入没有显著影响。在控制高铁开通对旅游城市的内生性选择后，高铁对游客数量增长的促进效应更大，为9.7%。如果我们剔除拥有世界遗产的城市，也会发现类似的结果［见表7-6中的第（5）和（6）列］。最后，我们给予外围城市数据采用工具变量法进行稳健性检验。第（7）至（8）列报告的估计结果表明，高铁只会增加外围城市的旅游人次。更大估计系数说明，高铁带来的可达性改善吸引了更多的游客前往外围城市。

表 7-6　　　　　　　　　基于子样本的稳健性检验

变量	(1)	(2)	(3)	(4)	(5)	(6)	(7)	(8)
	外围城市		非优秀旅游城市		无世界遗产城市		外围城市	
	Ln（旅游收入）	Ln（旅游人次）	Ln（旅游收入）	Ln（旅游人次）	Ln（旅游收入）	Ln（旅游人次）	Ln（旅游收入）	Ln（旅游人次）
高铁连通（t-1）	-0.011	0.083**	-0.002	0.097**	-0.022	0.101**	-0.095	0.274**
	(0.025)	(0.039)	(0.026)	(0.042)	(0.024)	(0.047)	(0.091)	(0.120)
观测值	2601	2493	2419	2323	1718	1636	2601	2493
城市数	257	257	241	241	167	167	257	257
第1阶段F值							16.16***	13.27***

注：括号内的值为聚类在城市层面的稳健性标准误。**、*** 分别表示 5%、1%的显著水平。所有列都控制了年份和城市固定效应。其他控制变量包括因变量的一年滞后、人均GDP、5A级景区数量、公路客运量和拥有机场。第（7）和（8）列中工具变量同表7-4。

在表 7-7 中，我们通过在 2008 年第一条高铁线路开通之前的数据中构建一个虚假的高铁开通变量来提供证伪检验。具体来说，我们将所有高铁线路的开通时间提前 2 至 4 年，并将其对结果变量进行回归。由于新的高铁开通变量是伪造的，它不会对旅游经济产生显著影响。结果如表 7-7 所示，这种虚假的高铁开通的确不会影响旅游收入和人次。

表 7-7　　　　　　　　　　证伪检验

变量	(1)	(2)	(3)	(4)	(5)	(6)
	Ln（旅游收入）			Ln（旅游人次）		
高铁连通（t+4）	-0.023			-0.012		
	(0.031)			(0.022)		
高铁连通（t+3）		0.003			0.036	
		(0.038)			(0.031)	
高铁连通（t+2）			-0.001			-0.025
			(0.037)			(0.027)
观测值	1039	1039	1039	1055	1055	1055

注：括号内为聚类在城市层面的稳健性标准误。所有结果均采用嵌套在固定效应面板数据模型中的DID方法进行估计。所有的栏目都控制了年份和城市的固定效应。其他控制变量包括因变量的一年滞后、人均GDP、5A级景区数量、客运客流量和拥有机场。

第六节 讨论和结论

本章提供了稳健的实证结果表明，中国的高铁确实增加了国内游客数量，但未能增加国内旅游收入。因此，随着高铁的开通，次均旅游收入反而减少了。对这些结果的可能解释有以下几点。首先，一些研究发现，高铁未能提振欧洲游客数量的最重要原因是，高铁对航空公司的替代作用（Albalate et al., 2017; Albalate and Fageda, 2016）。但是，在我国可能并非如此。在中国，航空公司在短途运输中发挥的作用有限，但在连接大型中心城市的长途运输中发挥的作用越来越大。因此，中国的高铁为人们进入周边城市提供了便利，是对航空公司的补充，因而增加了游客数量。

高铁开通的一个意外后果是它可能会影响外围地区的住宿业。由于可达性的显著改善，游客可以很容易地乘坐高铁前往外围城市，但不必在那里过夜，因为周边城市的旅游资源有限，而中心城市可以提供更好的住宿服务。之前的研究已经证实了这一结果。例如，Harman（2006）表明在外围城市通过高铁与巴黎相连后，人们倾向于每天而不是每周用1小时到达周边城市，这样过夜就减少了。同样，Givoni（2006）在一篇综述中认为，高铁开通一方面减少了出行时间，增加了参观景点的时间；另一方面，它减少了住宿方面的支出和在高铁连接城市过夜的必要性。类似的效应也发生在中国。Zhang等（2013）观察到，尽管高铁拓展了旅游目的地，缩短了旅行时间，增加了游客数量，但人们减少了在高铁开通城市的停留时间。因此，通过提高可达性，高铁开通虽然增加了游客数量但减少了过夜住宿。

此外，高铁在扩大市场规模的同时，从两个方面加剧了竞争，这印证了来自Wang等（2018）和Wang等（2012）的观察，并补充了来自Behrens和Pels（2012）的观察。首先，高铁使外围地区的游客能够访问中心城市。如前所述，几乎所有的先进资源，包括与旅游业相关的资源，都集中在中国的中心城市。与外围城市相比，大城市历史景点更为丰富，保存较好，更发达，因此高铁开通后吸引了更多外围地区的游客。由于高铁的连接，当地旅游业与中心城市同行竞争本地游客。其次，随着游客数量的增加和市场规模的扩大也会吸引更多的进入者，从而加剧当地旅游市场的竞争。此外，从动态的角度来看，高铁对中心城市的旅游产业的影响是长期的，而对周边地区的影响是一次性的。外围地区较差的旅游管理和便利设施，以及较不成熟的旅游市场，导致游客不愿再去那里旅游，即便高铁开通方便了前往。最后，由于高铁使探亲访友比较容易，所以其频率的增加也可以解释人均旅游收入下降。探亲访友通常不会增加很多旅游收入，但它确实增加了游客数量。当然，关于这方面的效应仍有待于运用关于高铁乘客的旅行动机的数据进行检验。

总之，我们将高铁的推出作为一个准自然实验，以旅游业为例来检验交通改善对服务业增长的影响。倍差法和工具变量法的实证结果表明，高铁开通并没有促进旅游收入的增长，但确实吸引了更多游客的到来。结果，高铁导致了次均旅游收入的下降。我们还发现，中西部地区、外围地区的城市通过接入高铁吸引了更多的游客，而这样的旅游增长并没有带来旅游收入的增加。然而，尽管中心城市的游客数量略有下降，但他们的收入并没有减少。稳健性检验提供了一致的高铁影响旅游经济的证据。

我们的发现有很强的政策含义。当地官员和居民通常都希望高铁能促进当地旅游业的发展。我们的研究结果表明，这可能只是一个良好的愿望，因为高铁只能吸引游客，而不能增加旅游收入。考虑到中国巨大区域发展差距，为了从高铁开通中获得长期的旅游收益，需要地方旅游企业提高专业旅游服务能力，开发独特的旅游产品，同时也需要地方政府提供舒适、便利的设施，提高旅游经济治理能力。

第八章 高铁与地方经济：以长三角为例*

内容提要：本章利用长三角地区的县级面板数据，研究了开通高铁对地方经济的影响。双重差分法和工具变量法均表明，高铁的开通不利于县域的经济发展，对于外围地区更是如此。原因在于高铁促进了居民外流和降低了外围县域的工业比重。

第一节 引言

长期以来，铁路在空间资源配置中发挥着重要作用。我国原有的铁路网络，即使进行了六次提速，仍然不能满足现代社会对快速、舒适的交通工具的迫切需求。近年来，我国政府大力推进高铁网的建设。相较于传统客运铁路，高速铁路不仅提升了速度和舒适度，而且更加准时。截至2015年，我国建成了"四纵四横"的高铁骨干网，高铁总里程超过2万公里。目前，我国的高铁里程已经超4万公里，跃居世界最大的高铁国家。

为了刺激地方经济发展，各级地方政府积极争夺高铁建设。然而，关于改善交通对地方经济发展的影响，存在两种不同的理论预测。其一，新经济地理学（NEG）（Fujita et al., 2001; Helpman and Krugman, 1985; Krugman, 1991）认为，运输成本的降低将导致贸易一体化，但最终将导致经济的极化。现有文献提供了一些支持该理论的证据。例如，Fogel（1962）认为，与水路相比，美国铁路对经济发展的影响有限。Faber

---

* 本章内容发表信息如下：Gao, Yanyan, Shunfeng Song, Jun Sun, and Leizhen Zang, "Does high-speed rail connection really promote local economy? Evidence from China's Yangtze River Delta", *Review of Development Economics*, Vol. 24, No. 1, 2020, pp. 316~338. 有删改。

(2014)，Vickerman（2015）和 Hodgson（2018）也观察到连通公路或铁路对外围经济增长有着不利的影响。其二，城市经济学理论（Alonso，1964；Muth，1969）预测，改善交通可以促进经济活动从中心城市向外围地区扩散，从而对当地产生影响，如人口外流、产业分散和高铁连通地区的经济增长（Baum-Snow，2007；Baum-Snow et al.，2017；C. -L. Chen and Hall，2011；Deng et al.，2019；Zheng and Kahn，2013）。

作为一种新型的交通方式，高铁降低了运输成本，提高了地区之间的可达性。由此可以推断，高铁有助于区域经济的分化或分散。但实证文献提供了不同的证据。一方面，高铁通过提高地区之间的可达性（Sasaki et al.，1997）、产生知识扩散和思想溢出效应（X. Dong et al.，2020）、增加就业（Lin，2017）、促进出口和经济集聚（Ahlfeldt and Feddersen，2018；C. -L. Chen and Hall，2011；Ke et al.，2017；Shao et al.，2017）、提高市场一体化水平和分散拥挤的城市经济（Zheng and Kahn，2013）等方式，给铁路沿线地区带来好处。另一方面，证据表明高铁具有经济极化效应（Banister and Berechman，2001；Qin，2017；Vickerman，2015）。尽管高铁提高了中心城市和外围城市的可达性，但中心城市受益更多（Sasaki et al.，1997）。这种非对称的可达性改善，使得经济发展机会向大城市集中（Banister and Berechman，2001），阻碍了外围城市的经济增长（Vickerman，2015；Qin，2017）。因此，高铁连通对经济发展的实际影响仍然需要更多的实证检验。本章利用长三角地区县域面板数据，为高铁对地方经济发展的影响提供新的证据。

现有相关文献，即便是基于我国数据，也没有得到一致的结论。例如，Ke 等（2017）使用了 1990~2013 年间选定的地级市数据研究高铁对地方经济的影响，其中包括 4 条高铁线路上的 21 个沿线城市和 11 个未被高铁连通的城市。反事实分析发现，高铁对人均 GDP 的影响在不同的地理位置、线路和地区具有异质性，且范围在 5% 到 59% 之间。他们进一步发现，沿海城市从高铁连通中可以获得更多的好处。Qin（2017）将现有客运专线的两轮提速作为准自然实验来检验交通基础设施改善的经济分布效应。她发现，提速会使一个县域的 GDP 总量和人均 GDP 下降 3%—5%。然而，所谓的高速铁路并不符合国际铁路联盟或中国国家铁路局对于高铁的定义，即高铁是指运行速度至少为 200 公里/小时、设计时速至少达到 250 公里/小时的铁路交通。

本章研究还与一些基于长三角地区的高铁效应研究有关。例如，Shao 等（2017）利用双重差分法测算高铁服务强度对长三角地区城市服务业的影响，发现高铁促进了城市服务业的集聚。其他研究则利用该地区的数据探讨了高铁对可达性改善的影响（C. Jin et al., 2013; Lei Wang, 2018; Lei Wang and Duan, 2018）。但在不同层次的城市高铁导致的可达性改善程度及其效应存在着空间上的非对称性。与外围城市相比，中心城市在可达性改善（C. Jin et al., 2013）、人口增长（Lei Wang and Duan, 2018）、房价（Diao et al., 2016）和投资消费（X. Li et al., 2016）等经济活动方面受益更多。

识别因果关系的关键在于，高铁线路的布局可能是内生的，从而导致有偏差的估计结果。在高铁规划和建设中，那些具有重要经济或政治地位的城市将被优先考虑。此外，那些更希望发展经济或与高层官员建立紧密联系的地方官员，往往会加大游说力度，以使其所在城市能够建设和开通高铁。因此，经济绩效和高铁开通情况会正向联系，由此会高估高铁对当地经济的促进作用。在国家层面，为了减少贫困和区域差距，中央政府可能会照顾欠发达地区经济发展而使其优先获得高铁建设机会。如果不控制这种可能性，我们将低估高铁开通对经济的促进作用。

为了识别高铁的经济效应，现有的研究通常使用倍差法来估计高铁连通对当地经济的影响（Ahlfeldt and Feddersen, 2018; Lin, 2017; Shao et al., 2017）。然而，运用倍差法实现有效的因果关系识别，需要满足共同趋势假设，即随着时间的推移，处理组和对照组应当具有相同的发展趋势（Angrist and Pischke, 2014）。由于这一假设并不总是成立，相关文献进一步使用工具变量法（IV）来解决交通线路布局的内生性问题。

以往的研究一方面基于历史信息（Baum-Snow et al., 2017; Donaldson, 2018; Michaels, 2008; Zheng and Kahn, 2013），另一方面采用直线策略（Atack et al., 2010; Banerjee et al., 2020; Faber, 2014; Hornung, 2015）来构建实际高铁开通变量的工具变量。由于地理条件的制约，历史上的交通路线与现在的交通路线存在相关关系，但与现在路线的决定因素无关。因此，过去的交通路线可以用作当前交通网络的工具变量。例如，Baum-Snow 等（2017）将中国 1962 年的交通网络作为当前公路和铁路连通情况的工具变量。他们认为，1962 年建设交通设施的目标是将农产品运出农村地区。这与当前的运输目的不同，但与当前的交通路线相关。（Michaels, 2008; Zheng and Kahn, 2013; K. Dong et al., 2018）都采用了类似的方法构建工具变量。

也有研究认为，建设交通的目标是连通大型中心城市。这些城市之间的直线决定了两两城市之间最短的交通距离。通过直线策略构建工具变量的合理性在于：一个地方是否处于中心城市之间的直线上是外生的，所以可以用于构造实际高铁连通的工具变量。例如，Atack 等（2010）通过绘制美国终端城市之间的直线来构建铁路可达性的工具变量。这种工具变量构建思路也被后续研究所采纳或者拓展（Banerjee et al.，2020；Faber，2014；Hornung，2015；Hodgson，2018）。

本章为评估高铁对地方经济的影响提供了新的证据。我们一方面采用倍差法来识别两者之间因果关系，同时使用直线策略构建工具变量，以解决高铁线路布局中可能存在的内生性问题。由于我国高铁的建设首要目标是缩短北京和上海等特大城市之间的通行时间，使用直线策略所构建的工具变量具有合理性。位于直线上的县域是潜在的高铁连通地方。因此，这些潜在的高铁开通变量是实际高铁开通变量可行的工具变量。

本章将使用县级面板数据。相较于城市或省级面板数据，县级数据的优势在于，由于我国的高铁网络规划是由中央政府制定的，县级高铁开通情况相对于地级市高铁开通情况更加外生于地方经济增长的遗漏决定因素（Qin，2017；张俊，2017）。根据国家发改委2016年公布的最新中长期铁路规划，到2025年年底，高铁网络将连通所有人口超过50万的大中型城市。首先连通的城市无疑是像北京、上海和省会城市之类的大城市。因此，县级官员很难影响到高铁网络的位置选择，特别是早期的高铁线，因而不用过于担心高铁路线布局的内生性问题。

本章以长三角作为研究对象。长三角地区是我国最大、最发达的区域经济体。相对于其他地区，该地区有更完整的县域官方统计数据和更多的高铁线路，可以提供足够的县域高铁开通处理组，从而有助于我们估计高铁连通的影响。不仅如此，长三角地区基础设施网络发达，县域经济与上海、南京、杭州等中心城市高度融合、相互依存。在高铁建设之前，该地区的县域之间经济发展更可能具有相同的发展趋势。此外，分析长三角地区高铁网络如何影响当地经济，不仅对评估现有的高铁项目具有重要意义，也为未来和其他地区的高铁建设提供决策依据。

实证结果表明，高铁对县域人均 GDP 产生了持续的负面影响，且这种负面影响随着与省会城市距离的增加而增加，即对外围地区的影响更大。为了检验结果的稳健性，我们排除了在建高铁所涉及的县域，使用替代变量或地级市数据，并进行安慰剂检验。机制分析发现，高铁促进了其连通县域的人口外流，降低了外围地区第二产业比重。这意味着高铁对区域经济的极化效应超过了其扩散效应。

第二节 研究设计

一 研究区域和数据

本章以长三角地区为例,分析高铁连通对当地经济的影响。长三角位于世界第三大河——长江东段的沿海地区。它包括上海、江苏、浙江、安徽四省的所有县市,涉及1个直辖市、40个地级市和305个区、县和县级市。如表8-1所示,2016年长江三角洲地区GDP总量为17722.59亿元人民币,占中国GDP总量的23.84%。长三角的国土面积仅占全国的3.65%,但人口却占全国的16.06%,国际贸易总量占全国的35.93%。毫无疑问,长三角地区长期以来都是政府政策和区域研究关注的焦点(Shao et al., 2017; Lei Wang, 2018)。

表8-1 2016年长三角地区社会经济统计及其在全国所占份额

地区	GDP（十亿元）	人口（万人）	区	县	面积（万平方千米）	国际贸易（十亿元）
上海	2817.87	2420	0	16	0.63	4337.68
江苏	7738.83	7999	13	96	10.26	5092.96
浙江	4725.14	5590	11	89	10.2	3365.76
安徽	2440.76	6196	16	105	13.97	444.13
长三角	17722.59	22205	40	306	35.06	13240.53
中国	74358.55	138271	334	2851	960	36855.57
长三角的份额（%）	23.84	16.06	11.98	10.73	3.65	35.93

注：2016年的平均汇率是每美元6.64元人民币。
数据来源：作者统计,数据来自http://data.stats.gov.cn/easyquery.htm?cn=C01。

由密集的水路、公路和铁路网络组成的发达的基础设施系统,对长三角地区的经济发展起着重要的促进作用。然而,传统的铁路系统无法有效满足现代社会对快捷和舒适的交通工具的需求。自从我国政府于2005年前后开始大规模铺设高铁线路以来,长三角是首批高铁建设目标地区之一,现在已经拥有全国最密集的高速铁路网。截至2016年年底,长三角地区已开通 14 条高铁线路，客站数达到 100 个（Lei Wang，2018）。因此，长三角具有足够多的高铁连通县域，使我们能够有效评估高铁开通对当地经济的平均影响。

本章使用的数据来自长三角地区三个省的官方统计年鉴，数据跨度为 2006~2015 年。不包含上海市是因为它是全国的经济中心，也是省级行政区，其区县相对于其他城市的县域具有更高的行政级别。例如，浦东新区的行政级别相当于其他省份的地级市。另一个担忧是内生性问题。由于上海是高铁网络的最重要目标城市之一，其高铁连通的外生性很小。将上海纳入分析对象，会削弱实证分析的准自然实验特征。本章研究所涉及的最早的高铁是 2008 年 4 月 18 日开通的合宁高铁，最近的高铁线是开通于 2015 年年底的金丽温高铁。本章定义的县域高铁连通，是指在其辖区内至少有一个高铁站。对于有多条高铁线路连通的县域，本章将其连通高铁的时间设定为最早开通高铁的那一年。① 与之前的实证研究类似，本章使用虚拟变量来构建高铁连通变量（Deng et al.，2019；Donaldson，2018；Faber，2014；Hornung，2015；Shao et al.，2017）。

我们没有使用高铁服务强度变量，因为县域高铁站高铁停靠次数差异不大，而且服务强度相较于高铁连通是一个更加内生的变量。出行需求更高的车站往往会有更多的列车经停。使用虚拟变量来衡量高铁连通的做法也与（Hornung，2015）对铁路接入的定义和（Deng et al.，2019b）构建的高铁连通变量一致。Li（2016）的高铁地图（http：//worldmap.harvard.edu/chinamap/）提供了 2011 和 2016 年中国高铁线路和车站的详细信息。根据该地图，我们构建了长三角县域高铁连通虚拟变量面板数据，其中包括 40 个市辖区与 171 个县和县级市。

二 实证模型

为了估计高铁连通对当地经济发展的影响，我们首先采用倍差法，然后使用简单直线策略下的工具变量法。基于面板数据的倍差法实证模型给定如下：

$$Ln(GDPPC_{it}) = \phi HSR_{i,t-1} + X_{it}'\lambda + County_i + \theta_t + \varepsilon_{it} \qquad (8-1)$$

---

① 存在一个例外，即安徽省凤阳县。该地区并没有连通高铁，但是在 2011 年被视为连通了京沪高铁。因为蚌埠高铁南站距离凤阳县中心仅有 10 公里，距离其辖区仅有 5 公里。然而，这种处理并不会影响到实证结果。

其中，GDPPC 是衡量当地经济发展水平的人均 GDP；HSR 是虚拟变量，表示一个县是否连通高铁；X 是控制变量向量；$County_i$ 和 θ_t 分别为县固定效应和年份固定效应；下标 i 和 t 分别表示县和年份；ε 代表随机扰动；ϕ 和 λ 是要估计的系数。由于大多数高铁线路都是在下半年开通的，我们使用滞后一年的高铁连通变量。为了使估计结果更可靠，我们把标准误聚类在县级层面。

使用倍差法识别因果关系时，必须满足平行趋势假设。对此，我们基于 Autor（2003）提出的思路来检验平行趋势假设。检验模型给定如下：

$$Ln(GDPPC_{it}) = \sum_{j=-m}^{q} \varphi_j HSR_{i, k=o+j} + \varphi HSR_{i, t-q-1} + X_{it}'\lambda + County_i + \theta_t + \varepsilon_{it}$$
(8-2)

其中 o 是连通高铁的年份，$q > 0$，$m > 0$。当 $j < 0$ 时，$HSR_{i, k=o+j}$ 是高铁开通前的第 j 年，ϕ_j 衡量高铁开通前第 j 年对人均 GDP 的效应；当 $j > 0$ 时，$HSR_{i, k=o+j}$ 是高铁连通 j 年后对人均 GDP 的滞后效应；当 $j = 0$ 时，$HSR_{i, k=o+j}$ 表示开始高铁开通当年；φ_j 为高铁开通当年对人均 GDP 的影响。$HSR_{i, t-q-1}$ 是高铁连通的 $q+1$ 年滞后变量，φ 为其估计系数。如果平行趋势假设得到满足，那么高铁开通前效应的估计系数将与零没有显著差异。

式（8-2）也可以用来估计处理变量对结果变量的动态影响（Gao et al., 2017）。一方面，高铁建设会影响当地投资和就业。由于当地居民也可能在高铁运行前做出反应，所以高铁可能会提前影响到人均 GDP。另一方面，高铁对当地经济的影响需要一定的时间，因而其对人均 GDP 的影响具有滞后性。因此，我们也通过式（8-2）的回归结果来分析高铁对当地经济的动态影响。

为了进一步解决高铁线路布局的内生性问题，本章使用了工具变量法。根据文献（Atack et al., 2010；Banerjee et al., 2020；Faber, 2014；Hornung, 2015），这里使用简单的直线策略来构建潜在的高铁连通变量，并将其作为实际高铁连通变量的工具变量。与高速公路和传统铁路相比，高铁的首要目的是减少到北京、上海、广州等中心目标城市的通行时间。为了更好地实现这一目标，设计师可以在目标城市之间画直线。结果，位于两个目标城市之间的直线上的县域更有可能成为实际的高铁连通县，但一个县是否落在这些直线上则是外生的。因此，利用直线策略可以构建一个合理的工具变量。图 8-1 显示了本章所研究的区域内和跨区域的所有高铁在省会之间的直线和高铁线两端的城市。

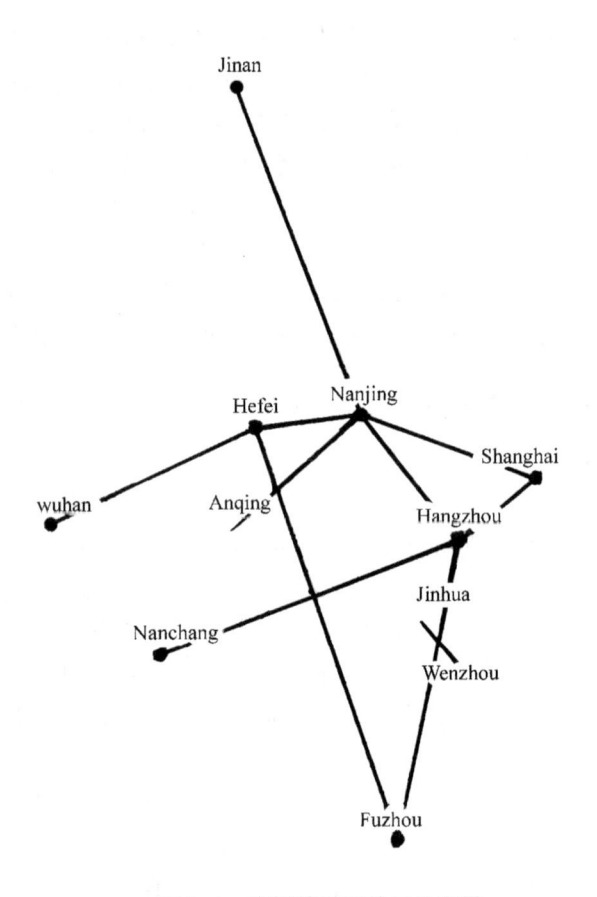

图 8-1　直线策略下的工具变量

第二个工具变量的构建也是建立在直线策略的基础上，但是进一步考虑高铁建设的成本。为了降低挖隧道和建桥梁的成本，浙西南和安徽南部山区的潜在高铁线路必须绕过大山、大河和湖泊。因此，我们画一条折线而不是直线来构建一个绕过极端地理条件的高铁线路的工具变量。通过比较可以发现，第二个工具变量更接近实际的高铁连通情况。

我国的区域中心城市通常指四个中央直辖市和省会城市。由于建设高铁的目的是减少中心城市之间的通行时间，位于直线上和靠近这些中心城市的县域更有可能连通高铁。另外，各个县到其省会的距离也是外生的。我们基于经纬度来计算各县与其省会城市的直线球面距离。由此，本章构造了两个额外的工具变量，即各县域到其省会的直线距离与之前构造的两个工具变量的交互项。

采用上述工具变量的两阶段最小二乘法（2SLS）实证模型如式（8-3）和（8-4）所示，其中式（8-3）为第 2 阶段估计模型，式（8-4）为第 1 阶段估计模型：

$$Ln(GDPPC_{it}) = \varphi \widehat{HSR}_{i,\,t-1} + X_{it}'\lambda + County_i^2 + \theta_t^2 + \varepsilon_{it} \quad (8-3)$$

$$HSR_{i,\,t-1} = PHSR_{i,\,t-1}'\rho + X_{it}'\gamma + County_i^1 + \theta_t^1 + \nu_{it} \quad (8-4)$$

其中，$PHSR$ 是工具变量的向量，即潜在的高铁连通变量，ρ 和 γ 是第一阶段估计的参数，ν 是第一阶段模型的随机扰动项。

三　变量选取

根据现有文献（Banerjee et al., 2020; Faber, 2014; Ke et al., 2017a; Qin, 2017），我们使用人均 GDP 来衡量地方经济发展水平。高铁连通变量是虚拟变量，开通高铁的年份取值为 1，没有开通高铁的年份取值为 0。图 8-2 描绘了处理组和对照组的人均 GDP 变化趋势。结果表明，自 2008 年长三角地区首条高铁开通以来，处理组的人均 GDP 明显下降，而对照组的人均 GDP 没有下降。我们还发现，在 2008 年之前，这两个群体有相同的趋势。但是，这种趋势对比并不足以证明高铁连通对经济增长的负面影响。因为并非所有的高铁线路都是开通于 2008 年，而且这里并没有控制诸如世界金融危机后中国政府利用大规模投资政策的影响，以及不同城市之间的其他社会经济差异。

控制变量的选取则参照相关文献（Faber, 2014; Ke et al., 2017; Qin, 2017）和县级数据的可得性。这些变量包括投资、公共支出、经济活力、消费、国际贸易和资源禀赋。因为没有县级贴现率，这里的投资直接采用人均固定资产投资来衡量。公共支出采用人均地方预算支出来度量。经济活力主要反映为私营部门规模。根据官方统计年鉴提供的数据，我们使用城镇非私营部门雇员占总人口的比例来衡量县域经济活力。非私营部门的经济规模越大，或私营部门经济规模越小，经济活力水平就越低。消费通过社会零售品消费总量来衡量，该指标也可以衡量消费市场规模。国际贸易采用人均出口额来衡量。资源禀赋采用人口密度来衡量，即每平方公里拥有的人口数。人口密度也与市场规模有关，因此也与劳动分工和专业化的潜力相关。由于没有县级消费价格指数（CPI），鉴于本章的面板数据模型同时控制了年份和县域固定效应，故所有变量均采用名义值。第三章第四节将报告使用省级 CPI 平减所有名义变量得到的实证结果。

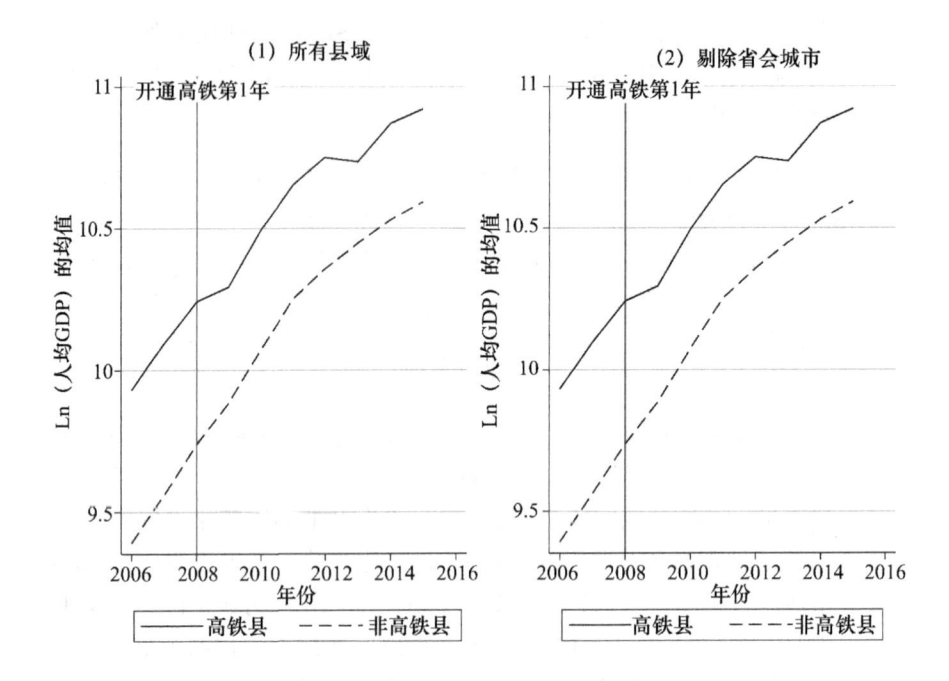

图 8-2　高铁县和非高铁县的人均 GDP 趋势

注：2013 年县域人均 GDP 大幅下降，原因是不少地方发生"撤县设区"。例如，2012 年底，江苏省泰州市江堰由一个县级城市改造为泰州市市辖区；绍兴和上虞都是浙江省绍兴市的县级行政机关，2013 年 10 月也被改为绍兴市市辖区。

表 8-2 报告了各县、分处理组和对照组的所有变量的描述性统计结果。① 可以发现，平均而言，高铁连通的县域的人均 GDP、固定资产投资规模、人口密度、社会零售品消费和出口规模更高，与省会城市距离更远，但经济活力水平较低。由于其他条件不同，简单比较高铁县和非高铁县域的人均 GDP 差异并不能说明高铁连通与经济增长之间存在正向因果关系。

---

① 我们也计算了这些变量的相关矩阵，并用方差膨胀因子（VIF）检验了多重共线性。结果表明，多重共线性并不是一个严重的问题，因为所有解释变量的 VIF 都小于 10（多重共线性存在的阈值）。实证发现社会消费品零售和出口与固定资产投资和公共支出之间存在中度相关关系。在表 8-4 至 8-11 的分析中，本章剔除了前面两个变量。尽管控制它们对实证结果的影响并不大，但是会导致观测值减少 500 个。

表8-2 变量的描述性统计

变量	所有县域 观测值	均值	无高铁县 观测值	均值	高铁县 观测值	均值	均值差
人均GDP	2062	10.273	1308	10.102	754	10.57	-0.468***
人均固定资产投资	2068	9.601	1307	9.407	761	9.935	-0.528***
人均公共支出	2069	8.227	1308	8.113	761	8.421	-0.308***
经济活力	2069	24.799	1308	25.997	761	22.74	3.257***
人口密度	2069	6.199	1308	6.132	761	6.314	-0.183***
人均社会消费品零售额	2065	9.175	1306	8.954	759	9.556	-0.602***
人均出口额	1573	6.635	950	6.171	623	7.341	-1.170***
潜在的高铁连通1（IV1）	2110	0.095	1340	0.051	770	0.17	-0.119***
潜在的高铁连通2（IV2）	2110	0.116	1340	0.051	770	0.23	-0.179***
与省会的距离	1880	1.591	1170	1.783	710	1.273	0.510***
高铁连通	2110	0.154	1340	0	770	0.422	-0.422***

注：除高铁连通、经济活力、省会距离外，其余变量均取自然对数；最后一列报告了高铁连通县与非连通县之间均值差的t检验；***表示1%的显著性水平。

第三节 实证结果

一 倍差法估计结果

表8-3报告了倍差法的估计结果，表明高铁对人均GDP产生负的影响。当控制更多变量时，人均GDP的系数从-0.188下降到-0.085［见第（1）至（4）列］。进一步控制出口将导致更大的高铁连通对人均GDP的负效应，但由于安徽省许多县缺乏出口统计数据，此时的观测值也较少［第（5）列］。然而，一旦控制了地级市的特定趋势，高铁对人均GDP的影响与不控制出口和消费变量的影响类似［第（6）列］。为了保留尽可能多的观察值，本章在之后的估计中不控制出口和零售品消费。但是，我们在工具变量法的估计中会考虑这两个变量，以观察在控制所有变量后的估计结果。控制变量中，我们仅观察到公共支出与人均GDP之间存在显著的正向关系，这可能与我国政府主导的经济发展模式有关。

表 8-3　　　　　　　　　　倍差法估计结果

变量	(1)	(2)	(3)	(4)	(5)	(6)
高铁连通 ($t-1$)	-0.188*** (0.057)	-0.113** (0.045)	-0.085** (0.035)	-0.085** (0.035)	-0.106*** (0.036)	-0.087* (0.050)
固定资产投资		0.031** (0.013)	0.021 (0.014)	0.021 (0.014)	0.020 (0.016)	0.028** (0.014)
公共支出		0.550*** (0.078)	0.511*** (0.063)	0.520*** (0.074)	0.571*** (0.079)	0.378*** (0.059)
经济活力			0.003*** (0.001)	0.003*** (0.001)	0.003*** (0.001)	0.001 (0.001)
人口密度			-0.299** (0.133)	-0.299** (0.134)	-0.262** (0.129)	-0.138 (0.091)
消费品零售额				-0.020 (0.095)	-0.122 (0.105)	0.033 (0.141)
出口					0.033* (0.018)	0.015 (0.013)
常数项	9.627*** (0.016)	5.372*** (0.518)	7.579*** (0.750)	7.685*** (1.051)	7.962*** (1.093)	-18.793 (12.717)
年份固定效应	是	是	是	是	是	是
县域固定效应	是	是	是	是	是	是
地级市特定趋势	否	否	否	否	否	是
观测值	2062	2062	2062	2062	1561	1561
县域数	211	211	211	211	167	167

注：因变量为人均 GDP 的自然对数值；括号内的值为聚类在县域层面的稳健性标准误；*、** 和 *** 分别代表 10%、5%和 1%的显著水平。

表8-4 第（1）至（3）列的结果显示，在高铁开通前，处理组和控制组的人均GDP没有显著差异，支持了平行趋势假设。从动态效应来看，第（1）至（3）列结果显示，高铁连通对人均GDP没有提前效应。但第（4）和第（5）列表明，高铁连通对人均GDP存在显著为负的滞后效应，且该效应没有随着时间的推移而降低。高铁开通3年后其影响系数为-0.133，表明开通高铁后人均GDP减少了13.3%。在同一模型中对高铁连通的提前和滞后效应进行动态分析，进一步证明了高铁连通带来的负面效应存在着增加的趋势。如表8-4最后一列所示，

在5%的显著性水平下，连通高铁后的几年里，高铁对该县域的人均GDP产生了持续的负面影响。

表8-4 平行趋势检验和动态效应分析

	（1）	（2）	（3）	（4）	（5）	（6）
高铁连通（o-3）	0.020 （0.024）					-0.006 （0.014）
高铁连通（o-2）	-0.011 （0.015）	-0.022 （0.015）				-0.044* （0.023）
高铁连通（o-1）	-0.042 （0.029）	-0.054 （0.037）	-0.043 （0.031）			-0.078* （0.046）
高铁连通（o）	-0.063* （0.036）	-0.077* （0.043）	-0.065* （0.036）	-0.046* （0.024）	-0.048* （0.025）	-0.103* （0.053）
高铁连通（t-1）	-0.122** （0.053）	-0.142** （0.067）	-0.125** （0.058）			
高铁连通（o+1）				-0.079*** （0.030）	-0.082*** （0.031）	-0.138** （0.059）
高铁连通（t-2）				-0.109** （0.048）		
高铁连通（o+2）					-0.064** （0.027）	-0.126** （0.057）
高铁连通（t-3）					-0.133** （0.062）	-0.220** （0.104）
观测值	2060	2060	2060	2060	2060	2060
县域数	211	211	211	211	211	211

注：因变量为人均GDP的自然对数值；括号内的值为聚类在县域层面的稳健性标准误；所有回归均控制了县域和年份固定效应；其他控制变量与表3第（3）列相同；*、**、***分别表示10%、5%、1%的显著水平。

二　工具变量法估计结果

表8-5报告了工具变量法的估计结果。第一阶段估计结果（B栏）显示，第一阶段的F值较大，表明工具变量与内生的高铁连通高度相关。尽管有些工具变量的估计系数不显著，但总体而言它们并不是弱工具变量。为了检验是否满足排他性约束，即潜在的高铁连通变量只通过实际高

铁连通影响人均 GDP，本章采用 Faber（2014）的做法。他认为如果在控制了时变变量、时间和个体固定效应后可以满足排他性约束，工具变量和处理发生之前的时变变量以及因变量之间没有显著的关系。我们还检验了潜在的高铁连通变量对表 8-3 中第（3）列残差的影响。结果显示，在控制固定效应后，潜在的高铁连通变量在连通高铁之前与其他控制变量不存在显著的关系。此外，从表 8-3 可以看出，在控制了固定资产投资、公共支出、经济活力和人口密度之后，更多的控制变量并不会大幅改变高铁连通对人均 GDP 的负面效应。因此，使用直线策略构建实际高铁连通变量的工具变量并不违反排他性约束。

表 8-5 中的第（1）和第（2）列使用了两个工具变量，即考虑和不考虑建设成本的潜在高铁连通变量。第（3）和第（4）列增加了两个额外工具变量，即到省会的距离与两个潜在的高铁连通变量的交互项。表 8-5 报告的过度识别检验结果支持了使用这些工具变量。我们同样发现，高铁对人均 GDP 有显著的负面影响，其估计系数约为 -0.1，表明高铁的连通将导致人均 GDP 下降约 10%。使用前两个工具变量的 2SLS 估计得到的估计系数 [见第（1）和第（2）列] 比表 8-3 第（3）列和第（5）列中由简单倍差法得到估计系数稍大。这些不大的差别一方面表明高铁线路布局存在着一定的内生性问题，另一方面也说明中心城市之间的高铁线路的设计基本上遵循直线最短的规划原则。

表 8-5　　工具变量法估计结果

	（1）	（2）	（3）	（4）
A 栏：第二阶段结果				
高铁连通（$t-1$）	-0.113** (0.058)	-0.106** (0.053)	-0.092** (0.045)	-0.100** (0.048)
观测值	2060	1561	2060	1561
县域数	211	167	211	167
过度识别检验	0.013	0.745	4.276	1.854
B 栏：第一阶段结果				
IV1	-0.0692 (0.073)	-0.170** (0.066)	0.133 (0.128)	-0.092 (0.107)

续表

	（1）	（2）	（3）	（4）
IV2	0.629*** (0.073)	0.734*** (0.061)	0.51*** (0.13)	0.689*** (0.096)
IV1× 到省会的距离			-0.171** (0.083)	-0.062 (0.072)
IV2× 到省会的距离			0.076 (0.067)	0.025 (0.044)
F 值	15.91***	17.43***	14.78***	16.18***

注：因变量为人均 GDP 的自然对数值；括号内的值为聚类在县域层面的稳健性标准误；所有回归均控制了县域和年份固定效应；过度识别检验报告了 Sargan-Hansen 统计量；奇数列和偶数列中的其他控制变量分别与表 8-3 中的第（3）和第（5）列相同；**、*** 分别表示 5%、1% 的显著水平。

三 异质性分析

人们可能想知道，高铁对人均 GDP 的负面影响在市辖区和县、县级市之间是否存在差异。为了检验这种异质性，我们在表 8-6 中报告了子样本的估计结果。由于高铁线路的建设是为了缩短中心大城市之间的出行时间，我们首先剔除来自省会城市的数据，以检验高铁的负面影响是否保持不变。倍差法（DID）和工具变量法（DID-IV）结果［分别为第（1）和第（2）列］表明，相对于全部数据的估计结果［见表 8-3 第（3）和表 8-5 的第（3）列］，此时高铁连通的负效应约高 3%。这种差异可能意味着，中心城市从高铁连通中获益或者受损更小。表 8-6 第（3）至（6）列报告了地级市的县、县级市和市辖区数据的估计结果。我们发现，高铁对人均 GDP 的负面影响，尽管在市辖区估计系数更大，但是在县和县级市影响更具统计显著性。

表 8-6　　子样本下的异质性分析

	（1）	（2）	（3）	（4）	（5）	（6）
	DID	DID-IV	DID	DID-IV	DID	DID-IV
	剔除省会城市		县和县级市		市辖区	
高铁连通 ($t-1$)	-0.116*** (0.037)	-0.127** (0.054)	-0.086** (0.022)	-0.080** (0.037)	-0.167* (0.091)	-0.225 (0.141)

续表

	(1)	(2)	(3)	(4)	(5)	(6)
观测值	1921	1921	1559	1559	362	362
县域数	197	197	160	160	37	37
过度识别检验	—	2.254	—	2.046	—	2.184

注：因变量为人均 GDP 的自然对数值；括号内的值为聚类在县域层面的稳健性标准误；所有回归均控制了县域和年份固定效应；其他控制变量与表 8-3 第（3）列相同；偶数列所用的工具变量与表 8-5 第（3）列相同；所有列都删除了省会城市的观测值；*、**、*** 分别表示 10%、5%、1% 的显著水平。

四 稳健性检验

之前的估计使用的变量是以名义值表示，一方面是因为没有县级价格平减指数，而研究的各省份在这些指标上没有太大的差别，另一方面是因为在倍差法估计中已经控制了年份固定效应，有助于减少物价的影响。由于长三角是一体化程度较高的地区之一，该地区的县域有类似的通货膨胀变化，那么年份固定效应已经控制了通货膨胀因素。为了检验使用实际值是否会改变估计结果，我们将 2005 年作为基准年，并将名义变量用各省份的 CPI 平减成真实值。表 8-7 第（1）和第（2）列结果显示，调整之后高铁连通的估计系数几乎没有发生变化。表 8-7 前两列结果说明年份固定效应可以有效控制物价因素。

另一个稳健性检验是安慰剂检验。为此，我们构建虚假的高铁连通变量。具体来说，我们将连通高铁的时间向前移动了 4~7 年。因为这样的高铁连通在现实中并不存在，所以预测估计结果会不具统计显著性。从表 8-7 第（3）至（6）列可以看出，在那些没有高铁连通的观测值中，虚构的高铁连通变量对人均 GDP 都没有显著影响。

因此，各种估计结果和稳健性检验均证实，高铁连通降低了当地的人均 GDP。该研究结果与使用其他传统交通数据得到的研究结果一致，如公路（Faber，2014）、铁路（Hodgson，2018）和高铁（Banister and Berechman，2001；Qin，2017）。这为交通改善会引起区域经济极化的观点，即 Hodgson（2018）所称的集聚阴影，提供了新的证据。

表 8-7　　　　　　　　　剔除价格因素和安慰剂检验

	（1）	（2）	（3）	（4）	（5）	（6）
高铁连通（$t-1$）	-0.085** (0.035)	-0.092** (0.045)				
高铁连通（$t+7$）			0.031 (0.021)			
高铁连通（$t+6$）				-0.022 (0.018)		
高铁连通（$t+5$）					-0.007 (0.015)	
高铁连通（$t+4$）						0.012 (0.016)
观测值	2060	2060	537	706	864	1015
县域数	211	211	190	190	190	190
过度识别检验		4.242				

注：因变量为人均 GDP 的自然对数值；括号内的值为聚类在县域层面的稳健性标准误；所有回归均控制了县域和年份固定效应；第（1）和第（2）列所用的工具变量与表 8-5 第（3）列相同；** 表示 5%的显著水平。

第四节　影响机制分析

本节探讨高铁连通抑制当地经济的两种机制：人口迁移和产业结构调整。我国长期维持着二元经济结构，城乡收入差距巨大（Gao et al., 2014）。高铁导致进入中心城市的成本大幅降低，带来信息的快速流动和知识扩散。因为中心城市拥有最先进的资源，如教育、经济和文化，和更大、多样化的需求，高铁促使外围地区的劳动力流出至中心城市。由于外流的劳动力通常比留下的劳动力具有更高的人力资本，高铁连通将降低农村和外围地区的人均 GDP 水平。

随着高铁连通带来的人口和信息的迁移，产业也在重组。例如，Shao 等（2017）利用长三角地区的数据发现，高铁促进了生产性服务业的集聚，尤其是铁路沿线的中小城市。Faber（2014）利用我国国家干线的公路数据还发现，公路网的连通降低了外围县域的 GDP 增长，这是由工业产出增长的减少所驱动。Qin（2017）考察了我国铁路的提速，发现铁路速度的提高降低了人们的交通成本,使经济活动从外围县域转移到中心城市。因此,产业结构调整也是导致高铁不利于外围地区经济增长的原因之一。

表8-8的A栏报告了高铁连通对人口增长的影响,即人口自然对数的一阶差分。结果显示,高铁连通对人口增长有着显著的负面影响,且对县和县级市的负面影响大于对市辖区的负面影响。其中,高铁连通使连通的县域人口增长率下降6.3%,地级市人口增长率下降5.6%。使用所有数据得到的高铁连通效应略大于不包括省会城市时的结果,也表明高铁连通的人口极化效应大于人口扩散效应。这一机制与基于中国市辖区(Deng et al., 2019)和日本新干线(Sasaki et al., 1997)的实证研究一致。

表8-8　　　　　　　高铁连通影响人均GDP水平的机制

变量	(1) 所有数据	(2) 剔除省会城市	(3) 县、县级市	(4) 市辖区
A栏:人口增长			
高铁连通($t-1$)	-0.060*** (0.023)	-0.061** (0.024)	-0.063* (0.036)	-0.056* (0.030)
观测值	1856	1731	1399	332
县数	211	197	160	37
过度识别检验	3.365	3.283	1.798	3.283
B栏:第二产业份额			
高铁连通($t-1$)	-1.836 (1.118)	-2.608** (1.069)	-2.759** (1.315)	-1.495 (1.544)
观测值	2067	1928	1559	369
县数	211	197	160	37
过度识别检验	4.222	4.352	3.525	2.345
C栏:城市化			
高铁连通($t-1$)	-0.518 (1.162)	-0.502 (1.361)	-0.968 (1.697)	0.275 (1.391)
观测值	1504	1385	1037	348

续表

	（1）	（2）	（3）	（4）
县数	158	146	110	36
过度识别检验	1.271	0.860	1.555	1.854

注：因变量为人均GDP的自然对数值；括号内的值为聚类在县域层面的稳健性标准误；所有回归均控制了县域和年份固定效应；A栏和C栏的其他控制变量包括固定资产投资和公共支出；B栏的控制变量包括经济活力和人口密度；第（3）和第（4）列数据不包括省会城市；工具变量同表8-5第（3）列；*、**、***分别表示10%、5%、1%的显著水平。

B栏报告了高铁连通对产业结构调整的影响。结果发现，高铁连通使县域第二产业的份额减少了2.8%左右。这一发现与现有文献一致（Faber，2014；Percoco，2016；Shao et al.，2017），表明高铁连通确实通过减少第二产业和增加其他产业来重塑产业结构。尽管没有报告，我们还估算了高铁连通对其他两个产业——农业和服务业份额的影响，发现高铁连通提高了市辖区的农业产业份额和县、县级市的服务业份额。外围地区通过高铁进入中心城市后，可以发展其在第一产业以及与交通相关的或生产性的服务业方面的优势（Percoco，2016；Shao et al.，2017）。由于我国的GDP长期以第二产业为主，这种产业结构调整可以解释高铁对人均GDP的抑制作用。

C栏检验了高铁连通是否会通过本地效应导致经济扩散，正如城市经济学家所认为的那样，可达性的改善有助于提高外围地区的城市化和房价（Alonso，1964；Baum-Snow，2007；Muth，1969；Shao et al.，2017；Zheng and Kahn，2013）。结果表明，高铁对长三角县域城市化的促进作用不显著。该结果与Faber（2014）的结果一致，即国家高速骨干网没有产生加快城市化这种形式的本地效应。

第五节　结论

本章利用长三角县域面板数据，估计高铁连通对地方经济的影响。倍差法和工具变量法都表明，连通高铁会导致人均GDP在长期中下降约10%。进一步研究发现，高铁会导致外围地区的人均GDP下降幅度更大。本章的研究结果为新经济地理提供了新的证据，即交通成本降低具有极化效应。本章还证实了高铁连通阻碍地方经济的两种机制：高铁连通促进了人口从外围地区向中心城市迁移，降低了有高铁连通县域的第二产业份额，从而阻碍了当地经济的发展。因此，本章提供了交通如何快速重塑空间经济的证据，研究结果表明在长三角地区高铁的区域经济极化效应大于分散效应。

  有几点需要注意：第一，高铁连通的目标是缩短大城市之间的通行时间，许多高铁列车并不在县站停靠。但是，我们没有分析高铁列车停站频率的影响。第二，高铁比其他客运列车更昂贵。因此，相对于非技术工人而言，从农村到中心城市的迁移对技术工人更具吸引力，但本章并没有根据他们的技能水平来研究高铁对不同子样本的影响。第三，高铁改善了与中心城市的交通，因此可能抑制本地消费（第十一章将对此进行分析）。例如，它使县城的居民能够前往中心城市的现代化医院享受先进的医疗保健，降低了对当地医疗服务的需求。第四，高铁取代了公共汽车等其他客运交通工具，后者往往由当地企业运营，为当地经济发展创造就业和收入。这种替代效应可能是巨大的，因为高铁线路是由国家铁路局在中心城市的机构进行运营。第五，本章的研究结果表明，在长三角的省会等中心城市可能在高铁连通中受益更多或受损最少，而外围地区遭受损失。但是，这并不是一个确定的结论。因为本章的数据仅来自长三角地区。有效评估高铁在促进中心城市经济发展的作用，还需要使用更大的数据集，包括更多连通和不连通高铁的中心城市和县域。第六，我们没有提供高铁连通对人均 GDP 更长期影响的证据。此外，还需要更具体的微观层面数据来评估高铁连通如何对中心和外围区域之间的人口和产业进行重塑。这些局限将是未来研究的主题。即便如此，本研究提醒了外围地区的地方政府，应该谨慎看待高铁能够刺激当地经济发展的观点。

第九章 高铁与南北经济差距：以京沪、京广高铁为例*

内容提要：本章探讨南北向主干高铁是否会扩大中国南北经济差距。通过构建 2005~2016 年间 283 个城市的面板数据，研究发现随着京沪、京广高铁的开通，南北经济差距扩大了近 8%。进一步分析显示，人口、固定资产投资、公共支出以及第二产业与第三产业的相对规模等方面的南北差距也有所扩大。上述结果表明，长距离主干高铁带来的快速交通改善加剧了大范围的区域经济不平等。

第一节 引言

我国存在着巨大的区域发展差距，主要表现在沿海省份与中西部地区之间的差距。我国较少被讨论的地区差距之一是持续了几十年、最近还在不断扩大的南北经济差距。[①] 改革开放以来，南方 GDP 占全中国 GDP 的比重不到 60%，但在过去十年，根据国家统计局 (https://data.stats.gov.cn/easyquery.htm?cn=E0103) 的数据，南方 GDP 占全国 GDP 的比重不断上升，到 2021 年达到 65%。有不少文献探讨了造成这种区域差异的各种因素（G. Chang et al., 2013; Cörvers and Mayhew, 2021）。但鲜有文献直接研究交通基础设施对于形成上述差距的作用，尤其是像南北差距这种大范围的区域经济发展差距。因此，本章将我国的南

---

* 本章内容发表信息如下：Gao, Yanyan, Shunfeng Song, and Jun Sun, "Do Backbone High-Speed Rails Widen the North-South Gap in China?" *The Chinese Economy*, Vol. 57, No. 2, 2024, pp. 83~101. 有删改。

① 中国大陆的南部和北部地区主要以秦岭和淮河为分界线。

北经济差距与 2011 年和 2012 年主干高铁线的开通联系起来。

的确，许多文献实证研究了公路和铁路的空间分布效应（Hornung, 2015; Donaldson and Hornbeck, 2016; Hodgson, 2018; L. Dong et al., 2021; Baum-Snow, 2007; Duranton and Turner, 2012）。关于高铁开通的影响，一类文献表明，高铁对周边地区的经济增长作用有限、没有作用甚至产生阻碍作用，这意味着高铁具有区域经济极化效应。基于日本（Sasaki et al., 1997）、欧洲（Vickerman, 2015）、韩国（Kim and Sultana, 2015）和我国（Qin, 2017; Gao et al., 2020; Yu et al., 2019; C. Wang et al., 2020）的国别研究对这些效应进行了异质性分析。这支文献还证实，高铁会导致人口外流，尤其是技术型人口外流，并减少外围地区的固定资产投资和工业份额。

其他文献则表明，高铁有助于将经济从中心城市分散到与其相连的外围地区。换句话说，高铁促进了就业和人口增长（Chen and Haynes, 2017; Garcia-López et al., 2017; Jin et al., 2020; Kim, 2000），同时增强城市可达性和人口流动（Jiao et al., 2020）、增加固定资产投资（Diao, 2018），促进服务业发展（Shao et al., 2017）。其中，部分研究进一步发现存在显著的异质性效应，即发现大城市和中心城市从高铁中获得的好处要大于小城市和边缘城市（M. Jin et al., 2020）。这说明，尽管高铁总体上具有积极效应，但仍可能同时扩大空间经济差距。综上，虽然高铁对中国地方经济的总体效应尚无定论，但高铁产生的空间分布效应有利于大城市和中心城市。

研究高铁对中国南北经济差距影响的文献很少。与本研究高度相关的是 Wang 等（2022）的论文，但该研究仅考察了高铁对南北方劳动力市场的影响。结果发现，与北方相比，高铁开通增加了南方劳动力的数量，但没有提高南方劳动力的质量。我们从两个方面扩展了他们的研究。首先，我们估计了主干高铁而非所有高铁开通的影响。与非主干高铁线相比，京沪和京广等主干高铁连接了更多的城市，班次更多、运行速度更快，从而提供了更便捷的列车服务，使其所连接城市的交通得到了更大的改善。因此，与其他高铁线相比，南北主干高铁的开通可以对我国南方和北方的劳动力市场产生更显著的配置效应。其次，我们研究了主干高铁对城市经济总量而非劳动力市场南北分化的影响。虽然劳动力市场效应是影响经济总量差距的重要驱动因素，但主干高铁是否对近期我国不断扩大的南北发展差距具有促进作用，目前仍不得而知。

主干高铁如何影响南北经济差距？虽然缺乏直接的实证研究，但现有理论和实证研究都提供了一些分析线索。首先，无论是新经济地理学（Fujita et al.，2001）还是城市经济学（Alonso，1964；Muth，1969），都可以预测城市的经济极化和分散效应。运输成本的降低可使生产活动集中在更少的地区，进而通过提高规模经济而降低平均成本（Krugman，1991）。换句话说，交通改善带来的贸易和旅行成本的降低可能会使区域经济两极分化，从而形成"核心—外围"的空间结构。然而，中心城市的房价通常较高，因此生活和贸易成本也较高。降低交通成本也会使一些中心城市的经济分散到公路和铁路连接的周边地区（Duranton and Turner，2012；Redding and Turner，2015）。前文介绍的实证研究提供了详细的证据，同时支持了两种似乎相反的理论预测。

其次，由于主干高铁增强了地区之间的可达性，我们基于现有理论和实证研究来假设南北延伸的主干高铁线的开通将如何重塑南北经济差距。一方面，主干高铁可以将中心城市或发达地区拥挤的经济分散到外围城市和欠发达地区。这种分散力量表明，中国北方城市可以从主干高铁线中获益，获得南方城市的正向溢出效应。另一方面，鉴于南方城市在气候、治理水平、市场化程度、贸易开放度等方面的现有优势，主干高铁会加速人口从北方流出，尤其是有能力的人的外流，因为在南方城市工作比留在北方能获得更高的技能回报。这种人才外流会进一步强化南方相对于北方的优势。当然，这种极化力量会扩大我国的南北经济差距。综上所述，主干高铁对南北经济差距的净影响取决于上述两种力量的大小。

为了估算高铁带来的南北经济差距，我们比较了在第一条南北延伸的高铁线路——京沪高铁——开通前后南北方城市的 GDP 和人均 GDP 差距。为此，我们构建 2005~2016 年间 283 个地级市面板数据。通过将研究时间限定在 2016 年，我们排除了东西向延伸的高铁——沪昆高铁（于 2016 年年底开通）对区域经济的影响。基准回归结果显示，随着 2011 年京沪主干高铁的开通，南方城市的 GDP 和人均 GDP 增长速度均快于北方城市。

我们采用事件研究来分析主干高铁开通前后经济差距的动态效应，并进行稳健性检验。研究结果表明，南北走向的主干高铁扩大了南北经济差距。而且，该差距随着第二条南北主干高铁——京广高铁的开通而加速扩大。但是，北方城市与广东省城市的差距在缩小，但与中部城市的经济差距在扩大。

为了证实上述发现，我们探讨了京沪和京广高铁开通对经济增长的四个决定因素，即人口、固定资产投资、公共支出，以及服务业与第二产业之比的影响。结果显示，南北主干高铁开通后，上述四个方面的南北差距也在扩大。这些结果表明，南北主干高铁通过这些增长要素变量扩大了南北经济差距。

本章的研究贡献有如下两个方面。首先，我们补充了研究交通基础设施空间分布效应的实证研究，表明交通的改善会导致大范围的空间经济分布效应。其次，我们的研究结果丰富了探究中国经济南北差距成因的文献。现有文献主要用文化差异（Talhelm et al.，2014）、制度环境和发展模式（周民良，2000）、市场化改革（盛来运等，2018）、产业结构（周民良，2000；盛来运等，2018）等因素来解释这种差距。本研究进一步认为，高铁以及由此带来的交通改善也会在扩大南北经济差距方面发挥着重要作用，为理解我国南北经济差距提供了新视角。

第二节 研究背景

一 南北高铁干线

根据国家发展和改革委员会发布的《中长期铁路网规划》，我国政府规划了"四纵四横"铁路客运专线通道，以连接省会城市和大中型城市。① 这里重点关注"四纵"中的两条主干线，即京沪高铁和京广高铁。虽然首条高铁开通于2008年，但其连接的都是相对较小区域内的城市。例如，京津城际高铁连接了我国北方的两个特大城市。2011年6月30日，连接北京和上海的第一条纵向通道京沪高铁开通。2012年12月26日，随着京广高铁的第三段——北京至郑州段投入使用，第二条南北通道——京广高铁也宣布开通运营。到2021年1月1日，我国已完成"四纵四横"骨干高铁建设（详见附录表9-A1）。

我们所关注的两条主干高铁对区域经济有着重要的影响，连接着我国南北方的经济中心。京沪高铁全长1318公里，在东部八省的19个城市设有23个站点。最高时速达350公里，从北京到上海的旅行时间缩短至4小时18分钟，而乘坐普通快速列车则需要13个多小时。京广高铁是世界上最长的铁路，全长2298公里，班次最多，客流量最

---

① 参见国家发改委2008年10月8日发布的文件《中长期铁路网规划》，https://www.ndrc.gov.cn/xxgk/zcfb/qt/200906/W020190905544996836255.pdf。

大。它连接了中国南北四大区域经济，即京津冀经济圈、华中城市群、长江中游城市群和珠三角地区。全线共设41个站点，运营时速最高可达350公里。因此，最快的高铁仅需7小时37分钟，约为普通快速列车旅行时间的三分之一。据《中国日报》2022年12月26日报道，过去十年间，京广高铁累计运送旅客16.9亿人次，[1] 京沪高铁共运送旅客13.5亿人次。[2]

京广、京沪高铁因其快速、舒适的交通服务，已成为游客在沿线城市间旅行最受欢迎的交通工具。虽然乘坐高铁的费用比普通火车高，但高铁速度更快，可以大量节省时间。此外，由于机场距离市中心更远，高铁比飞机更方便。与按距离收费的高速公路相比，高铁还能提供更便宜、更舒适的交通服务。此外，京沪、京广等主干高铁的班次更多、运行速度更快，能提供更便捷的服务。因此，与非主干高铁相比，主干高铁对其连接城市带来更大的交通改善。由于这两条南北延伸的骨干高铁连接了许多中心城市，它们比其他高铁运送更多的乘客，从而能够实现可观的利润。[3]

二 南北经济差距

中国的南北经济差距是一个长期存在的经济现象，但在过去十年中不断扩大。中国古代百姓主要居住在河南、山西、陕西等中部地区，也就是现在的华北地区。到了五代时期（907~960年），由于北方各王朝之间的战争不断，国家经济中心开始向南方转移；在宋朝（960~1279年）南方地区的经济全面超越了北方地区，我国的经济中心就转移到了东南地区（郑学檬，2003）。当时有一种说法，即"苏湖熟，天下足"。

尽管在计划经济时期（1949~1978年）南北经济差距较小，但随着1978年中国向市场经济转型，南方城市的GDP超过了北方，占比为53.42%（周民良，2000）。这种南方优势从2011年开始增加，到2021年达到65%左右，是北方地区的1.84倍（见表9-1）。同时，南方省份的人口也多于北方，占全国的比重从2003年的58.1%增至2021年的

---

[1] 详见https://baijiahao.baidu.com/s?id=1753244091798247208&wfr=spider&for=pc。
[2] 详见https://www.163.com/dy/article/GDP7CIOE0519DFFO.html。
[3] 例如，京沪高铁连接的地区总人口约占全国总人口的27%，人口超过百万的城市11个，每天共开行568次列车。该路于2015年实现净利润65.8亿元，2019年增加到95亿元，成为全世界最赚钱的高铁线。详见https://en.wikipedia.org/wiki/Beijing%E2%80%93Shanghai_high-speed_railway。

59.57%。因此，南方人口是北方人口的 1.47 倍。此外，我们还观察到人均国内生产总值的南北差距，在 2003 至 2021 年期间从 1.07 增加到 1.25。南北经济差距的扩大已成为社会关注的热点之一，也是制约我国区域经济协调发展的首要问题（杨明洪等，2021）。

鉴于南北差距的扩大与主干高铁的开通同时发生，本章通过比较京沪高铁开通前后南方和北方城市的经济差异，来研究主干高铁的开通是否加剧了地区发展差距。

表 9-1　　各地区 GDP 和人均 GDP 以及华南地区的相对规模

年份	2003	2006	2011	2016	2021
南方城市 GDP（十亿元）	8224.01	13121.37	29814.71	47587	73670.42
北方城市 GDP（十亿元）	5530.83	8976.03	19327.28	27507.86	40103.92
全国 GDP（十亿元）	13754.84	22097.4	49141.99	75094.86	113774.34
南方人口（百万）	744.76	751.93	782.88	818.33	840.36
北方人口（百万）	537.14	543.3	563.99	571.7	570.24
全国人口（百万）	1281.9	1295.23	1346.87	1390.03	1410.6
南方 GDP 的比例（%）	59.79	59.38	60.67	63.37	64.75
南方人口比例（%）	58.10	58.05	58.13	58.87	59.57
南方 GDP/北方 GDP	1.49	1.46	1.54	1.73	1.84
南方人口/北方人口	1.39	1.38	1.39	1.43	1.47
南方人均 GDP/北方人均 GDP	1.07	1.06	1.11	1.21	1.25

数据来源：国家统计局（https：//data.stats.gov.cn/easyquery.htm?cn=E0103）。

第三节　研究设计

一　基准模型和变量

为了研究南北经济差距如何随着南北主干高铁的开通而发生变化，我们建立了以下实证模型：

$$GDP_{it} = \beta\, South_i \times After_t + \sum_t \delta_t X_0 \times D_t + \theta_t + \eta_i + \varepsilon_{it} \qquad (9-1)$$

其中，GDP_{it} 是第 i 个城市在第 t 年的经济结果变量，$South_i$ 是表示城市是否位于我国南方的时变虚拟变量，$After_t$ 是表示第一条南北向主干高铁开通年份的时间虚拟变量。X_0 是初始年份 2005 年的变量向量，D_t 是年份虚拟变量。通过添加初始社会经济变量与年份虚拟变量的交互作用，我们可以控制每个城市经济结果及其决定因素的初始差异。控制这些初始条件并允许它们随年份变化，而不是直接控制同期变量，可以避免"坏的控制变量"问题。θ_t 和 η_i 分别为年份和城市固定效应。ε_{it} 是随机误差项。β 反映了随着主干高铁的开通，南方城市相对于北方城市的经济结果的变化。显著为正的 β 估计系数表示随着南北高铁的开通，南方城市与北方城市之间的经济差距扩大。我们把标准差聚类在城市层面，以允许模型误差在城市内部相关。

结果变量是用城市 GDP 和人均 GDP 度量的城市经济产出。我们还使用夜间灯光强度来重新度量城市经济产出，以进行稳健性检验。如果一个城市的中心点位于秦岭—淮河线以南，则 $South$ 的值为 1，否则为 0。在京沪高铁开通的 2011 年及以后，$After$ 的取值为 1，否则为 0。初始协变量（用 X_0 表示）首先包括 2005 年（数据集的第一年）的结果变量。根据之前关于南北经济差异和总体经济增长原因的研究（周民良，2000；盛来运等，2018；杨明洪等，2021；郑学檬，2003）。我们还考虑了固定资产投资、第三产业 GDP 与第二产业 GDP 之比、外商直接投资（FDI）、从业人员数量、公共支出、平均房价、地表平均起伏程度和大学生人数等变量。通过这些初始协变量，我们可以捕捉到中国城市在经济总量、产业结构、劳动力、财政能力、生活成本、地理条件和人力资本等方面的初始差异。在稳健性检验中，我们加入了更多的城市协变量，如其他高铁连接和其他区域政策。

二 数据来源

我们合并了几组数据进行实证研究。第一组数据涉及城市层面的变量。我们从《中国城市统计年鉴》中收集数据，其中包括 GDP 和人均 GDP 以及所有城市层面的初始控制变量。地表平均起伏程度数据来源于 You 等（2018）。中国城市的夜间灯光强度数据来自中国研究数据服务平台（CNRDS）。用于稳健性检验和异质性效应分析的其他变量由作者通过在线搜索获得（所有变量和数据来源详见附录表 9-A2）。我们构建了 2005~2016 年的面板数据，包括来自中国 283 个地级及以上城市共 3396 个观测值。由于 2005 年作为初始年，此年的控制变量也包括结果变量，故使用 2006~2016 年的数据进行实证研究。

三 描述性分析

表9-2报告了主要变量的描述性统计,其中A栏为所有城市,B栏分北方和南方城市。B栏显示,虽然南方城市的GDP高于北方城市,但其人均GDP却低于北方城市。然而,我们并没有发现,在初始年北方城市和南方城市在两个结果变量以及所有其他城市协变量方面存在着显著差异,只有FDI变量在南方城市更大。这些统计数据表明,虽然在我们的研究范围内,北方和南方城市在经济结果变量上存在显著差异,但在2005年,它们在大多数初始条件上并不存在显著差异。

表9-2　　变量的描述性统计

A栏:	所有城市				
变量	观察值	平均值	标准差	最小值	最大值
GDP	3396	6.861	1.014	3.804	10.246
人均GDP	3396	10.228	0.739	7.782	12.456
South× After	3396	0.251	0.434	0	1
2005年的变量					
GDP	283	6.037	0.924	3.804	9.132
人均GDP	283	9.422	0.651	7.782	11.391
固定资产投资	283	14.416	0.953	12.594	17.383
第三产业与第二产业之比	283	0.904	0.650	0.126	9.482
FDI	276	8.543	2.185	1.386	13.437
从业人员数量	283	3.347	0.780	1.456	6.778
公共开支	283	12.968	0.773	10.806	16.617
平均房价	283	7.316	0.441	6.446	8.853
地表起伏度	283	0.680	0.757	0.001	3.814
大学生人数	283	9.528	2.480	0	13.449
B栏:	北方城市		南方城市		平均差异 (1)-(2)
变量	观察值	平均值(1)	观察值	平均值(2)	

续表

A 栏：			所有城市		
GDP	1692	6.801	1704	6.921	-0.120***
人均 GDP	1692	10.259	1704	10.197	0.062**
2005 年的变量					
GDP	141	5.988	142	6.084	-0.096
人均 GDP	141	9.458	142	9.386	0.072
固定资产投资	141	14.4	142	14.432	-0.032
第三产业与第二产业之比	141	0.905	142	0.903	0.002
FDI	136	8.059	140	9.014	-0.954***
从业人员数量	141	3.378	142	3.316	0.062
公共开支	141	12.933	142	13.003	-0.07
平均房价	141	7.291	142	7.341	-0.05
地表起伏度	141	0.711	142	0.649	0.062
大学生人数	141	9.386	142	9.669	-0.284

注：除交互项、第三产业与第二产业的比例和地表起伏程度外，所有变量均为自然对数值。** 和 *** 分别表示 5% 和 1% 的显著水平。

图 9-1 显示了南北方城市经济结果变量的变化趋势。图 A 显示，在京沪高铁开通之前，城市 GDP 的均值在南北之间趋势相同，且北方城市的 GDP 小于南方城市，但随着南北向骨干高铁的开通，南北 GDP 差距不断扩大。图 B 显示了研究期间人均 GDP 的变化趋势。在 2014 年之前，北方城市的人均 GDP 对数平均值高于南方城市，但这一差距在 2011 年开始缩小，并在 2015 年出现逆转。这一结果表明，相对于北方城市而言，京沪高铁的开通更加有助于提高南方城市的人均 GDP，并开始拉大南北经济差距。[①]

---

① 图 9-1 的 B 组与表 9-1 的结果并不矛盾，后者显示北方的人均 GDP 低于南方。这其中有两点不同。首先，面板 B 显示的是人均 GDP 对数平均值的变化趋势，而表 B2 中的人均 GDP 是北方（南方）GDP 之和除以北方（南方）人口之和。其次，北方和南方城市是以其中心点来定义的，而不是表 9-1 中简单地以省份来定义。然而，通过与表 9-1 相同的方式绘制趋势图，即北方（南方）国内生产总值之和除以北方（南方）人口之和，我们发现与表 9-1 一致的结果是北方人均国内生产总值低于南方人均国内生产总值。

A.城市GDP的趋势

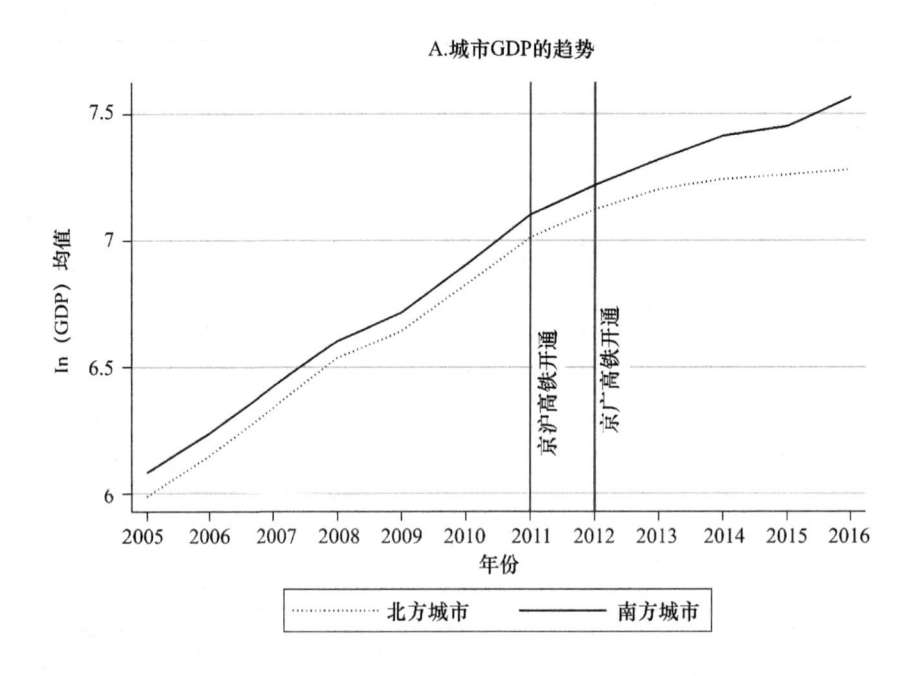

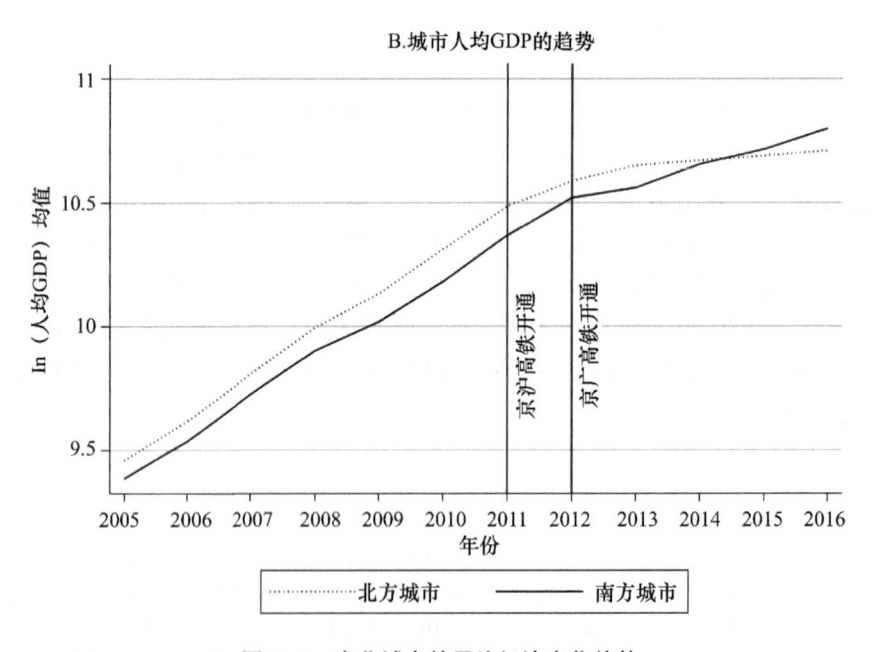

B.城市人均GDP的趋势

图 9-1　南北城市的平均经济变化趋势

资料来源：作者根据《中国统计年鉴》数据计算绘制。

第四节 实证结果

一 主要结果

表 9-3 报告了骨干高铁开通对南北经济影响的主要结果。[①] 第（1）至（3）列是关于城市 GDP 的结果，其他列是关于城市人均 GDP 的结果。第（1）列和第（4）列的结果不含控制变量，第（2）列和第（5）列的结果包含初始 GDP/人均 GDP 与年份虚拟变量的交互项，第（3）列和第（6）列的结果包含所有初始控制变量与年份虚拟变量的交互项。

所有列均显示，随着 2011 年京沪高铁的开通，南北经济差距有所扩大。具体而言，南北方城市的 GDP 差距扩大了 7.5%（$e^{0.072}-1$）至 8.2%（$e^{0.079}-1$），南方城市的人均 GDP 增长比北方城市要快 6%（$e^{0.058}-1$）至 7.3%（$e^{0.07}-1$），证实了南北方城市人均 GDP 差距的不断缩小并最终逆转（图 2-B）。鉴于 2006—2016 年 GDP 和人均 GDP 的均值分别为 1819.31 亿元和 37750 元，第（3）列和第（6）列的估计结果表明，南方城市比北方城市的南北 GDP 差距多增加 136.4 亿元，人均 GDP 多增加 2265 元。因此，我们认为京沪高铁的开通促进了南方城市经济更快的发展，扩大了南北差距。

表 9-3　　　　　　　　　主干高铁与南北经济差距

变量	（1）	（2）	（3）	（4）	（5）	（6）
	Ln（GDP）			Ln（人均 GDP）		
South× After	0.081***	0.085***	0.078***	0.070***	0.059***	0.058***
	(0.017)	(0.016)	(0.017)	(0.019)	(0.013)	(0.016)
常数	6.917***	6.948***	6.956***	10.282***	9.071***	10.298***
	(0.005)	(0.084)	(0.005)	(0.005)	(0.132)	(0.004)
控制变量×年份固定效应	否	国内生产总值×年份固定效应	是	否	人均国内生产总值×年份固定效应	是

[①] 由于京广高铁的开通时间比京沪高铁晚一年，我们在介绍结果时多以京沪高铁开通时间为准。估计的平均南北差距与两条高铁都有关。在异质性效应分析中，我们将分离两条高铁的共同效应。

续表

	（1）	（2）	（3）	（4）	（5）	（6）
城市固定效应	是	是	是	是	是	是
年份固定效应	是	是	是	是	是	是
观测值	3113	3113	3036	3113	3113	3036
R^2	0.979	0.979	0.980	0.967	0.973	0.975

注：括号内的值为聚类在城市层面的稳健性标准误；*** 表示1%的显著水平；控制变量包括人均GDP/GDP、固定资产投资、第三产业与第二产业产值之比、FDI、从业人员数量、公共支出、平均房价、平均地表起伏程度和大学生人数，均为2005年的值。

二 稳健性检验

本节进行稳健性检验，包括控制同时出现的政策变量、剔除偏远省份和中心城市，以及改变相关变量的度量方法。基于此，我们可以消除由其他重要区域政策所导致的城市间发展差距。我们还可以观察主要结果是否在靠近主干高铁的地区、非中心城市以及采用其他经济结果和南方变量时成立。

（一）控制其他区域政策

我们的主要结果表明，南北经济差距随着主干高铁的开通而扩大。有人可能会说，这些结果并不能保证主干高铁对南北差距扩大的影响是一种因果关系，因为其他一些政策可能会混淆这种效应。首先，虽然我们试图用主干高铁的开通来解释南北差距的扩大，但其他非主干高铁也可能造成这种差距。为了解决这个问题，我们加入了与所有其他高铁开通变量的一年滞后期及其与南方变量的交互作用。加入这两个额外控制因素后的回归结果显示，其他高铁连通没有扩大差距，但南北主干高铁的开通仍然扩大了两方面的差距，只是估计值略小［见表9-4第（1）列和第（2）列］。

其次，注意到我国政府于2013年提出了共建"一带一路"倡议（BRI），试图加强"一带一路"共建国家政府和企业之间的区域合作。中国有18个省级行政区积极参与了"一带一路"建设。于是，我们构建了一个有关该倡议的虚拟变量，在2013年之后的年份中，对这18个省级行政区内的城市取值为1，否则为0。为了区分该倡议对南北差距的影响，我们还加入了该倡议虚拟变量与南方虚拟变量的交互项。表9-4第（3）列和第（4）列报告了分离"一带一路"倡议影响的回归结果。结果表明，纳入该区域政策并没有改变前文的主要结论。

最后，中央政府在研究期间还实施了多项环境政策。前两项政策是分别于2007年和2012年启动的污染物排放权和碳排放权交易试点（PTP）。根据这两项试点，11个省级行政区被指定为污染物排放权交易试点地区，8个省级行政区被指定为碳排放权交易试点地区。由于华北地区采取集中供热政策，北方城市居民在冬季能源消耗大，排放更多的空气污染物。由于这些政策有利于污染企业在面对严格的环境规制时采取最佳的污染减排手段，因此可以促进城市经济增长，缩小南北经济差距。表9-4第（5）列和第（6）列的回归结果证实，尽管这两项政策对城市经济有利，但是并没有削弱主要结果。

表9-4　　　　　　　　　　控制其他同期政策

变量	(1) Ln(GDP)	(2) Ln(人均GDP)	(3) Ln(GDP)	(4) Ln(人均GDP)	(5) Ln(GDP)	(6) Ln(人均GDP)	(7) Ln(GDP)	(8) Ln(人均GDP)	(9) Ln(GDP)	(10) Ln(人均GDP)
South × After	0.071***	0.056***	0.056***	0.049***	0.080***	0.060***	0.081***	0.062***	0.061***	0.057***
	(0.016)	(0.016)	(0.017)	(0.016)	(0.017)	(0.016)	(0.018)	(0.017)	(0.016)	(0.018)
附加控制变量	高铁连接，高铁连接×南部		BRI, BRI×南部		PTPs, PTPs×南方		PNGPs, PNGPs×南方		所有地区政策	
控制变量×年份固定效应	是	是	是	是	是	是	是	是	是	是
城市固定效应	是	是	是	是	是	是	是	是	是	是
年份固定效应	是	是	是	是	是	是	是	是	是	是
观测值	3036	3036	3036	3036	3036	3036	3003	3003	3003	3003

注：括号内的值为聚类在城市层面的稳健性标准误；***表示显著性水平为1%；其他控制因素包括人均GDP/GDP、固定资产投资、第三产业与第二产业产值之比、FDI、从业人员数量、公共支出、平均房价、平均地表起伏程度和大学生人数，均为2005年的值。

除试点项目外，我们还考虑了一项突出的能源政策，即管道天然气项目（PNGPs）（Gao and Zheng, 2022）。这些项目将天然气从我国西北部和俄罗斯输送到中部和沿海地区。基于上述试点项目效果的相同原理，这些项目可促进连接城市使用清洁能源，从而促进城市经济增长。由于北方城市冬季能源需求较大，且面临更严格的环境规制，这些可供选择的清洁能源有助于缓解环境规制的不利影响，从而缩小了南北差距。然而，表9-4第（7）列和第（8）列的结果显示，这些项目对主要结果没有太大影响。

在表9-4的最后两列中，我们纳入了上述所有政策，结果发现，纳入这些政策并不会推翻主要结果，而只会导致较小的估计值。这些结果表明，本章的主要结果并不是由同期发生的其他高铁线路、"一带一路"倡议、排放权交易试点和管道天然气工程所导致。

（二）子样本结果

首先，第二组稳健性检验使用靠近主干高铁城市的观测数据。东北、西北或西部等边缘地区远离京沪和京广高铁，因此可能不受这些高铁的影响。我国政府还实施了东北振兴战略和西部大开发战略等区域协调发展政策，支持欠发达地区的经济追赶。也有观点认为，东北地区的经济停滞导致了北方与南方经济差距的扩大（盛来运等，2018）。我们还注意到，东北地区也有一条南北走向的高铁，京哈客运专线。因为这些偏向性的地区政策可能会混淆我们的主要结果，我们排除该地区的城市。

其次，特大城市和省会城市等中心城市通常是主干高铁的连接目标。与其他地级市相比，这些城市通常拥有更好的经济发展资源。剔除这些中心城市后，其余城市与主干高铁连接的外生性更强。使用子样本的回归结果见表9-5。第（1）列和第（2）列显示，剔除中心城市后的估计值略小于基准样本。第（3）至（8）列显示，剔除欠发达外围地区的城市也会产生较小的估计值，大小从0.059到0.082不等。

表9-5　　　　　　　　　　子样本估计结果

	(1)	(2)	(3)	(4)	(5)	(6)	(7)	(8)	(9)	(10)
	排除中心城市		排除中国东北地区的城市		排除中国东北和西北地区的城市		排除中国东北部和西部城市		京沪或京广高铁连接的省内城市	
变量	Ln (GDP)	Ln (人均GDP)	Ln (GDP)	Ln (人均GDP)	Ln (GDP)	Ln (人均GDP)	Ln (GDP)	Ln (人均GDP)	Ln (GDP)	Ln (人均GDP)
South×After	0.074***	0.052***	0.059**	0.063***	0.068**	0.080***	0.076**	0.082***	0.107***	0.073**
	(0.018)	(0.017)	(0.020)	(0.018)	(0.023)	(0.020)	(0.030)	(0.024)	(0.032)	(0.031)
控制变量×年份固定效应	是	是	是	是	是	是	是	是	是	是

续表

	(1)	(2)	(3)	(4)	(5)	(6)	(7)	(8)	(9)	(10)
城市固定效应	是	是	是	是	是	是	是	是	是	是
年份固定效应	是	是	是	是	是	是	是	是	是	是
观测值	2717	2717	2662	2662	2398	2398	1815	1815	1353	1353

注：括号内的值为聚类在城市层面的稳健性标准误。***、** 分别表示1%、5%的显著水平。控制变量包括人均GDP/GDP、固定资产投资、第三产业与第二产业产值之比、FDI、从业人员数量、公共支出、平均房价、平均地表起伏程度和大学生数量，均为2005年的值。中心城市指4个直辖市、27个省会城市和深圳。东北地区包括吉林、辽宁和黑龙江三省。西北地区包括新疆、甘肃、青海、宁夏和内蒙古。西部地区包括广西、云南、贵州、四川、重庆、陕西、新疆、甘肃、青海、宁夏、内蒙古和西藏12个省份。京沪和京广高铁连接的省市包括北京、天津、河北、河南、山东、江苏、上海、湖北、湖南、安徽和广东。

最后，我们将观察对象限定为与京沪高铁或京广高铁相连的省份。如果这些高铁确实起了作用，那么它们对铁路沿线地区南北经济差距的影响应该更大。表9-5第（9）列和第（10）列报告了利用11个与两条高铁相连省份的数据得到的回归结果。不出所料，与主要结果[表9-3第（3）列和第（6）列]相比，我们发现，此时的估计值更大。①

（三）改变变量度量

第三组稳健性检验改变了相关变量的测量方法。我们首先使用按省级消费者价格指数（CPI）平减后的实际结果变量。表9-6第（1）列和第（2）列的结果显示了与表9-3名义值几乎相同的估计值。在表9-6第（3）列和第（4）列中，我们使用平均夜间灯光强度来衡量城市的经济发展水平。夜间灯光强度指数已被广泛用作衡量经济活动的替代变量（Henderson et al., 2018; Henderson et al., 2012; Keola et al., 2015; Elliott et al., 2015; C. Wang et al., 2020）。使用这些数据可以缓解发展中国家的GDP统计质量问题（Martínez, 2022; Clark et al., 2020）。新的回归结果证实了前文主要发现，即随着主干高铁的开通，南北经济差距加大。

最后，我们采用Talhelm等（2014）的定义，基于长江来划分华南和华北。表9-6第（5）列和第（6）列报告了使用新的南方变量的回归结果。

---

① 如果我们将数据限制在由京广高铁连接的省份范围内，估算值将增至约0.13，这表明这条更长的主干高铁产生了更大的效应。

我们再次发现，采用新的定义后，南北方经济差异也随着京沪高铁的开通而扩大，但估计值要小得多。因此，本书的结果通过了各种稳健性检验。

表9-6　　　　　　　　　　改变变量度量方法

变量	(1) Ln（实际GDP）	(2) Ln（实际人均GDP）	(3) 夜间灯光	(4) Ln（1+夜灯）	(5) Ln（GDP）	(6) Ln（人均国内生产总值）
South×After	0.084***	0.063***	0.457***	0.160***		
	(0.017)	(0.016)	(0.064)	(0.016)		
South#×After					0.050***	0.043***
					(0.018)	(0.017)
控制变量×年份固定效应	是	是	是	是	是	是
城市固定效应	是	是	是	是	是	是
年份固定效应	是	是	是	是	是	是
观测值	3036	3036	3019	3019	3036	3036

注：括号内的值为聚类在城市层面的稳健性标准误。*** 表示 1% 的显著水平。#南方指长江以南的南方城市。控制因素包括初始结果变量、固定资产投资、第三产业与第二产业产值之比、FDI、从业人员数量、公共支出、平均房价、平均地表起伏程度和大学生数量，均为 2005 年的值。

三　事件研究结果

这里通过事件研究来了解京沪高铁通车前几年、通车当年和通车后几年南北差距的动态效应。为此，我们建立了以下模型：

$$GDP_{it} = \sum_{j=-6, j\neq -1}^{5} \beta_j South_i \times After_j + \sum_t \delta_t X_0 \times D_t + \theta_t + \eta_i + \varepsilon_{it}$$

(9-2)

其中，j 表示距第一条主干高铁——京沪高铁开通的年数，以京沪高铁开通前一年为基准年。当 $j<0$ 时，j 指 2011 年之前的年份；当 $j>0$ 时，表示 2011 年之后的年份。京沪高铁通车年份 2011 年，此时 $j=0$。

图 9-2 显示了结果，其中图 A 和 B 分别显示了对城市 GDP 和城市人均 GDP 的动态影响。图 A 显示，在 2011 年之前，南、北方城市的 GDP 没有显著差异，但在京沪高铁开通后，差距变为显著为正。图 B 显示了类似的影响，南北人均 GDP 的差距在 2011 年前在缩小，但在 2011 年后

扩大。因此，这些动态效应支持了表2中的主要发现，即主干高铁的建立扩大了中国南北方城市之间的经济差距。①

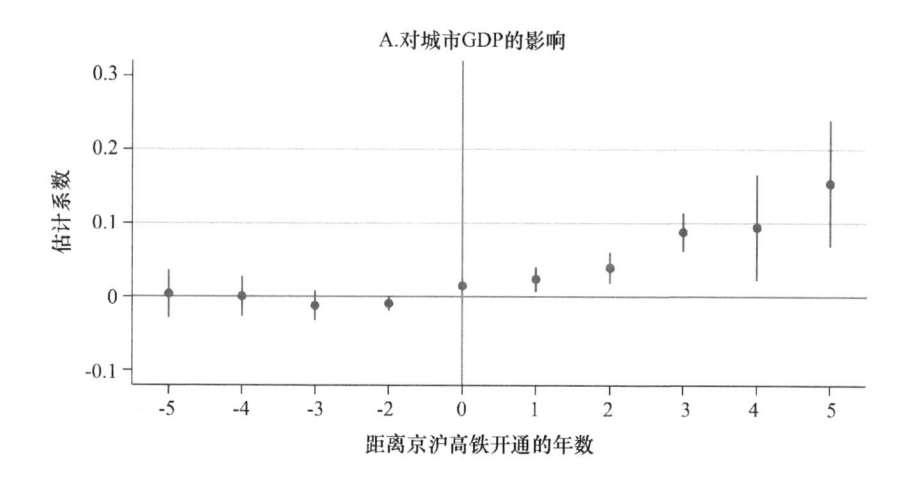

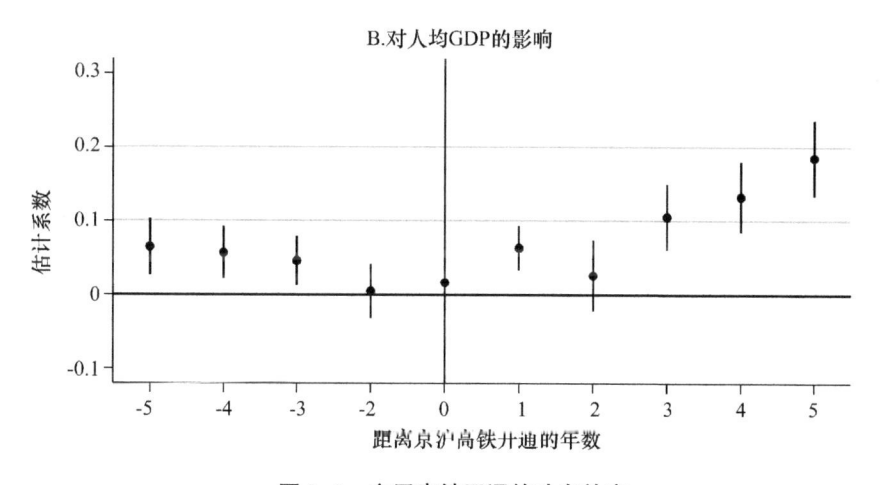

图 9-2 主干高铁开通的动态效应

注：所有估计值都是基于模型（9-2）中得到。点表示估计值，线条表示95%水平的置信区间。控制变量与表2第（3）列和第（6）列相同。

---

① 我们还从两个方面进行安慰剂检验。首先，我们将京沪高铁开通的时间前移，并在2011年之前没有开通主干高铁的年份，在数据中估算其与 South 的交互效应。这导致了与图9-2类似的结果，对GDP的不显著影响，以及对人均GDP负的影响。其次，我们伪造了一个随机的南方变量，并估算了其与"After"对两个结果的交互影响。结果证实，伪造的变量在2011年以后并没有导致更大的南北经济差距。

四 异质性分析

现在探讨几种异质性效应,以研究主干高铁的南北经济分布效应在不同时间、不同地区和不同层级城市的差异。值得注意的是,第二条从北京南下广州的主干高铁——京广高铁,在京沪高铁开通后仅 1.5 年左右也开通了。为了区分京沪高铁的单一效应和京沪高铁与京广高铁的双重效应,我们构建了"After 2012"变量来表示 2013~2016 年。回归结果见表 9-7 第(1)列和第(2)列。我们发现,随着第二条主干高铁的开通,南北差距增加了 8%以上,这表明新增的南北主干高铁线路强化了南北经济差距。

第二个异质性效应探讨了长三角、珠三角所在的广东省以及中国南方其他城市之间的区域效应差异。长三角和广东是中国最发达的地区,分别是京沪高铁和京广高铁的南端。由于这些地区相对于其他南方城市的经济优势,人们可能会认为这些城市从主干高铁中获得的收益高于其他地区的其他城市。然而,表 9-7 中的第(3)列和第(4)列显示,广东省城市从主干高铁中获得的好处低于其他南方城市,但长三角地区城市从中获得的好处并没有更低。这可能是因为京广高铁比京沪高铁运行距离更长,连接了更多省份和特大城市。这些特大城市除广州和深圳外,还包括长沙和武汉,其中的区域经济体有三个,即长三角、长株潭经济圈和武汉城市圈。因此,京广高铁能够将珠三角的部分低附加值产业分散到沿线的其他南方地区,使这些南方地区的经济增长速度快于广东,从而使广东与北方的经济差距相对缩小。这些结果表明,主干高铁在拉大南北经济差距的同时,也将珠三角的经济重新分配到其他南方城市。

然后,我们考虑城市层级带来的异质性效应。众所周知,中心城市由于政治层级更高、经济规模更大而比外围城市拥有更多的资源。以往的研究也发现,高铁服务会在不同层级的城市产生异质性投资效应(Diao, 2018; M. Jin et al., 2020)。交通的改善可能会凸显中心城市相对于外围城市的优势。为了检验主干高铁是否为中心城市带来更多好处,我们将城市分为两组,即中心城市和外围城市。中心城市指 4 个直辖市、27 个省会城市和深圳。其余地级市为外围城市。表 9-7 第(5)列和第(6)列报告了异质性效应的结果。我们发现,正如预期的那样,南方中心城市比南方外围城市从主干高铁中获益更多。

表 9-7 异质性分析

变量	(1) Ln(GDP)	(2) Ln(人均GDP)	(3) Ln(GDP)	(4) Ln(人均GDP)	(5) Ln(GDP)	(6) Ln(人均GDP)
South×After	0.021	0.004	0.084***	0.060***	0.067***	0.049***
	(0.013)	(0.016)	(0.017)	(0.017)	(0.018)	(0.017)
South×After 2012	0.085***	0.080***				
	(0.018)	(0.020)				
广东×After			-0.062**	-0.075***		
			(0.031)	(0.027)		
YRD×After			-0.008	0.053		
			(0.050)	(0.032)		
South×After×中心城市					0.098***	0.079***
					(0.038)	(0.029)
控制变量×年份固定效应	是	是	是	是	是	是
年份固定效应	是	是	是	是	是	是
城市固定效应	是	是	是	是	是	是
观测值	3036	3036	3036	3036	3036	3036

注：括号内的值为聚类在城市层面的稳健性标准误。***、**分别表示1%、5%的显著水平。控制变量包括初始结果变量、固定资产投资、第三产业与第二产业产值之比、FDI、从业人员数量、公共支出、平均房价、平均地表起伏程度和大学生数量，均为2005年的值。

五 主要机制分析

最后，我们探讨经济产出的投入变量是否也会随着主干高铁的开通而展现出南北差距扩大的趋势。鉴于结果变量是GDP，我们使用人口、固定资产投资、公共支出和第三产业与第二产业之比作为GDP的投入或结构性决定因素。这些因素是经济增长理论中广泛认可的经济增长决定变量。先前的研究还表明，高铁通过人口流动（C. Wang et al., 2020; Gao et al., 2022）、投资（Diao, 2018; Qin, 2017）、公共支出（Hernández and Jiménez, 2014）和产业结构（C. Wang et al., 2020; Gao et al., 2020; Shao et al., 2017; Gao and Wang, 2023）等渠道影响区域经济。表9-8报告了以这些渠道变量为结果变量的回归结果。在奇数列中，我们没有控制任何初始条件与年份固定效应的交互作用，但在偶数列中，控制了这些交互作用。结果证实，与北方城市相比，南方城市的人口、固定资产投资和公共支出随着主干高铁的开通而增加［见第（1）列至第（6）列］。同时，北方城市第三产业相对于第二产业比重的增长速度快于南方城市［见第（7）列和第（8）列］。以往的实证研究发现，高铁促进了服务业和农业的发展，但降低了第二产业的比重（Shao et al., 2017; Gao et al., 2020; C. Wang et al., 2020; Gao and Wang, 2023）。在服务业方面，北方的增长速度快于南方，这可能是因为在南方经济体中，服务业所占的比重已经较高。① 因此，与南方相比，北方在高铁开通后快速的去工业化导致那里的 GDP 总量增长相对较低。此外，我们还发现，在对初始条件进行控制和不进行控制的两种规格下，这些影响渠道的结果一致。我们还对这些渠道变量进行了事件研究，结果证实了表 9-8 中的结果，即京沪高铁开通后，这些渠道变量的南北差距也有所扩大（估计值见图 9-3）。

表 9-8　　主干高铁对经济增长主要决定因素的影响

变量	(1)	(2)	(3)	(4)	(5)	(6)	(7)	(8)
	Ln（人口）	Ln（人口）	Ln（固定资产投资）	Ln（固定资产投资）	Ln（公共支出）	Ln（公共支出）	第三产业与第二产业之比	第三产业与第二产业之比
South× After	0.025***	0.024***	0.089**	0.066**	0.115***	0.120***	-0.089***	-0.091***
	(0.007)	(0.009)	(0.035)	(0.033)	(0.020)	(0.020)	(0.023)	(0.021)
控制变量 × 年份固定效应	否	是	否	是	否	是	否	是
年份固定效应	是	是	是	是	是	是	是	是
城市固定效应	是	是	是	是	是	是	是	是
观测值	3113	3036	3112	3035	3113	3036	3113	3036
R^2	0.996	0.996	0.951	0.956	0.949	0.952	0.875	0.903

注：括号内的值为聚类在城市层面的稳健性标准误。*** 和 ** 分别表示 1% 和 5% 的显著水平。控制变量包括初始结果变量、城市 GDP、FDI、地表平均起伏度和大学生人数，均为 2005 年的值。

---

① 根据我们的数据可以计算出，2011 年以前，北方城市第三产业 GDP 的平均占比为 34.8%，比南方城市低 1.81 个百分点。同时，北方城市的第二产业 GDP 平均占比为 51.03%，比南方城市高 3.81 个百分点。但此后，北方城市服务业的增长速度快于南方城市，服务业占 GDP 的平均比重为 37.45%，与南方城市基本持平。与服务业的增长形成鲜明对比的是，2010 年后，北方城市第二产业的平均比重略有下降，降至 49.87%。这也与南方的情况形成鲜明对比，在同一时期，南方的第二产业比重从 47.22% 上升至 49.82%。

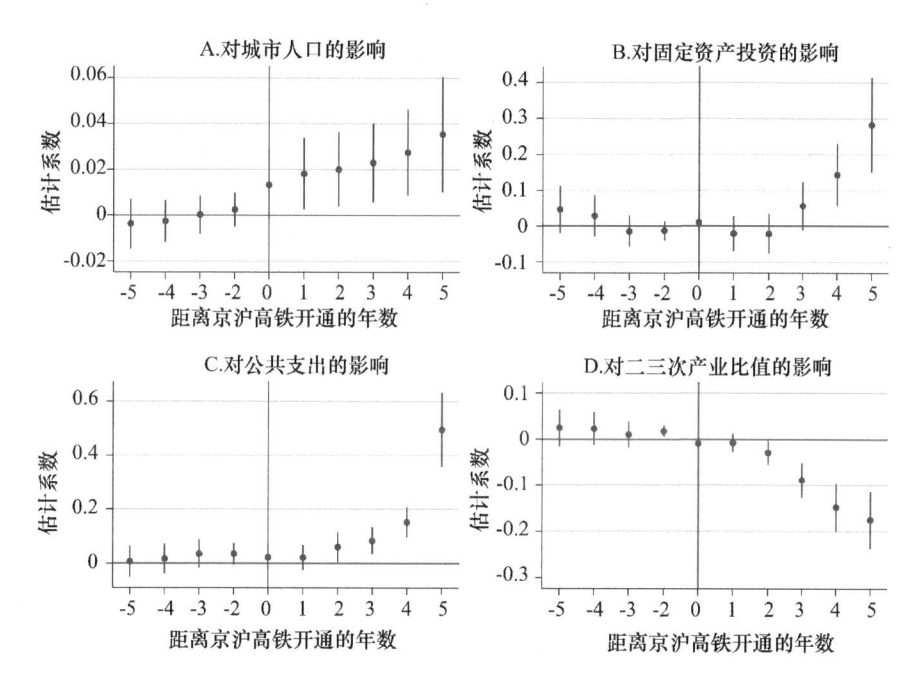

图 9-3　主干高铁开通对南北差距渠道变量的动态影响

注：所有估计值均通过模型（9-2）得出，但以渠道变量为被解释变量。点表示估计值，线条表示 95% 水平的置信区间。控制变量为年份虚拟变量与初始渠道变量、GDP、FDI、平均地表起伏程度、大学生人数的交互项。

第五节　结论

本章研究发现，随着 2011 年和 2012 年两条南北向主干高铁的开通，我国的南北经济差距有所扩大。为了确保这种影响具有因果关系，我们进行了许多稳健性检验和事件研究。我们还发现了一些异质性效应，显示两条南北向主干高铁开通后南北经济差距更大，北方与广东城市的差距相对小于其他南方城市，而北方与南方中心城市的差距更为显著。影响渠道分析表明，人口、固定资产投资、公共支出、第三产业与第二产业之比等方面的南北差距也随着主干高铁的开通而扩大。这些实证结果表明，南北走向的主干高铁是近期中国南北经济分化加剧的原因之一。

我们的研究结果强调主干高铁的大规模区域分配效应。特别是，主干高铁加速了现有的南北经济差距。然而，实证结果并不能得出反对建设长途主干高铁的政策含义。相反,我们的研究表明,如果经济停滞的北方城市能够通过与南方经济的融合,充分利用改善后的交通,那么中国北方将具有良好的发展潜力。例如,北方城市因高校众多而拥有丰富的人力资本;地方政府可以出台政策,促进需要更多技术工人的产业发展。此外,地方政府还可以建立更好的制度环境,鼓励私营企业,发展市场经济。毕竟,南北主干高铁是双向的,南北城市都能从中受益。我们希望,主干高铁所导致的"拉大差距"效应是短暂的,随后能迎来我国南北城市的和谐发展。

第十章　高铁与区域经济格局：
基于现有文献的分析

内容提要：高铁固然方便人口流动和面对面交流，但是，它如何重塑区域经济发展格局？现有研究的初步回答是，高铁带来的交通成本的下降，尽管会显著加速人员流动和促进连锁效应，但不足以改变我国区域经济的基本发展格局。相反，高铁将进一步强化中心城市在区域经济格局中的核心地位，加速大型都市圈经济的形成，及其在全国经济中的主导作用。即便如此，高铁网强化的要素流动有助于提升不同层次的区域经济一体化。

第一节　引言

高铁网的建设大幅缩小了城市间的地理空间距离，缩短了人口流动的时间。那么，由高铁导致的交通条件的改善会如何影响我国区域经济发展格局呢？前文章节也发现，高铁存在着明显的空间经济重塑效应，如对外围地区经济增长的不利影响，对南北经济分化产生推波助澜的作用。但是，这些消极效应是否意味着区域间和区域内部经济一体化水平的下降？在发达国家，高铁又对区域经济格局和发展产生了哪些影响？本章将基于现有研究来回答这些重要问题。对此，我们先从微观层面分析高铁开通的直接效应，包括交通成本的下降、人口流动的增加以及其他连锁效应，然后从宏观视角探讨高铁重塑区域经济发展的理论基础、增长效应、结构效应以及区域经济一体化效应。最后介绍高铁在日本和欧洲对于区域经济格局的影响。最后，我们将概括高铁对我国区域经济格局的影响，并简述外围地区可以从高铁连通中获得的发展机会。

现有文献表明，高铁通过降低交通成本来增强城市的可达性，但是这种可达性更有利于中心城市，也扩大了人口在城市之间的流动。同时，伴随着人口的流动，面对面交流变得频繁，知识、信息和技术将加速流动，社会创新活动不断增加。以此为基础，高铁将重塑区域经济格局。对此，新经济地理和城市经济学给出了看似矛盾、但又可以调和的理论预测。实证文献对高铁与地方经济增长之间的关系得出了截然不同的结论，但是倾向于认同高铁不利于外围地区的经济发展。其中，最主要的原因是，高铁不利于工业的发展。即便如此，高铁有利于区域经济的整合——它加速了要素和产品的流动，强化了区域经济内部和之间的联系，促进了区域经济的专业化、分工和集聚。来自日本和欧洲的证据则表明，尽管高铁促进了人员流动和经济体之间的联系，但是在日本，它强化了区域经济的"中心—外围"的格局，在欧洲，高铁具有更强的分散中心城市拥堵经济的作用。

第二节 高铁重塑区域经济格局的微观机制

与其他跨区域交通工具一样，高铁如能影响区域经济格局，必将通过以下一些微观的直接效应发挥作用。具体而言，高铁降低了客运交通成本，增强了城市可达性，促进了人员流动，并带来了连锁效应：关于要素和产品的信息、知识和技术的更大范围的传播，进而激发社会创新。

一 降低交通成本

相对于公路和普铁，尽管高铁更昂贵，但它大幅缩短了跨区域旅行的时间。特别是对于不超过1000公里的旅行，由于高铁离市区更近，或者直接位于市区，因而是比飞机更好的交通方式。这对于省会城市更是如此。例如，北京和南京的距离超过了1000公里，但是乘坐高铁只需要4个小时左右，最快仅需3小时。由于航班数量较少，机场偏离城市中心，更复杂的安检要求和程序，乘坐飞机往往需要更长的时间。因而高铁是京沪线上旅客的首选跨区域交通工具。高铁显著缩短了跨区域旅行时间。在京沪、京武、武广等高铁主干通道上，1100至1300公里的旅行时间从普铁时代的10至12个小时缩短至高铁时代的3到5个小时（Shaw et al., 2014）。一项基于我国266个地级市数据进行的估计表明，到2014年，高铁的开通使全国铁路旅行的平均时长比2006年缩短了589分钟（近10个小时），在东、中、西和东北地区缩短的旅行时间分别是592分钟、472

分钟、673 分钟和 705 分钟（L. Liu and Zhang，2018）。可以想象，这种时间的节省会随着高铁网的扩展而变得更大。

另一个度量交通设施改善导致时空收缩的指标是各个城市可达性（accessibility）的变化。每个城市的可达性计算为每个目的地城市的吸引力与它和该城市旅行时间之比的加总。其中目的地城市的吸引力采用 GDP 或者人口数量来度量。与 2006 年相比，高铁的开通使 2014 年全国城市的平均可达性增加了 186.2%，可达性差异减少了 0.6%。其中，东、中、西以及东北地区城市可达性分别提高了 187.8%、206.2%、177.7% 和 135.3%（L. Liu and Zhang，2018）。另一项研究则采用平均加权旅行时间度量城市可达性水平，结果发现，从 2009 年到 2016 年，高铁使全国城市可达性平均提高了 12.11%（Diao，2018）。但是，这种可达性改善存在着非对称性。诸如北京、上海、广州、南京、武汉等中心城市由于存在着更多的高铁线路而获得更大的可达性改善（Cao et al.，2013；Shaw et al.，2014），而且高铁给东部发达地区相较于中西部地区获得更大的可达性改善（Diao，2018）。因此，高铁缩短了旅行时间，增强了城市的可达性，从而有效降低了人口跨区域流动的成本。

二 促进人口流动

毫无疑问，高铁导致的交通成本的下降将会加速人口流动。但是，一个值得注意的问题是，不同交通工具在满足出行需求上的可替代性和互补性。尽管高铁更快、更舒适、更准时，但是高铁比普铁更贵，[①] 且在"最后一公里"的便利性和超短途运输上不如私家车和公共交通系统，在长途客运方面不如飞机。当然，一些高铁站建于郊区，甚至远离城市中心数十公里。结果，由高铁带来的城市间可达性改善因高铁站较差的可达性所抵消（Diao et al.，2016）。高铁在 100 至 800 公里的中短途跨区域客运上具有优势，可以替代飞机、普铁和高速公路，但是在 800 公里以上的长途客运上则与航空运输相互补充，在超短途市内客运上与公共交通系统互补（Clewlow et al.，2014；Wan et al.，2016）。一些城际普铁和大巴线路也因高铁的开通而取消。[②] 这一方面意味着，高铁的开通对城市间人口流动的促进作用不那么显著，也意味着这种效应存在着异质性——在基础设施比

---

① 根据的 Lin（2017）测算，高铁的每公里成本是 0.43 元，接近快速普铁成本的 2 倍。
② 在高铁开通之前，我国普铁班次就随着铁路提速而减少。例如，全国每天运行列车班次从 2002 年的 352 对下降到 2007 年的 224 对（Qin，2017）。高铁开通后，国家铁路局停运了更多的普铁班次。

较落后、高铁与现有交通系统具有互补而非替代关系的城市具有更大的影响。

即便存在上述复杂的可能性，大量的证据表明高铁促进了人口的跨区域流动。这对于旅游行业更为显著。在节假日，人们有着超乎寻常的出行需求。高铁方便了城际旅游。由于智能手机的普及，内置于手机的全球定位系统（GPS）使追踪游客在城市之间的流动变得容易。由此形成的假期迁移大数据方便了我们去评估高铁如何促进游客在城市之间流动。基于腾讯迁移大数据所提供的2015~2019年节假日期间每一个城市与其前十流入、流出城市间的热度数据，我们发现，与没有开通高铁的城市相比，开通高铁的城市在"五一"和"十一"黄金周期间每日人口流出和流入的热度指数分别增加0.33%和0.39%。如果城市对中双方都开通了高铁，那么与没有开通高铁的城市相比，其每日人口流出和流入热度要高0.4%和4.5%（Gao et al., 2022）。

另一个需要注意的是，在分析高铁对人口流动的影响时，我们需要区分一下单纯的人口流动和人口的迁移。由于高铁方便了流动，考虑到中心城市更高的房价，居民将更愿意住在高铁连通的郊区。这正是城市经济学对交通改善效应的预测，人口的郊区化（suburbanization）。如果高铁也促进了人口的郊区化，而就业又在城市中心，或者相反，都会进一步增加居民通勤对高铁的依赖，即更多的人口流动。

三 诱致连锁效应

高铁导致的人口加速流动会触发一系列的连锁影响。即便是互联网时代，面对面交流与线上交流功能不同，是不可替代的沟通方式，在增强个体的互动和合作中不可或缺（Flaherty et al., 1998）。伴随着人口的流动，信息、知识、思想和先进商业模式在城市间扩散，方便了信息的搜集和风险投资（D. Chen et al., 2022；龙玉等，2017）、知识和技术的转移和扩散（J. Song, 2003）、知识的生产（X. Dong et al., 2020），有助于形成更广阔的市场（Zheng and Kahn, 2013），激发更多的创新活动（Gao and Zheng, 2020；吉赟、杨青，2020）。这些连锁效应构成了高铁改变区域经济格局的微观基础。

第三节 高铁对区域经济格局的重塑效应

一 理论基础

对于高铁如何影响区域经济格局,新经济地理和城市经济学给出了两种貌似冲突但又合理的预测。以克鲁格曼为代表的新经济地理(Krugman, 1991; Fujita et al., 2001)以报酬递增为条件,认为交通成本的下降将导致贸易的一体化和区域经济的集聚效应,乃至形成"中心—外围"的区域经济分布格局,加剧了区域经济的不平等。而城市经济学理论则认为,由于中心城市的高住房成本,交通的改善将有助于把过度拥挤的城市经济分散至交通设施连接的外围地区(Muth, 1969)。人口将外迁,产业将迁移,经济活动将本地化。高铁作为一种交通工具,毫无疑问适用于上述两种理论。按照新经济地理的预测,高铁将强化现有区域经济格局的"中心—外围格局",更有利于中心城市的增长,但是区域之间的分工与合作将得到强化。从城市经济学出发,高铁将疏散中心城市经济活动,促进人口和产业迁入外围高铁城市,实现高铁连接城市的经济增长。然而值得注意的是,高铁是跨区域交通工具,而非区域内交通设施。这意味着,高铁尽管可以增加外围城市的可达性,但是这种效应不如公路交通设施网。乘坐高铁进行跨区域通勤的便利性仍然有限。因而新经济地理更适用于预测高铁对区域经济发展格局的影响。即便如此,现有关于高铁效应评估的文献提供了复杂的经验证据。下面我们将从地方经济增长、产业结构调整,以及区域经济整合三个视角分析高铁对区域经济格局的影响,以期调和不同的研究发现背后的一致性逻辑。

二 高铁与地方经济增长

地方官员往往对高铁开通寄予厚望,希望高铁可以给地方经济注入新活力。高铁的开通也给当地居民的出行带来便利,改善城市形象,提高政府执政成绩。但是,高铁能否促进地方经济增长,仍存在着截然不同的结论。在评估高铁对地方经济增长的影响时,大量的研究采用双重差分的方法。这是一种准自然实验的方法,把研究期内高铁连接的城市视为处理组,没有高铁的城市视为对照组。研究者先比较高铁开通城市在高铁开通前后地方经济指标的差距,以及没有开通高铁的城市在高铁开通前后地方经济指标的差距,再计算这两项差距之差。在对照组和处理组存在相同趋势的情况下，双重差分法能够有效地识别因果关系，因而被广泛用于评估存在时空差异的地方性政策的社会经济效应。

城市人口、GDP以及人均GDP被广泛用作度量地方经济的发展水平。在积极的方面，一项基于地级市层面数据的实证研究发现，开通高铁的城市使人均GDP提高了5%—59%，取决于城市的区位、高铁线以及所处区域（Ke et al., 2017）。位于沿海发达地区和核心城市群地区的沪宁线、甬台温福厦线、武广线湖南段，有力地促进了地方经济的发展。工业化程度更高、服务业发展更好以及基础设施更完善的城市也可以从高铁连接中获得更多的好处。另一项研究也支持了该结论，发现高铁促进了城市固定资产投资的增加（Diao, 2018）。但是存在显著的城市层级异质性：人口较多的二线城市获益最大，而小型城市和超大城市获益较小乃至为负。基于自外太空灯光数据得到的证据则表明，高铁仅在县级市促进了投资和经济增长（张俊，2017），或者尽管在短期没有促进经济增长，但是长期导致了经济的分散化（C. Wang et al., 2020）。

但是，高铁带来的城市可达性的提升和交通成本的下降并没有带来城市人口的增长。特别是对于一些衰退型的城市，研究发现，高铁开通之后的四到五年，人口开始加速外流（Deng et al., 2019）。即便是在经济一体化程度更高、经济更发达的地区，不同城市从高铁获得的增长机会存在巨大的差异。基于长三角地区211个县域数据进行的实证分析表明，高铁经过的县域经历了更缓的人均GDP增长（Gao et al., 2020）。这对于外围县域更为明显，高铁开通显著降低了户籍人口的增长。基于长三角地区地级市数据的分析进一步证实了高铁与人口迁移之间的长期负向关系（F. Wang et al., 2019）。无独有偶，基于全国地级市层面数据的实证研究（Yu et al., 2019）进一步支持了上述观点。高铁所连接的外围地级市经历了人均GDP的下降，其原因在于，通行成本的下降导致资本投入、工业产出和技能劳动力的外流。没有开通高铁的外围城市则与此不同，这些城市因较高的交通成本而为本地要素的外流形成一种天然的屏障，其经济表现反而好于高铁城市。

三　高铁与产业结构调整

驱动高铁与地方经济联系的一个重要力量是经济结构的调整。高铁作为一种交通工具，有助于服务贸易的发展，以及以高铁站为中心的城镇经济体的形成。根据卫星灯光数据和政府文件资料进行识别，截至2018年，我国一共有180个高铁新城（L. Dong et al., 2021）。这些新城如果不是过于远离城市中心，且能够较好地接入本地市场，那么会刺激当地的经济增长。Shao 等（2017）最早研究了高铁如何塑造城市服务业。他们基于长三角地区 25 个城市的实证分析表明，高铁促使沿线城市服务业的集聚。而且，这种效应不因城市规模大小而不同，随着服务频次的增多而变大，以驱动生产者服务业集聚为主。后续研究印证了该结论，发现在长三角地区，高铁伴随着第三产业比重的增加和第二产业比重的下降（F. Wang et al.，2019；Gao et al.，2020；C. Wang et al.，2020）。不仅如此，我们（Gao and Wang，2023）基于 2001~2017 全国 2006 个县市数据评估了高铁对县域农业经济的影响，发现高铁的开通使农业增加值提高了 3%，使粮食产出增加了 5%。尽管高铁属于客运专线，高铁带来的农业技术和市场信息有助于提高农业生产率，促进农业生产结构向粮食和经济作物调整，但是没有显著改变农业生产的要素投入规模。此外，在沪宁高铁沿线，也发现高铁连通的城市中，11 个二级行业出现了集聚效应，14 个二级服务业行业中的 9 个行业发生了集聚的趋势；而对于非高铁城市，13 个二级行业出现了扩散效应（Dai et al.，2018）。这些细分行业的数据表明，高铁具有强烈的产业结构重塑效应。

高铁导致区域经济的结构性调整与高速公路的影响一致。高速网通过增强本地市场的可达性，在外围地区以工业为代价促进了农业的增长，而在区域中心城市，实现了工业和服务业的增长（Baum-Snow et al.，2020）。鉴于高铁和高速公路均属于跨区域交通设施，因而我们可以相信，高铁对外围区域地区促进农业的增长，而在中心地区促进了工业和服务业的增长。这些结构调整效应意味着，高铁促进了区域经济的专业化与合作，中心城市相对于外围地区从高铁建设中获得更大的增长效应。

四　高铁与区域经济一体化

高铁一定程度上增加了区域经济发展的不平衡，强化"中心—外围"格局（董艳梅、朱英明，2016）。一方面高铁以缩短中心城市之间的旅行时间为目的，因而给中心城市带来更大的可达性改善，另一方面中心城市具有更多的优势资源，如更好的治理能力、更丰富的资源、更密集的经济和更广阔的市场。高铁的开通促使更多的服务业和高附加值的先进制造业集聚在中心城市，而外围城市专注于农业或者低附加值产业。换言之，高铁会产生一种虹吸效应，使中心城市更大、产业更加高级化，而使外围城市随着人口和产业的外流而萎缩。那么，这是否意味着高铁并没有促进区域经济的整合？

对此，需要区分一下区域经济发展的"中心—外围"格局（不平衡发展）与区域经济的一体化。区域经济的"中心—外围"格局更多的是指在一定的区域范围内同时存在经济高度密集、总量巨大的经济体和经济分散的、总量较小的经济体。前者如城市圈中的中心城市或者城市的中心区域，后者如大都市圈中的中小型卫星城市或者城市的郊区。而区域经济的一体化则更多的是指区域经济之间以及区域内部经济活动的联系程度。完备的交通系统和法律、共同的文化和语言、零贸易壁垒政策等都有助于提升区域经济的一体化。纵观全球区域经济发展历史，区域经济发展的不平衡与高度一体化可以并行不悖。区域间和区域内部交通基础设施的改善有助于促进区域经济内部的专业化与劳动分工，进而强化区域经济体的内部联系。但是，这种一体化程度的提高，既可以伴随着产业的空间集聚，也可以与产业的空间分散化相联系，取决于纵向产业联系的强度和贸易成本的大小（Venables，1996）。

高铁作为一种跨区域交通工具，在重整区域经济结构和区域经济分工格局的过程中，促进了区域经济的一体化。现有文献支持了上述判断。无论是在欧洲，还是在我国，高铁的开通带来的可达性提高，促进了产业结构的调整、竞争的强化以及复杂的专业化的变化（Cheng et al.，2015）。作为全国最大的区域经济体，长三角地区拥有高度一体化的市场。2010年沪宁高铁的建成运营进一步促进了沿线城市经济的一体化，形成了一个水平化、多中心的城市网（Jie Xu et al.，2019）。在长三角地区，由高铁开通而导致的城市可达性的提升和人口的加速流动是区域经济联系加强的基本事实，尽管给不同城市带来的好处存在巨大差异（Lei Wang，2018）。因此，空间距离的收缩是高铁作为一种新型交通工具所带来的区域经济一体化效应的第一要义。

紧接着，高铁带来的空间距离的收缩促进了更大范围的经济活动之间的联系。与城市经济学理论的预测一致，交通可以疏散拥挤、昂贵的中心经济，促进经济活动的外流和本地化。一方面，居民可以在城市中心工作，但是住在房价较低的郊区。据报道，沪宁高铁开通后，部分人群白天在上海工作，晚上住在苏州，以规避昂贵的上海房价。[①] 高铁300公里每小时的营运速度可以使沿途居民的通勤距离轻轻松松延长至100公里。另

[①] 媒体大量报道了长三角地区居民借助高铁进行跨城通勤的新闻，其中两例如：http://www.xinhuanet.com/politics/2020-01/15/c_1125464349.htm；http://sh.people.com.cn/BIG5/n2/2020/1224/c134768-34493396.html。

一方面，分散的经济活动会增加对高铁连接地的土地需求，进而增加高铁城市的地价和房价。也就是说，交通改善导致的经济本地化的好处被资本化为地价和房价（Kanasugi and Ushijima，2018）。最终，区域之间经济实现均衡，经济主体位于不同位置得到的好处一样。因此，高铁导致的交通改善和旅行成本的下将使区域经济切换到一种一体化水平更高的均衡状态。

大量的证据表明，高铁促进了要素和产品市场的整合。在土地和住房市场方面，高铁的开通使土地平均价格增加了7%（周玉龙等，2018），进而促进住房价格的上涨（Z. Chen and Haynes，2015a；Zheng and Kahn，2013）。在劳动力市场上，由于更多的低技能工人的涌入，高铁的开通拉低了本地劳动密集型产业农民工的工资（Kong et al.，2021）。在资本市场上，高铁有助于缓解地理距离对IPO定价的消极影响。通过促进信息沟通，高铁降低了发行价格对真实价值的偏离，提高了新股的定价效率（黄张凯等，2016）。在产品市场上，最近基于全国172个地级市微观商品价格指数的分析发现，连通高铁显著降低了区域内、区域间以及不同行政级别城市间的商品价格差异（王永进、侯韬韬，2022）。不仅如此，由高铁释放的客运促进了货流，兼之加快信息交流和知识溢出的作用，有助于增加区域贸易，降低市场分割（Niu et al.，2020）。

综上，高铁强化了区域经济发展的"中心—外围"格局，但同时也促进了区域经济的一体化，其背后是交通成本的下降所导致的经济活动的跨空间再调整和更密切的联系。

第四节 日本和欧洲的经验

尽管我国高铁建设后来居上，除了高铁发明国日本，欧洲国家也早在20世纪80年代便开始了高铁网的建设。由于对于高铁的判定采用相同的运行速度区间，高铁在其他国家带来的旅行时间的缩短与我国基本一致，即使旅行时间缩短了30%—60%（L. Liu and Zhang，2018）。那么，高铁在国外带来的区域经济效应是否迥异于我国？日本和欧洲的发展经验表明，尽管高铁促进了城市可达性的提高和人口的流动，但是对于区域经济格局的影响存在着显著差异。

高铁起源于日本1964年开始运营的新干线。这条铁路最初连接东京和大阪两大城市，共515.4公里，后扩建至其他城市。截至2020年，共有9条高铁线路贯穿日本南北，总里程达3251.2公里。① 由于日本南北狭长的疆土和密集庞大的人口，新干线的开通极大地提高了沿线城市的可达性。新干线的建成运营对日本的区域经济格局产生深刻影响。在新干线开通之前，大阪市一度是日本西部的枢纽和东京的竞争对手。但是，此后，许多企业的总部迁至东京，并伴随着半个世纪的人口流出。换言之，新干线并没有促使中心城市经济的分散（Sasaki et al.，1997）。在日本西南的九州岛，2004年和2011年两段高铁开通以后，大都市区的房价出现了上涨，而居于大都市区中间的小都市区则出现了房价的下跌（Okamoto and Sato，2021）。此外，九州岛高铁也导致了旅游经济的区域不平等（Hiramatsu，2018）。因此，高铁在促进日本区域经济一体化进程中所产生的集聚力量超过了分散力量，从而强化了区域经济发展的"中心—外围"格局。

　　欧洲各国高铁建设的步伐仅次于日本。最早的高铁线是法国于1981年部分建成的巴黎东南线高速电动车组（TGV-PSE）。随后，意大利、瑞典、德国、西班牙、葡萄牙等国家依次建成和开通高铁。经过几十年的建设，欧洲大陆成为世界高铁密度最大的地区之一。高铁的开通增加了欧洲各国城市的可达性，加速了人员的流动，加强了欧洲各国区域经济的一体化。在德国，高铁导致的旅行时间每减少1分钟将使区域间通勤者数量增加0.25%，主要原因是高铁方便人们在外围城市工作，但同时可以保持居住在中心城市的生活品质（Heuermann and Schmieder，2019）。连接科隆和法兰克福的德国高铁则使居间三个县的GDP提高了8.5%，市场潜力提高了1%，产出提高了12.5%，但是该效应随着旅行时间增加30分钟而减少50%，在旅行时间达到200分钟后下降为1%（Ahlfeldt and Feddersen，2018）。但是，从跨国的视角来看，高铁对居于大城市中间地区的社会经济影响较小，并没有增加中间地区接近本地之外大城市的程度，也没有实现缩小区域可达性差异以及国界对区域一体化的影响（Vickerman，2015a）。因此，在欧洲，高铁同样加强了区域经济联系，但是与日本不同的是，欧洲的高铁具有更强经济分散作用，因而对各国内部的区域经济差异具有一定的抑制作用。

---

① 更多信息，可以参见百度百科的相关介绍，https：//baike.baidu.com/item/%E6%96%B0%E5%B9%B2%E7%BA%BF/856920?fr=aladdin。

第五节 结论

高铁极大地压缩了我国人口流动的空间距离和时间成本，强化了区域经济的一体化，调整着我国的区域经济格局。但是，这种效应存在着复杂性，取决于交通成本下降带来的集聚力量和分散力量的相对大小。高铁在分散中心城市拥挤的同时，也把其所连接城市的优势资源汲取至可以获得更高回报的中心城市，强化区域内部和区域之间的"中心—外围"格局和区域经济发展不平等。在长三角地区，我们观测到高铁开通对外围地区经济的扩散效应小于集聚效应，"中心—外围"格局得以强化。同时，随着区域内部经济一体化程度不断增强，都市圈对外围非都市圈的就业吸引力也不断强化，区域间经济发展的差异将随之扩大。正如我国目前的情况，高铁网已经并将进一步提高长三角、珠三角、京津冀、成渝地区、长株潭、武汉都市圈在全国经济中的地位。与此同时，都市圈内部经济发展仍存在着很大的差异。因此，高铁给枢纽城市带来更多的好处，在"过路"城市仅具有"走廊"效应，进而加速了区域经济的大都市圈化、经济圈内的高度一体化，以及强化经济圈内外的分工与协作。这一判断也基本符合世界发达国家的区域经济发展经验。

鉴于上述分析，外围地区的地方官员不应对高铁能在短期促进经济快速增长抱有太大的期望。通过高铁接入中心城市将放大外围地区在生活便利性和就业多样性等方面的先天弱势，导致人员、收入和消费的外流。这意味着，高铁在短期会产生较强的虹吸效应。当然，这并不是说，外围地区应该拒绝连通高铁，避免融入更大的区域经济体，也不意味着外围地区对于中心城市潜在的集聚效应无能为力。尽管高铁伴随着经济调整的阵痛，但是也带来了发展机会。外围地区的政府应主动接纳由高铁所纾解而来的中心城市经济，并发展其具有比较优势的产业，如农业经济、乡村旅游业和特色乡镇经济，以成为更大范围区域经济和产业链中不可或缺的组成部分。另外，由于中心城市汇集了丰富的先进生产要素，如各类科技人才、先进的知识、新的商业模式，借助高铁接近这些先进要素，外围地区可以获取知识和技术溢出，激发本地化社会创新，实现本地产业升级和经济的高质量发展，即便这种发展效应并不必然带来经济总量的更快增长。

第三部分

社会福利效应

第十一章　高铁与居民福利：对收入和消费的影响

内容提要：本章使用我国地级市面板数据和多期倍差法来评估高铁开通对居民收入和消费的影响。实证研究发现，总体上高铁的开通显著提高了职工工资总额，但是降低了城镇居民人均可支配收入。同时，高铁开通对居民消费总体上没有显著的影响。但是，异质性分析则发现，高铁更有利于中心城市的居民收入增长和消费支出的增加。这些结论意味着，高铁开通可能会扩大不同层级城市间居民的收入和消费不平等。

第一节　引言

收入和消费事关居民福利。收入乃民生之源，只有不断提高人民收入水平，才能提升居民的幸福感，更好地应对各种不确定性。持续增收对促进居民消费、培育强劲有力的内需市场至关重要。同时，消费长期以来是驱动经济增长的三驾"马车"之一。据国家统计局数据，2019 年最终消费支出对 GDP 增长的贡献率为 57.8%，高于资本形成总额的 26.6%，已经成为经济增长的最大动力。那么，高铁建设和开通是否会促进居民增收进而消费？高铁是否会对中心城市和外围城市的居民收入和消费产生的影响不同？本章将对此问题进行回答。

现有文献尽管围绕着高铁的宏观经济效应、高铁对区域经济格局的影响，以及高铁对城乡收入差距的影响等方面进行了大量的估计，但是关于高铁对居民收入和消费的影响的研究则相对较少。已有不多的研究也没有提供一致的结论。本章将选取多个居民收入和消费指标，采用多期倍差法对高铁开通的居民福利效应进行实证检验。我们基于 2003~2015 年间 288 个地级及以上城市的面板数据开展实证研究。研究结果发现，总体上高铁开通显著提高了职工工资总额,但是对城镇居民人均可支配收入和消费性支出具有抑制作用,且这种抑制效应在外围城市更加显著。高铁的开通对职工平均工资、农民纯收入、社会消费品零售总额和农民人均消费性支出没有显著的影响,也没有观测到显著的异质性。一系列稳健性检验支持了上述发现。这些发现意味着高铁带来的跨城市就业需求和供给调整具有明显的居民福利空间重塑作用。

第二节 文献综述

高铁投资建设对居民收入的影响也吸引了不少研究兴趣。一方面,高铁的投资和建设会创造大量工作机会,由此导致相关居民的收入增长(Shujing Liu and Kesteloot,2016)。另一方面,高铁提高了居民对市场的可达性,扩大了劳动市场,也增加了跨区域就业机会。例如,董艳梅、朱英明(2016)证明了高铁建设对高铁城市就业、工资和经济增长的总效应显著为正。刘玉萍、郭郡郡(2019)研究了高铁开通对农民收入的影响,研究发现高铁开通显著提高了农民人均纯收入。另外,高铁还可以通过扩大现有工作的种类,提高工作满意度和职业晋升机会。但是,这并不意味着所有地区的就业都会改善,因为更好的交通条件使就业市场的竞争变得激烈。经济集聚和空间结构调整在不同地区、不同行业的影响具有异质性,高铁开通可能会阻碍相对落后地区居民收入的增长。例如,肖挺(2016)发现,经济落后的地区难以通过开通高铁获得就业增长。朱文涛等(2020)利用60个外围城市的面板数据,发现高铁抑制了外围城市城乡居民收入的增长。

高铁建设可以通过公共投资、改善交通和降低运输成本影响消费。首先,短期来看,政府的基础设施投资可能使其对居民的转移支出减少,削减社会保障,长期来看,基础设施可以改变产业结构,间接影响居民消费。但现有研究关于公共投资是增加还是挤出消费这一问题并没有一致的结论(饶晓辉、刘方,2014;胡永刚、郭新强,2012)。其次,交通的改善可以降低居民出行的时间成本,扩大个人获得异质性商品的机会,使城市居民向沿线大型和中心城市集中消费(Emran and Hou,2013;肖挺,2018)。交通改善也会改变居民消费结构(郭广珍等,2019)和消费者消费偏好结构(肖挺,2018)。最后,高铁可以影响运输成本变化而导致消费品价格的变化,直接衡量高铁建设对居民福利影响的释放效应。例如，孙浦阳等（2019）从关税传导角度出发，认为高铁开通可以释放出交通资源，运输成本会下降，进而降低消费品价格，直接地影响居民福利。

综上，高铁开通对于高铁城市居民收入和消费的影响存在多种理论上的可能性，实证研究也存在很大的分歧，一些学者（余泳泽、潘妍，2019；陈丰龙等，2018）还对高铁与城乡收入差距进行了深入的研究。因此，本章选取多种居民收入和消费的变量，对高铁与居民收入和消费之间的关系进行实证估计，以进一步检验现有理论和丰富现有研究。

第三节　研究设计

一　模型设定

本章使用如下双向固定效应模型来识别高铁开通对收入和消费的影响：

$$y_{i,t} = \mu_i + \lambda_t + \theta\, hsr_{i,t} + X_{it}'\beta + \varepsilon_{i,t} \tag{11-1}$$

其中，下标 i 和 t 分别代表城市和年份；y 是不同的收入或消费变量；$hsr_{i,t}$ 为高铁开通变量，若城市 i 在第 t 年开通高铁，则从第 t 年开始 $hsr_{i,t}$ 取值为1，否则取值为0。此外，$x_{i,t}$ 表示其他控制变量向量，包括地区经济发展水平、产业结构、人口密度、固定资产投资情况、地方财政情况等。μ_i 和 λ_t 分别是城市和年份固定效应，$\varepsilon_{i,t}$ 为误差项。式（11-1）本质上是一个一般化的双重差分估计框架，估计系数 θ 测度了高铁开通对收入和消费的平均处理效应。

但是，使用双重差分方法识别因果效应的一个重要前提是处理组和对照组需要满足平行趋势假设，即高铁城市和非高铁城市的收入和消费在高铁开通前不存在显著的差异。对此，我们采取与其他章节类似的事件分析法，估计高铁开通变量的提前和滞后效应。如果提前效应不显著，我们倾向于认为满足平行趋势假设。平行趋势检验模型如下：

$$y_{i,t} = \mu_i + \lambda_t + \sum_{m=-3}^{3} \theta_m HSR_{i,t-m-1} + \beta x_{i,t} + \varepsilon_{i,t} \tag{11-2}$$

其中，以高铁开通前4年及以上的提前效应为参照，估计高铁开通前3年至开通后3年以及4年以后的效应。如果当 $m<0$ 时，θ_m 估计系数在统计上不显著，那么倾向于认为通过平行趋势检验。

二 数据和变量

本章以 288 个地级市及以上城市为研究对象，构建了 2003~2015 年间这些城市的面板数据。数据主要包括两个部分：高铁开通数据和经济变量数据。

高铁开通数据搜集于中国铁路总公司网站、国家铁路管理局网站的新闻报道或公告中搜集整理。这里把第一条高铁线路开通时间设定为 2008 年。截至 2015 年，我国一共有 171 个城市开通了高铁，占总城市数目的 58.38%。我们将其视为处理组。

经济数据主要来自历年《中国城市统计年鉴》和《中国区域经济统计年鉴》。回归中的被解释变量包括：职工工资总额、职工平均工资、城镇居民人均可支配收入、农村居民人均纯收入、社会消费品零售总额、人均社会消费品消费额、城镇居民人均消费性支出和农民人均消费性支出。其中，人均社会消费品消费额为城市社会消费品零售总额除以城市年末总人口。控制变量包括：（1）产业结构。我们用第三产业占 GDP 比重来衡量。服务业的发展可以刺激消费，一般来说服务业较为发达的地区具有更高的消费需求。（2）城市人口密度。人口密度高有利于发挥集聚效应，促进分工与专业化，增加就业机会和工资。（3）固定资产投资。投资者可以增加就业需求，从而促进收入增长。（4）地方财政水平。本章以地方财政预算内收入除以地方财政预算内支出来度量地方财政分权程度。（5）外商直接投资（FDI），即实际利用的外商直接投资额。FDI 可以吸纳就业，从而提高居民收入。除了地方财政分权程度和第三产业占 GDP 的比重，我们对其他被解释变量和控制变量均取自然对数。表 11-1 报告了上述变量的描述性统计。

表 11-1　　　　　　　　　　描述性统计

变量	观察值	均值	标准差	最小值	最大值
职工平均工资	3707	10.16	0.575	2.303	12.68
职工工资总额	3719	13.53	1.107	4.736	18.22
城镇居民人均可支配收入	3608	9.629	0.491	8.261	10.88
农村居民人均纯收入	3660	8.642	0.593	6.966	10.21

续表

变量	观察值	均值	标准差	最小值	最大值
社会消费品零售总额	3703	5.526	1.168	1.890	9.244
人均社会消费品消费额	3694	0.641	0.422	0.0533	2.746
城镇居民人均消费性支出	3334	9.268	0.457	8.048	10.52
农民人均消费性支出	3353	8.318	0.585	6.779	9.899
高铁开通	3744	0.178	0.383	0	1
第三产业GDP占比（%）	3717	36.41	8.669	8.580	85.34
人口密度	3718	5.713	0.914	1.609	7.887
固定资产投资	3741	15.28	1.189	12.02	18.78
外商直接投资	3609	9.459	2.009	0	14.56
财政分权程度	3719	0.491	0.228	0.0400	1.541

注：除了地方财政分权程度和第三产业占GDP的比重，其他变量均为自然对数值。

第四节 高铁与居民收入

一 平行趋势检验

为了保证可以使用双重差分法来进行因果推断，我们先基于式（11-2）进行平行趋势检验。具体而言，我们分别把职工平均工资、职工工资总额、城镇居民人均可支配收入和农民人均纯收入作为因变量，估计高铁开通的提前效应、当期效应与滞后效应。回归结果汇报如图11-1所示。从中可知，除了对城镇居民人均可支配收入存在一个显著为负的两期提前效应，高铁开通对其他三个结果变量均不存在显著的提前效应。从滞后效应看，高铁开通4年以后对职工平均工资和城镇居民人均可支配收入具有抑制效应，但是对职工工资总额的影响在1年及以后均显著为正。因此，总体而言，高铁城市和非高铁城市在高铁开通之前，结果变量并没有显著差异，即平行趋势假设满足。

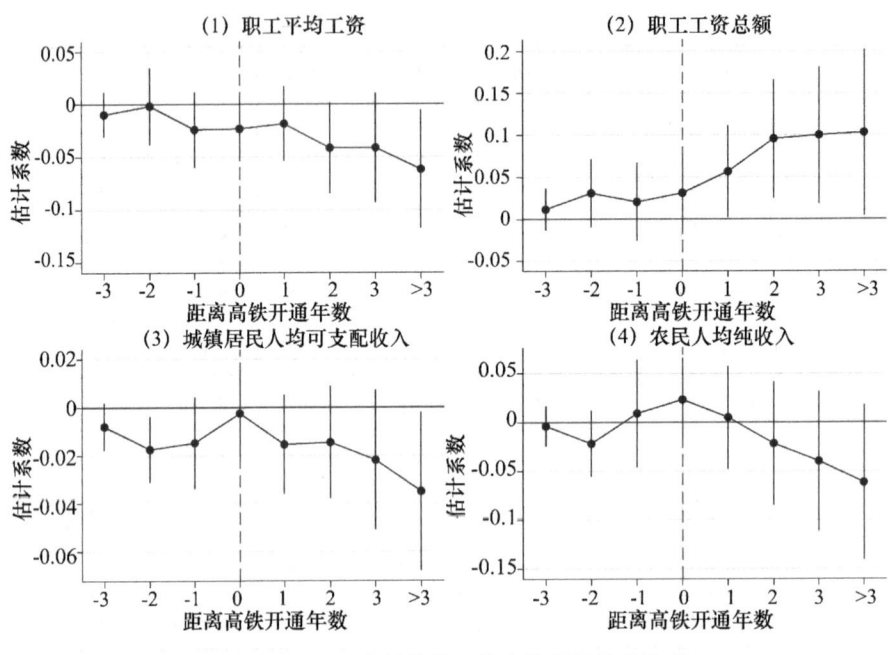

图 11-1　关于高铁的收入效应的平行趋势检验

注：本图中的点为基于模型（11-2）得到的点估计；线段表示 95%置信水平下的置信区间；控制变量包括第三产业 GDP 占比、人口密度、固定资产投资、财政分权程度、FDI。

二　基准回归结果

表 11-2 报告了高铁开通对职工平均工资、职工工资总额、城镇居民人均可支配收入和农村居民人均纯收入的基准回归结果。估计结果表明，开通高铁倾向于降低职工的平均工资［见第（1）和第（2）列］、城镇居民人均可支配收入［见第（5）和第（6）列］和农村居民人均纯收入［第（7）和第（8）列］，但是会显著增加职工总工资［第（3）和第（4）列］。具体而言，在控制城市层面协变量后，高铁使职工平均工资、城镇居民人均可支配收入和农村居民人均纯收入分别下降 2.3%、1.3%和 1.8%。但是这些效应的估计系数仅在 10%上显著。同时，高铁开通使城市职工工资总额显著增加 6.3%。对人均收入指标为负的效应和对总工资为正的效应意味着，一方面高铁促进了总体的就业，同时也增加了劳动力市场上的竞争。前者导致了总工资的增加，而后者降低了人均工资和收入。这也印证了 Kong 等（2021）的实证研究，发现高铁减少了从农村迁入城市的工人（rural-urban migrants）的工资，特别是非国有企业、求职者、劳动密集型行业以及低技能工人的工资。

表 11-2　　　　　　　　　高铁对居民收入的影响

变量	(1) 职工平均工资	(2) 职工平均工资	(3) 职工工资总额	(4) 职工工资总额	(5) 城镇居民人均可支配收入	(6) 城镇居民人均可支配收入	(7) 农村居民人均纯收入	(8) 农村居民人均纯收入
高铁开通（t-1）	-0.028*	-0.023*	0.072***	0.063***	-0.027***	-0.013*	-0.036***	-0.018*
	(0.015)	(0.013)	(0.024)	(0.023)	(0.009)	(0.007)	(0.011)	(0.010)
第三产业占比		0.001		0.006*		-0.002**		-0.005***
		(0.003)		(0.003)		(0.001)		(0.002)
人口密度		0.013		0.035		-0.026*		-0.006
		(0.016)		(0.022)		(0.016)		(0.010)
固定资产投资		0.079***		0.052*		0.054***		0.020
		(0.020)		(0.028)		(0.013)		(0.013)
FDI		0.024***		-0.000		0.012***		0.003
		(0.009)		(0.011)		(0.003)		(0.004)
财政分权		0.070		0.328***		0.055*		0.061
		(0.067)		(0.084)		(0.029)		(0.068)
观测值	3707	3570	3719	3580	3608	3480	1044	973
聚类数	288	287	288	288	287	287	259	256
城市固定效应	是	是	是	是	是	是	是	是
年份固定效应	是	是	是	是	是	是	是	是

注：括号内为聚类在城市层面的稳健性标准误；*、**和***分别代表10%、5%和1%的显著性水平。

二　稳健性检验

为了检验表11-2中基准回归结果的稳健性，我们首先剔除中心城市。由于中心城市是高铁线路的目标城市，这些城市具有更高的工资，对高铁服务的需求也更强，纳入中心城市样本会高估高铁和收入之间的关系。鉴于此，我们仅运用外围城市来估计高铁开通对收入的影响。具体而言，我们剔除了直辖市和省会城市。估计结果如表11-3第（1）至（4）列所示。从中可知，高铁在外围城市对人均收入指标的负面影响更大，对工资总额的促进作用更小。这些结果一方面支持了基准回归结果，另一方面意味着外围城市从高铁开通中获得的好处更小。我们将在后面进一步对此开展异质性分析。

第二个稳健性检验控制了更多的城市协变量，即城市人均GDP——用于度量城市发展水平，和公路客运量——用于控制公路交通对居民收入的影响。但是，值得注意的是，这些变量可能是"坏的"控制变量，因为它们可能是高铁的结果变量。即便如此，我们观察控制这些变量将如何改变基准回归结果。第（5）至（8）列汇报的估计结果表明，高铁对职工工资总额的影响变大，而对人均收入变量的不利影响变小了，且均不显著。因此，这些结果与基准回归结果基本一致，增强了高铁对工资总额的提升作用。

表 11-3　　稳健性检验——剔除中心城市和增加控制变量

	(1)	(2)	(3)	(4)	(5)	(6)	(7)	(8)
	外围城市				所有城市			
变量	职工平均工资	职工工资总额	城镇居民人均可支配收入	农民纯收入	职工平均工资	职工工资总额	城镇居民人均可支配收入	农民纯收入
高铁开通（t-1）	-0.023*	0.051**	-0.021**	-0.021**	-0.013	0.075***	-0.004	-0.015
	(0.014)	(0.025)	(0.008)	(0.011)	(0.011)	(0.021)	(0.007)	(0.010)
观测值	3185	3192	3110	880	3558	3568	3469	969
聚类数	257	257	256	228	286	287	286	256
控制变量	是	是	是	是	是，以及人均GDP和公路货运量			
城市固定效应	是	是	是	是	是	是	是	是
年份固定效应	是	是	是	是	是	是	是	是

注：括号内为聚类在城市层面的稳健性标准误；*、** 和 *** 分别代表10%、5%和1%的显著性水平；控制变量包括第三产业GDP占比、人口密度、固定资产投资、财政分权程度、FDI。

接下来的稳健性检验进一步考虑内生性问题。正如其他章节所述，尽管高铁以缩小中心城市之间的旅行时间为目标，高铁线路设计以及城市高铁开通情况并非完全外生。地方官员为了使当地能够接入高铁网而游说铁道规划部门。一些地方民众也积极要求高铁线路经过本地。中央政府出于协调区域经济发展的考虑，也可能会让一些落后地区连上高铁，即使高铁可能强化"中心—外围"的经济格局。这些未能观测到的因素，如果也影响到一个城市的收入水平，将会导致内生性问题。对此，我们沿循现有文献以及本书前面章节（Hornung，2015；Gao et al.，2020；Gao et al.，2019），采用直线策略构建工具变量。具体而言，我们在高铁线路的各段中心城市之间画直线，落在直线之上的城市被定义为潜在的高铁开通城市，并赋予其开通时间为这段高铁线上最早的高铁开通时间。由于高铁以连接中心城市为目标，而两点间直线距离最短，高铁线往往尽量在考虑地形的情况下使线路更直。因此，潜在的高铁开通变量与实际高铁开通变量会高度相关。另外，潜在的高铁开通变量具有更强的外生性，因为直线策略之下某城市开通高铁是因为她正好落在两个中心城市之间的直线上。

表11-4报告了采用上述工具变量进行两阶段最小二乘法得到的估计结果。其中，我们剔除了中心城市。基数列报告的第一阶段估计结果表明，采用直线策略构建的潜在高铁开通变量与实际高铁开通变量高度相关，且第1阶段F值基本上都大于10。偶数列报告的第2阶段估计结果在两个方面强化了基准回归结果。首先，进一步证实了高铁对职工工资总额的促进作用，且估计系数为0.17，将近基准回归的3倍。其次，工具变量法表明高铁显著降低了城镇居民人均可支配收入，估计系数同样是基准回归的3倍。因此，工具变量法导致一个更大的高铁对居民收入的影响。[①]

表11-4　　　　　　　　　工具变量法估计结果

变量	(1) 第1阶段 高铁开通 (t-1)	(2) 第2阶段 职工平均工资	(3) 第1阶段 高铁开通 (t-1)	(4) 第2阶段 职工工资总额	(5) 第1阶段 高铁开通 (t-1)	(6) 第2阶段 城镇居民人均可支配收入	(7) 第1阶段 高铁开通 (t-1)	(8) 第2阶段 农村居民人均纯收入
高铁开通（t-1）		0.000 (0.023)		0.170*** (0.048)		-0.040** (0.016)		-0.038 (0.031)

[①] 我们还进行了一些额外的稳健性检验，如运用当期高铁开通变量和开展安慰剂检验。这些检验基本上支持了基准回归的估计结果。

续表

	（1）	（2）	（3）	（4）	（5）	（6）	（7）	（8）
潜在高铁开通（t-1）	0.528***		0.528***		0.530***		0.374***	
	(0.045)		(0.045)		(0.045)		(0.081)	
F 值	28.16***		28.13***		29.41***		5.54***	
观测值		3185		3192		3110		880
聚类数		257		257		256		228
控制变量		是		是		是		是
城市固定效应		是		是		是		是
年份固定效应		是		是		是		是

注：括号内为聚类在城市层面的稳健性标准误；** 和 *** 分别代表 5% 和 1% 的显著性水平；控制变量包括第三产业 GDP 占比、人口密度、固定资产投资、财政分权程度、FDI。

四 异质性分析

尽管我们得到了一个比较稳健的结论，即高铁显著提高了城市职工的工资总额，但是也减少了人均收入指标。为了进一步理解这种相反的效应，我们估计高铁的开通可能存在异质的效应。这里主要考虑一种潜在异质性，即"中心—外围"城市异质性。由于中心城市在政治、经济、文化、基础设施、社会治理等诸多方面相对于外围城市具有绝对的优势，高铁的开通更有可能使各种优势资源聚集到中心城市，产生"虹吸效应"，从而不利于周边城市经济发展。为了估计这种潜在的异质性影响，我们估计"中心—外围"城市虚拟变量与高铁开通变量的交互效应。其中，中心城市包括直辖市和省会城市（取值为0），而外围城市为其他地级市（取值为1）。表11-5报告了异质性效应估计结果。从中可知，高铁的开通对职工总工资仍存在显著为正的影响，但是在外围地区并没有显著更小［参见第（2）列］。但是，对于城镇居民人均可支配收入，高铁存在显著的异质性影响：在中心城市显著为正（0.027），而在外围城市则显著为负(-0.050)［参见第（3）列］。这意味着，高铁在外围地区对其连接城市的城镇居民人均可支配收入的影响非常有限，乃至为负，导致高铁对城镇居民人均可支配收入的总体影响并不显著。因此，异质性分析支持和丰富了基准回归的结果。

表 11-5　　　　　　　　　　高铁收入效应的异质性分析

变量	(1) 职工平均工资	(2) 职工工资总额	(3) 城镇居民人均可支配收入	(4) 农村居民人均可支配收入
高铁开通（t-1）× 外围城市	-0.007	-0.068	-0.050***	-0.019
	(0.036)	(0.061)	(0.015)	(0.028)
高铁开通（t-1）	-0.017	0.116**	0.027**	-0.001
	(0.033)	(0.056)	(0.013)	(0.028)
观测值	3570	3580	3480	973
聚类数	287	288	287	256
控制变量	是	是	是	是
城市固定效应	是	是	是	是
年份固定效应	是	是	是	是

注：括号内为聚类在城市层面的稳健性标准误；** 和 *** 分别代表5%和1%的显著性水平；控制变量包括第三产业 GDP 占比、人口密度、固定资产投资、财政分权程度、FDI。

第五节　高铁与居民消费

接下来的部分评估高铁对居民消费的影响。我们首先将进行平行趋势检验，然后报告基准回归结果、稳健性检验结果以及"中心—外围"异质性分析结果。

一　平行趋势检验

在运用倍差法估计高铁与居民消费指标之间关系之前，我们先同样基于模型（11-2）进行平行趋势检验。图 11-2 报告了平行趋势检验结果，其中结果变量分别为社会消费品零售总额、人均社会消费品零售额、城镇居民人均消费性支出和农村居民人均消费性支出。从中可以看出，高铁对社会消费品零售总额和城镇居民人均消费性支出的提前效应均与四年前没有显著差异，满足了平行趋势假设。但是，对于人均社会消费品零售额和农村居民人均消费性支出而言，我们发现了显著的提前效应，即与四年前相比，高铁在随后的几年里对这两个指标的影响在高铁城市和非高铁城市存在显著的差异。这意味着平行趋势无法满足。对此，我们基于（Angrist and Pischke，2014）和本书第 5 章的办法，对于这两个指标的估计将在模型（1）的基础上进一步控制城市特定趋势。

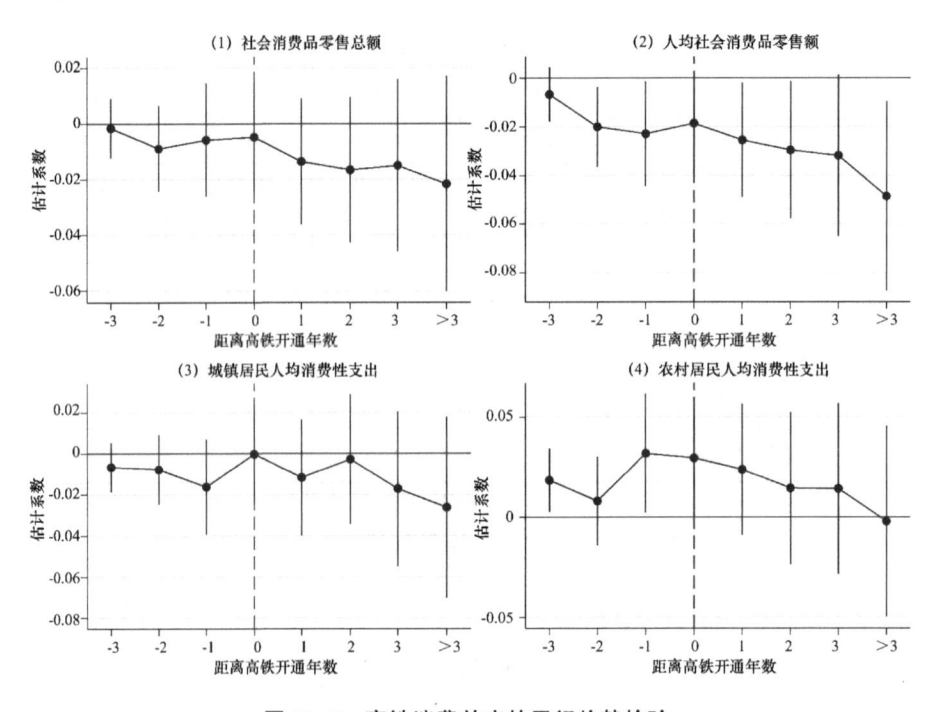

图 11-2　高铁消费效应的平行趋势检验

注：图中点为基于模型（11-2）得到的点估计；线段表示 95% 置信水平下的置信区间；控制变量第三产业 GDP 占比、人口密度、固定资产投资、财政分权程度、FDI。

二　基准回归结果

表 11-6 报告了关于高铁对居民消费不同指标影响的基准回归结果。我们发现，高铁对所有的居民消费指标——社会消费品零售总额、人均社会消费品零售额、城镇居民人均消费性支出和农村居民人均消费性支出的影响均不显著，且估计系数很小。其中，第（2）和第（4）列由于平行趋势假设无法满足而控制了城市特定趋势。因此，基准回归结果表明高铁开通总体上并没有显著促进居民消费的增加。

表 11-6　　　　　　　　　高铁对居民消费的影响

变量	(1) 社会消费品零售总额	(2) 人均社会消费品零售额	(3) 城镇居民人均消费性支出	(4) 农村居民人均消费性支出
高铁开通（t-1）	-0.012	0.005	-0.007	-0.017
	(0.008)	(0.007)	(0.010)	(0.012)
观测值	3562	3561	3216	3219
聚类数	288	288	287	282
城市固定效应	是	是	是	是
年份固定效应	是	是	是	是
城市特定趋势	否	是	否	是

注：括号内为聚类在城市层面的稳健性标准误。

三　稳健性检验

即便基准回归结果给出了一个非显著的估计结果，我们进一步看看这一结果是否稳健。换言之，这一结果是不是因为内生性而导致。首先，我们剔除中心城市，以缓解高铁线路以中心城市为目标所导致的内生线路选择问题。表 11-7 第（1）至第（4）列报告的结果表明，高铁开通基本上对各种消费指标的影响不显著，仅有对社会消费品零售总额的影响在 10% 的显著水平上为负。这与基准回归结果基本一致。其次，我们增加了控制变量，包括收入指标和公路货运量。这当然也会存在"坏的"控制变量的问题。但是，考虑到收入是消费的基础，我们将其纳入控制变量，以观察高铁开通变量的估计系数的影响。结果如第（5）至第（8）列所示。从中可知，高铁开通对居民消费的影响仍总体上不显著。

表 11-7　　　稳健性检验——剔除中心城市和增加控制变量

	(1)	(2)	(3)	(4)	(5)	(6)	(7)	(8)
	外围城市				所有城市			
变量	社会消费品零售总额	人均社会消费品零售额	城镇居民人均消费性支出	农村居民人均消费性支出	社会消费品零售总额	人均社会消费品零售额	城镇居民人均消费性支出	农村居民人均消费性支出

续表

	(1)	(2)	(3)	(4)	(5)	(6)	(7)	(8)
高铁开通（t-1）	-0.015*	-0.001	-0.014	-0.020	-0.014*	0.006	0.003	-0.018
	(0.009)	(0.007)	(0.012)	(0.014)	(0.008)	(0.006)	(0.008)	(0.023)
观测值	3195	3194	2867	2887	3541	3530	3207	839
聚类数	257	257	256	252	287	286	286	216
控制变量	是	是	是	是	是+在岗职工工资总额、道路客运量	是+在岗职工人均工资额、道路客运量	是+城镇居民可支配收入、道路客运量	是+农民纯收入、道路客运量
城市固定效应	是	是	是	是	是	是	是	是
年份固定效应	是	是	是	是	是	是	是	是
城市特定趋势	否	是	否	是	否	是	否	是

注：括号内为聚类在城市层面的稳健性标准误；*代表10%的显著性水平；控制变量包括第三产业GDP占比、人口密度、固定资产投资、财政分权程度、FDI。

为了进一步解决内生性问题，即可能存在的内生线路选择，对估计关系的影响，我们继续使用第1章介绍的工具变量进行两阶段最小二乘法估计。估计结果如表11-8所示，其中仍把样本限制在外围城市。基数列报告的第一阶段估计结果与收入估计类似。但是，在对人均社会消费品零售额和农村居民人均消费性支出的影响估计时，由于控制了城市特定趋势，导致F值无法估计。偶数列则报告了第二阶段估计结果。由工具变量法得到的估计系数均大于双重差分法得到的基准结果。但是，现在高铁对城镇居民人均消费性支出具有显著的抑制作用，估计系数为-0.044。这印证了收入效应评估中，高铁开通导致的城镇居民人均可支配收入的下降。

表11-8　　　　　　稳健性检验——工具变量法

变量	(1)	(2)	(3)	(4)	(5)	(6)	(7)	(8)
	高铁开通（t-1）	社会消费品零售总额	高铁开通（t-1）	人均社会消费品零售额	高铁开通（t-1）	城镇居民人均消费性支出	高铁开通（t-1）	农村居民人均消费性支出
高铁开通（t-1）		-0.026		-0.014		-0.044**		-0.030
		(0.017)		(0.016)		(0.022)		(0.029)

续表

	(1)	(2)	(3)	(4)	(5)	(6)	(7)	(8)
潜在高铁开通(t-1)	0.530***		0.506***		0.520***		0.488***	
	(0.045)		(0.048)		(0.047)		(0.052)	
F值	28.14***		—		26.58***		—	
观测值		3195		3194		2867		2887
聚类数		257		257		256		252
控制变量		是		是		是		是
城市固定效应		是		是		是		是
年份固定效应		是		是		是		是
城市特定趋势		否		是		否		是

注：括号内为聚类在城市层面的稳健性标准误；**和***分别代表5%和1%的显著性水平；控制变量包括第三产业GDP占比、人口密度、固定资产投资、财政分权程度、FDI。

四 异质性分析

表11-9报告了消费效应的异质性估计结果。这里还是考虑城市层级异质性。高铁的开通会使地区之间的连接性变得更高，居民的出行更加频繁，进而会导致居民消费空间的调整。更便利的交通条件可能会为大城市或中心城市吸引到更多的消费，而周边沿线的小城市的吸引力较弱，结果消费会流出。这意味着，外围城市开通高铁实现的消费效应低于中心城市，乃至为负。表11-9报告了估计结果。的确，中心城市从高铁开通中获得了人均社会消费品零售额和城镇居民人均消费支出的增长，而外围城市从中获得这些增长更小，乃至为负。但是，高铁对社会消费品零售总额和农村居民人均消费性支出的影响不存在显著的异质性影响。

表11-9　　　高铁消费效应的异质性分析

变量	(1) 社会消费品零售总额	(2) 人均社会消费品零售额	(3) 城镇居民人均消费性支出	(4) 农村居民人均消费性支出
高铁开通 (t-1) × 外围城市	-0.014	-0.028*	-0.058***	0.004
	(0.019)	(0.015)	(0.020)	(0.027)

续表

	（1）	（2）	（3）	（4）
高铁开通（t-1）	-0.001	0.028**	0.039**	-0.021
	(0.018)	(0.014)	(0.018)	(0.025)
观测值	3562	3561	3216	3219
聚类数	288	288	287	282
控制变量	是	是	是	是
城市固定效应	是	是	是	是
年份固定效应	是	是	是	是
城市特定趋势	否	是	否	是

注：括号内为聚类在城市层面的稳健性标准误；*、**和***分别代表10%、5%和1%的显著性水平；控制变量包括第三产业GDP占比、人口密度、固定资产投资、财政分权程度、FDI。

第六节 结论

本章关注高铁开通是否可以带来居民福利，主要是指收入和消费。我们使用2003~2015年288个地级及以上城市的面板数据，构建多时点倍差法模型，评估高铁对居民福利的影响。主要结论是，高铁开通提高了职工工资总额，但是降低了城镇居民人均可支配收入，而且对消费和其他收入指标没有显著的影响。一系列稳健性检验支持了该结论。同时，我们也发现，高铁的开通对于不同层级城市的居民福利的影响不同：促进了中心城市的城镇居民可支配收入、人均社会消费品零售额以及城镇居民人均消费性支出，但是对于外围地区这些指标的影响更小，乃至为负。这些结论意味着，高铁开通存在着"虹吸效应"，至少对中心城市居民福利的好处要高于外围城市。由于大城市和中心城市在就业机会、社会治理、文教娱乐、医疗卫生等方面的巨大优势，高铁开通加速了外围地区的高端要素和居民消费的外流，也进入了劳动竞争，进而不利于本地的增收和消费升级。

第十二章　高铁与环境质量：污染减排的视角[*]

内容提要：本章利用2002～2012年我国各机构层面污染排放数据，估计了交通改善对环境污染的影响。把我国的高铁建设作为交通改善的一次准外生冲击，本章的倍差法估计框架发现，高铁连接对两种污染排放强度总体上没有显著影响。但是，高铁降低重污染行业、中心城市和城市中心区域污染排放强度。这些异质性效应可以解释为高铁所引起的产业和空间经济结构的调整。

第一节　引言

在过去的十多年里，高铁深刻地改变了我国的交通地理格局，并吸引了越来越多的学者评估其社会经济影响。现有文献广泛研究了其对城市间可达性改善（E. Ortega et al., 2014）、旅游业增长（Albalate et al., 2017; Z. Chen and Haynes, 2015b）、企业创新和知识溢出（X. Dong et al., 2020; Y. Zhang et al., 2020）、区域经济增长（Z. Chen and Haynes, 2017; Cheng et al., 2015; Ke et al., 2017; Qin, 2017; Zhiwei Yang et al., 2020），以及产业或空间结构调整（K. S. Kim, 2000; Monzón et al., 2013; Sasaki et al., 1997; Shao et al., 2017）等各个方面的效应。然而，现有的研究很少探讨高铁对空气污染的影响。相关的实证研究要么估计其他交通工具对空气质量的影响（Barnes et al., 2020; Y. Chen and

---

[*] 本章内容发表信息如下：Gao, Yanyan, Jianghuai Zheng, and Xin Wang, "Does high-speed rail reduce environmental pollution? Establishment-level evidence from China", *Socio-Economic Planning Sciences*, Vol. 83, 2022, 101211. 有删改。

Whalley，2012；Fu and Gu，2017；Zheng et al.，2019），要么对高铁和污染之间的关系提供了截然不同的证据（Z. Chen et al.，2016；Westin and Kågeson，2012；Y. Liu and Shi，2019）。

对此，近年来出现了一些实证研究，以评估高铁的环境效应。例如，Otsuka（2022）发现高铁有助于提高能源强度，这表明高铁在日本具有碳减排效应。Guo 等（2020）还探讨了高铁对公路沿线空气污染的影响。他们通过倍差法发现，尽管作为高速公路的替代，高铁可以使一氧化碳（CO）排放减少 0.047 毫克/立方米，但对 $PM_{2.5}$ 和臭氧排放没有影响。利用德国的数据，Lalive 等（2018）同样发现，通过减少汽车和摩托车的使用，铁路服务增加 10%可使 CO 和 NOx 污染分别减少约 1%和 2%。来自瑞典（Åkerman，2011）和澳大利亚（Robertson，2016）的证据也从生命周期的角度支持了上述替代效应，发现高铁减少了二氧化碳的排放。

近年来，来自我国的证据也在不断积累，这些研究大多采用倍差法。Zhenzhi Yang 和 Li（2019）利用中国地级市 2003~2013 年的平衡面板数据，评估了高铁对环境污染的影响。实证结果表明，高铁使 SO_2 的排放强度减少了 7.35%，主要由技术效应、配置效应和替代效应所驱动。X. Sun 等（2020）利用异质随机前沿模型对环境效率进行估计，发现高铁显著提高了高铁连接城市的环境效率。此外，Fan 等（2020）利用 2004~2016 年的城市面板数据发现，高铁降低了工业 SO_2 的排放，背后的机制是高铁使工业结构发生调整，向中心城市的生产性服务业转移。Zhao 等（2020）利用 2014~2017 年京津冀南部 47 个县的面板数据和空间模型，估算了高铁对空气质量的影响。然而，他们的证据并不清晰，对模型的选择也很敏感。

虽然似乎有充分的证据表明，高铁可以通过替代传统交通（S. Guo，2020；Lalive et al.，2018）、向服务业为主的经济转型（X. Fan et al.，2020）和提高能源利用效率（Otsuka，2022）等方式减少空气污染，但是鲜有文献研究高铁是否以及如何影响水污染。即使在空气污染方面，根据现有文献，我们也可以得到或正或负的影响（X. Fan et al.，2020；Zhenzhi Yang and Li，2019）。一方面，如果高铁连接可以促进其连接地区的经济增长，它也可能会带来空气污染，因为更多的能源被用来满足经济增长所需。此外，靠近高铁车站的城市扩张也会导致空气污染加剧。另一方面，高铁可以带来新的思想和知识以及激烈的竞争，使当地企业能够以更高效或节能的方式开展业务，从而降低能源使用强度，减少污染排放。同时，高铁带来的可达性改善也有助于环境监管机构的检查，从而方便环境政策的实施。因此，正如可计算一般均衡模型的模拟分析（Z. Chen et al., 2016）所揭示的那样，高铁对空气污染的总体影响取决于两股相反力量的相对大小。

但是，上述理论可以用来假设高铁对水污染的影响吗？恐怕不能。水污染排放有两个不同于空气污染排放的显著特征。首先，高铁与其他常规交通工具之间的水污染排放差异远不如空气污染排放那么显著。这意味着高铁的替代减排效应不适用于探究高铁对水污染的影响。其次，虽然空气污染排放高度集中在发电和供暖行业，但水污染排放在各行业之间的分布更为均匀（He et al., 2020）。这意味着，通过产业向外围城市的空间结构调整所实现的水污染减排这一传导机制的作用有限，因为由高铁所强化的、第三产业所排放的水污染并不一定比第二产业少。剩下的影响机制是高铁对水资源利用效率的影响。然而，这既可能为正，也可能为负。因此，高铁连接对水污染排放的影响可能与其对空气污染的影响不同，而且难以琢磨。

虽然现有文献为这些影响提供了一些线索，仍有待开展更多的研究，以揭示和确定总效应的大小及其主要影响机制。以往的研究主要使用城市或县级的污染排放数据，而且很少研究高铁对水污染排放的影响机制。一个例外是 Zhenzhi Yang 和 Li（2019），他们在一项稳健性分析中报告了高铁对水污染的影响，发现高铁具有显著降低水污染物排放强度的作用。

本章补充了有关高铁对排污影响这一类新兴文献。通过将城市高铁连接和其他统计数据以及一个大型官方单位排污数据库相匹配，我们构建了约80万个观测值的非平衡面板数据，以估计高铁对污染排放的影响。我们运用倍差法来识别该效应。回归结果表明，一旦控制城市特定趋势，高铁对机构污染排放强度没有显著影响。在不同的稳健性检验下，该结果高度一致。这些稳健性分析包括：对感兴趣的变量采用其他指标度量，采用考虑空间溢出和较短的处理前时长的了样本，以及运用不同的模型设定。机制分析讲一步证实了该效应，发现高铁既没有降低能源使用强度，也没有提高企业的减排努力。尽管如此，我们还是发现一些显著的异质性效应，即高铁减少了重污染行业的污染排放，并减少了中心城市、城市的中心地区，以及第二产业占 GDP 比重较大的城市的空气污染排放。然而，我们没有发现基于环境政策的异质性效应，其中，我们分析了两项环境政策："两控区"政策和我国"十一五""十二五"期间的主要污染物减排总量控制计划。这些结果意味着，高铁导致污染企业的跨城市和跨行业的迁移，而不是强化了环境政策的实施。

本章研究与现有文献相比有以下三点不同：第一，我们的污染结果变量是在企业层面，而不是城市层面的空气质量指数和污染物排放量（Barnes et al., 2020; X. Fan et al., 2020; Zhenzhi Yang & Li, 2019; Zhao et al., 2020）。因此，与城市层面的协变量相比，是否有高铁连接更加外生于影响企业排污的不可观察的决定因素，因为单个机构无法决定城市间的高铁连接情况。第二，全国范围内的综合性数据使我们能够同时度量空气污染和水污染的排放量，并能够估计现有文献鲜有检验的高铁对水污染排放的影响。此外，我们的数据还可以进行探讨高铁对企业能源使用强度的影响，这可能是高铁影响污染的重要渠道。第三，与现有文献相比，我们发现，高铁对这两种污染排放强度没有显著影响，但是在产业和城市层级两个方面发现存在异质性影响。因此，基于企业层面的研究丰富了以往以高铁促进减排为主要发现的实证文献。

第二节　研究设计

一　数据和变量

我们合并了三组数据集。第一组数据是中国排污数据库。该数据库包括所有主要污染源的污染物排放和能源消耗的详细信息。环境保护部每年都要求排污企业和诸如医院、居民楼等机构按表填报能耗和污染排放情况。该数据集包括从 1998~2012 年超过 100 万个机构层面的原始观测值，是我国最全面的污染排放数据库（Deng et al., 2020; He et al., 2020; Jiang et al., 2014）。由于排污企业受到环境保护部及其地方分支机构的严格监控，瞒报或者误报行为将受到惩罚，因此该数据集也是机构排污方面最可靠、最全面的数据。该数据集包括我国 31 个省份的所有排污机构，但每个省份的观测值却存在很大差异。具体而言，广东省的观测值最多，约占所有观测值的 10%，西藏的观测值最少，这表明广东是污染排放最多的省份。该数据集为我们提供了机构层面的污染排放以及能源使用的信息。考虑到二氧化硫（SO_2）和化学需氧量（COD）分别是我国大气和水污染最主要的污染物，也是我国环境规制的主要目标污染物，我们主要以 SO_2 和 COD 的排放强度，即排放量与工业产值之比作为结果变量。使用污染排放强度而不是排放量的优点是，可以考虑到每个企业的经济活动规模，从而使机构间的污染排放更具可比性。现有的实证文献也广泛采用了该排污指标（Deng et al., 2020; Jiang et al., 2014; S. Xu and Allen

Klaiber, 2019; Zhenzhi Yang and Li, 2019)。其他污染物的排放强度变量将用于稳健性检验或机制分析。

第二组数据是关于城市高铁连接的数据,收集自中国高铁网站"高铁网"(http://crh.gaotie.cn/CRHMAP.html)。我们构造了一个时变的虚拟变量来度量城市的高铁连通情况。该变量在城市开通高铁之后的年份取值为1,否则取值为0,用以捕捉高铁推出带来的交通改善变化。大量文献也使用时变虚拟变量来识别高铁的各种因果效应(X. Dong et al., 2020; Qin, 2017; Fangni Zhang et al., 2018)。截至2012年,全国共开通高铁26条,其中2008年开通3条,2009年开通4条,2010年开通8条,2011年开通4条,2012年开通7条。因此,在本章的研究期内,有89个地级及以上城市开通高铁,从而提供了足够的高铁连通时空变化(附录表12-A1列出了所有高铁线及其所涉及的城市)。

第三组数据是城市层面协变量的官方统计数据。我们从中获取地级市控制变量的相关指标,以缓解遗漏变量偏误,因为这些变量可能决定公司污染结果和高铁开通情况。地级市社会经济变量,如以人均GDP、人口密度、公共支出和外国直接投资(FDI)等,可能是规划高铁线路时所考虑的因素,也可能决定居民对企业污染的容忍度或者地方政府抑制环境污染的能力(Deng et al., 2019; Zhao et al., 2020)。由于工业是三次产业中两类污染的主要来源,因此我们也将第二产业占GDP的比重作为控制变量之一。城市层面的协变量数据取自2003~2013年《中国城市统计年鉴》。

我们把这些数据集按照城市行政代码和年份进行匹配,构建了一个从2002~2012年共1054353个观测值的非平衡面板数据(具体变量定义和数据来源,参见附录表12-A2)。然而,由于某些污染排放变量存在不少缺失值,回归中实际使用的观测值将减至80万以内。

二 实证策略

为了估计高铁连接对企业污染排放的影响,我们运用倍差法分析框架,其中2008年之前的年份为完全没有高铁开通的时期,截至2012年开通高铁的城市为处理组。具体而言,我们使用以下实证模型:

$$Pollution_{ict} = \alpha HSR_{ct} + X'_{ct}\beta + \delta_c + \theta_t + \varepsilon_{ict} \tag{12-1}$$

其中下标 i、c 和 t 分别表示公司、城市和年份;$Pollution$ 是机构排污结果变量,包括 SO_2 和 COD 等污染物的排放强度;HSR 是 HSR 连通变量;X 是一组城市协变量向量,包括人均 GDP、第二产业占 GDP 比重、人口密度、人均公共支出和人均 FDI；δ_c 和 θ_t 分别为城市和年份固定效应；ε_{ict} 是误差项；α 和 β 是待估计系数。如果 α 的估计值显著，则表明高铁对机构污染排放强度有显著影响。

上述倍差法分析框架控制了可能导致内生性的城市非时变特征和时变共同冲击因素，如全国性的减排政策。需要注意的是，我们将控制城市固定效应而非企业固定效应。这样能够使那些仅在我们的数据集中出现一次的企业不被剔除，有助于充分利用其污染信息，增加样本数量和估计精度。这也符合我们的基本实证策略，因为我们的处理——高铁开通变量——在城市间变化。为了观察企业层面固定效应将如何影响估计结果，我们还将在一项稳健性检验中对其进行控制。

模型（12-1）也没有控制企业层面的协变量。但我们认为，这不会改变我们的估计结果，因为企业层面的变量不太可能决定高铁线路的走向，尽管它们会与企业的环境绩效有关。现有的文献支持了这一做法。例如，Gao 和 Zheng（2022）也是利用环境保护部排污数据库。他们发现，增加对企业脱硫设施变量的控制几乎不会改变管道天然气连接对企业 SO_2 排放强度的估计系数，其中管道天然气连接也是城市层面的时变变量。此外，本书第 3 章关于高铁连通对中国发达地区企业创新影响的实证研究也表明，在控制了县域协变量后，增加对企业层面协变量的控制不会影响到高铁连通的估计值。为了证实这一点，后面将在一项稳健性检验中加入企业固定效应和企业特定趋势，并观察控制这些因素将如何改变我们关心的估计值。

因此，我们利用高铁与非高铁城市之间以及高铁连通前后企业排污结果变量的变化来识别因果关系。因为处理单元的处理发生在不同的年份，在控制了城市和年份固定效应之后，模型（12-1）是一个多期倍差法估计框架。考虑到同一个城市内的企业所面临的高铁连通变量取值相同，即处理发生在城市层面，我们把标准误差聚类在城市层面。这通常会导致更大的标准误差，从而得到更保守的显著水平。

三　描述性统计分析

表 12-1 报告了主要变量的描述性统计，包括所有数据和区分有无高铁连接的分组数据。我们从 A 栏中发现，本研究共有 981848 个观察值，而实际使用的观察值数量将减少至 80 万左右。SO_2 和 COD 排放强度均值分别为 2.35 和 1.309。平均而言，来自高铁城市的企业观察值占比为 19.8%。在 B 栏中，我们将数据分为两组，一组来自有高铁连通的城市，另一组来自没

有高铁连通的城市。我们发现，与高铁城市相比，无高铁城市的机构具有更高强度的 SO_2 和 COD 排放，表明高铁连接与机构污染排放强度之间存在负相关。然而，值得注意的是，这两个组结构所处城市的协变量方面也存在显著差异。因此，由于在有和没有高铁的城市之间，其他因素并不相同，简单的均值比较无法确定高铁连通与机构排污之间的因果关系。

表 12-1　　变量的描述性统计

变量	观测值	均值	标准差	最小值	最大值
SO_2 排放强度	818883	2.350	1.873	0	17.035
COD 排放强度	803042	1.309	1.615	0	17.495
高铁连通	981848	0.198	0.398	0	1
人均 GDP	981848	10.165	0.767	7.545	12.115
第二产业占 GDP 比重	981521	50.522	8.873	9	90.97
人口密度	981817	6.072	0.772	1.609	7.904
人均公共支出	971425	8.039	0.917	5.583	11.650
人均 FDI	974549	4.192	1.835	-4.753	7.783

	非高铁城市		高铁城市		均值差
变量	观测值	（1）均值	观测值	（2）均值	（1）-（2）
SO_2 排放强度	418963	2.639	399920	2.048	0.591***
COD 排放强度	373935	1.471	429107	1.169	0.302***
高铁连通	447368	0	534480	0.363	-0.363***
人均 GDP	447368	9.863	534480	10.418	-0.555***
第二产业占 GDP 比重	447215	49.937	534306	51.011	-1.074***
人口密度	447337	5.701	534480	6.383	-0.682***
人均公共支出	441232	7.778	530193	8.256	-0.478***
人均 FDI	440069	3.286	534480	4.938	-1.651***

注：除高铁连通和第二产业占 GDP 比重外，所有变量均为自然对数。*** 表示 1% 的显著性水平。

为了观察 SO_2 和 COD 排放强度的趋势，我们在图 12-1 展示了这两个变量均值的时间序列。每幅图有三条线——实线、点线和折线分别为所有城市、高铁城市和非高铁城市观测值的均值。由图（1）可知，三组中 SO_2 排放强度的趋势非常相似，2002~2005 年不断下降，然后上升至 2007 年，此后再次下降，但高铁城市的 SO_2 排放强度变化呈盆状。该图提供了高铁连通处理组和对照组之间存在平行趋势的描述性证据。

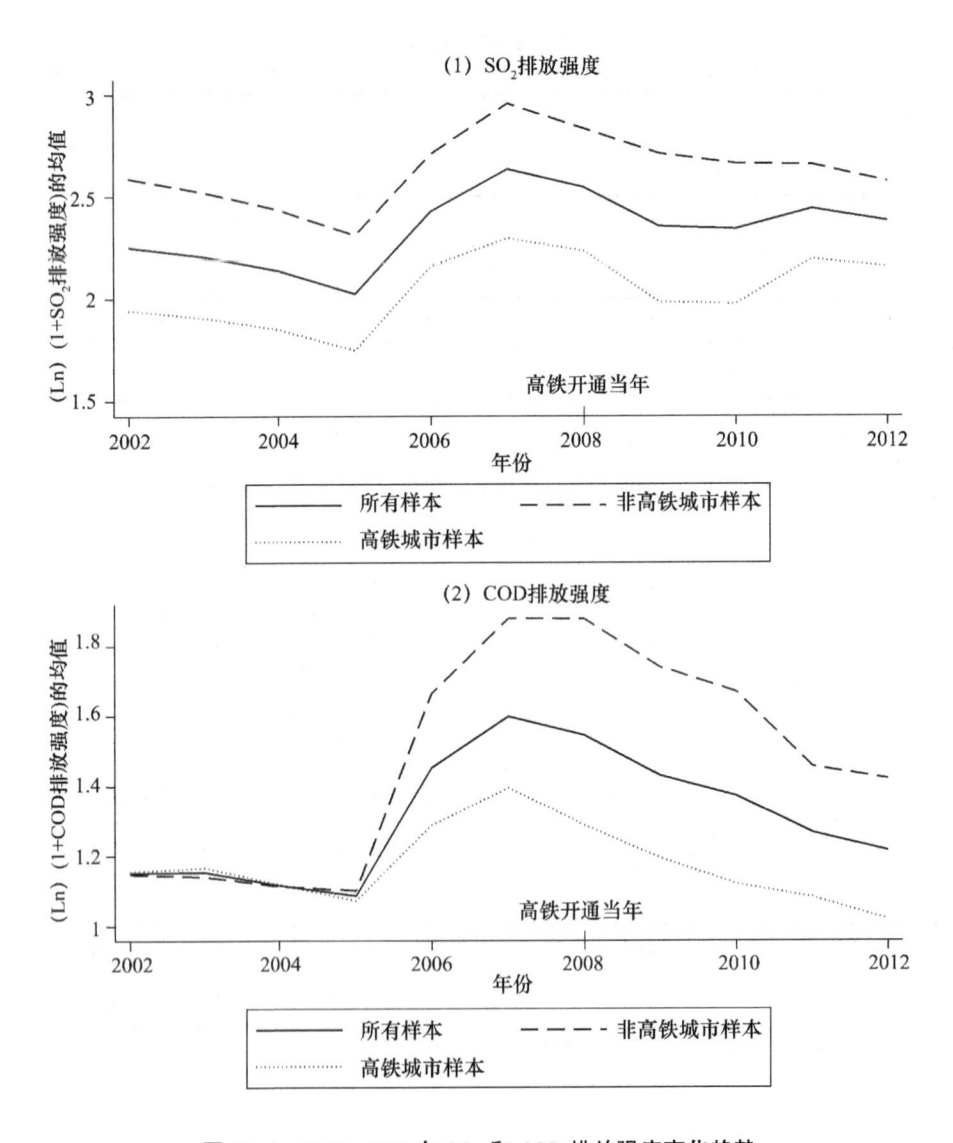

图 12-1　2002~2012 年 SO_2 和 COD 排放强度变化趋势

第十二章 高铁与环境质量：污染减排的视角 213

至于 COD 的排放，我们没有观察到三组之间存在平行趋势。虽然 COD 排放强度的总体趋势与 SO_2 排放强度相似，但高铁与非高铁组 COD 排放强度均值的差距在高铁开通前的 2005~2007 年间不断增大，此后一直持续［见图（2）］。那么，为什么这两种污染物的排放强度在 2006 年开始增加呢？因为从"十一五"开始，中央政府开始实行更严格的环境规制政策，把 10% 的减排任务的实现与地方官员的绩效考核联系起来。因此，更多的排污企业受到监测，这些企业通常比现有企业有更高的 SO_2 排放强度（Gao and Zheng, 2024）。

在有和没有高铁连接的城市中，上述趋势图可能表明平行趋势假设不成立，尤其是对于 COD 排放强度而言。为了正式检验这一点，沿循 Autor（2003）的做法，实证研究通常估计处理变量的提前和滞后效应。不显著的提前效应被用来证明平行趋势假设的成立。后文进行的平行趋势检验表明，SO_2 排放强度存在不显著的提前效应，但 COD 排放强度存在显著的提前效应，这表明后者未能满足平行趋势假设。

最近的一些研究认为，与其检验处理前趋势是否存在，不如把注意力放在思考平行趋势无法满足的原因是什么（Kahn-Lang and Lang, 2020）。平行趋势检验往往缺乏有效性，可能会加剧来自潜在趋势的偏误，从而导致存在覆盖率错误的置信区间（Rambachan and Roth, 2019）。实证工作所采用的倍差法估计，应从包含一个线性或者二次趋势差异（Bilinski and Hatfield, 2018）或允许处理组和对照组之间存在各种形式的处理前的趋势差异（Mora and Reggio, 2013）。鉴于上述原因，我们建立以下具有城市特定线性趋势的实证模型：

$$Pollution_{ict} = \alpha HSR_{ct} + X_{ct}'\beta + \delta_c + \theta_t + \gamma_{ct} + \varepsilon_{ict} \qquad (12-2)$$

其中 γ_{ct} 是城市特定的线性趋势，可以很容易地扩展到二次或三次趋势。如果这里的估计结果与等式（12-1）不同，我们倾向于认为应该增加线性趋势来控制违反平行趋势假设的可能性。同时，我们也遵循（Mora and Reggio, 2013）的建议，使用完全灵活的固定效应模型，允许处理前的趋势差异。该实证模型也被称为事件研究，具体如下：

$$Pollution_{ict} = \alpha_k \sum_{k=-m}^{n} HSR_{ck} + X_{ct}'\beta + \delta_c + \theta_t + \gamma_{ct} + \varepsilon_{ict} \qquad (12-3)$$

其中 k 表示到高铁开通当年的时间距离，高铁开通当年标记为零。k 取值范围为 $-m$ 到 n，其中 $m, n>0$。k 取正值时表示高铁开通后的年份，取负值表示高铁开通前的年份。

第三节　实证结果

一　主要结果

表 12-2 报告了假设平行趋势成立时，不同控制变量下的估计结果。这些证据都表明，虽然高铁连接在 5% 的显著水平上对 SO_2 排放强度没有显著影响，但显著降低了 COD 排放强度。随着更多城市协变量被控制，高铁连接对 COD 排放强度的估计值变小，从没有协变量时的 -16.7%［见第（2）列］到控制所有城市协变量后的 -11% 左右［见第（6）列］。在控制变量中，我们发现第二产业在 GDP 的比重与两种污染物的排放强度正相关，人均 GDP 对 SO_2 排放强度有一定的负效应，人口密度与 SO_2 排放强度也呈正相关。考虑到控制这些协变量会影响高铁连接的估计大小，我们将在后面所有的回归中对其进行控制。

表 12-2　　平行趋势成立假设下的主要结果

变量	(1) SO_2 排放强度	(2) COD 排放强度	(3) SO_2 排放强度	(4) COD 排放强度	(5) SO_2 排放强度	(6) COD 排放强度
高铁连通	0.085	-0.167***	0.103*	-0.118***	0.101*	-0.110***
	(0.061)	(0.043)	(0.057)	(0.041)	(0.056)	(0.041)
人均 GDP			-0.282**	-0.052	-0.230*	-0.095
			(0.131)	(0.102)	(0.128)	(0.104)
第二产业占 GDP 比重			0.017***	0.018***	0.019***	0.017***
			(0.005)	(0.005)	(0.005)	(0.005)
人口密度					0.120**	0.044
					(0.056)	(0.040)
人均公共支出					-0.112	-0.022
					(0.137)	(0.085)
人均固定资产投资					0.018	0.062
					(0.069)	(0.052)

续表

	(1)	(2)	(3)	(4)	(5)	(6)
人均FDI					-0.011	-0.004
					(0.023)	(0.016)
常数项	2.288***	1.329***	4.263***	0.946	3.701**	0.770
	(0.010)	(0.008)	(1.231)	(0.880)	(1.457)	(1.031)
年固定效应	是	是	是	是	是	是
城市固定效应	是	是	是	是	是	是
城市特定趋势	否	否	否	否	否	否
观测值	760576	755289	760253	754966	743594	740673

注：括号中是聚类在城市层面的稳健性标准误；*，**，和*** 分别表示10%、5%和1%的显著性水平。

然而，一旦我们控制了模型（12-2）中设定的城市特定线性趋势，所有估计值变得不显著了。如表12-3所示，不管有没有控制城市协变量，高铁连通的估计系数均不显著。控制和不控制线性趋势时的估计结果差异证实了图13-1所示的趋势，意味着处理组和对照组之间的趋势不同，因而需要控制企业之间结果变量的趋势差异。因此，正如最近一些研究所建议的那样（Bilinski and Hatfield, 2018; Mora and Reggio, 2013），我们倾向于相信控制线性趋势而非平行趋势成立假设下的估计结果。

表12-3　　　　　　　　线性趋势假设下的主要结果

变量	(1) SO_2排放强度	(2) COD排放强度	(3) SO_2排放强度	(4) COD排放强度	(5) SO_2排放强度	(6) COD排放强度
HSR连接	0.096	0.028	0.094	0.028	0.096	0.026
	(0.061)	(0.049)	(0.063)	(0.049)	(0.062)	(0.048)
城市协变量	否	否	人均GDP、第二产业占GDP比重		所有控制变量	
年固定效应	是	是	是	是	是	是
城市固定效应	是	是	是	是	是	是
城市特定趋势	是	是	是	是	是	是
观测值	760578	755291	760255	754968	743596	740675

注：括号中的值是聚类在城市层面的稳健性标准误。

基于模型（12-3）的事件研究也支持对城市特定线性趋势的控制。如图 12-2 和图 12-3 所示，对距离高铁开通不同年份的高铁连通效应的点估计表明，我们假设平行趋势和假设线性趋势时的估计结果存在显著差异。在图 12-2 中，我们发现两组企业之间 SO_2 排放强度在高铁连接前不存在显著的趋势差异，即高铁连接不存在提前效应，但两组之间 COD 排放强度的趋势存在显著差异。这些趋势前的差异意味着纳入城市特定线性趋势的合理性。如图 12-3 所示，在控制了这些趋势之后，按距离高铁开通年数对高铁连接效应的点估计表明，高铁连接仍然对 SO_2 排放强度没有显著影响，但在高铁开通后的第四年，COD 排放强度增加了约 50%。图 12-3 还表明，现在两组之间，特别对于 COD 排放强度而言，处理前基本没有显著的趋势差异。鉴于此，接下来的稳健性检验假设平行趋势无法满足，从而都控制城市特定的线性趋势。

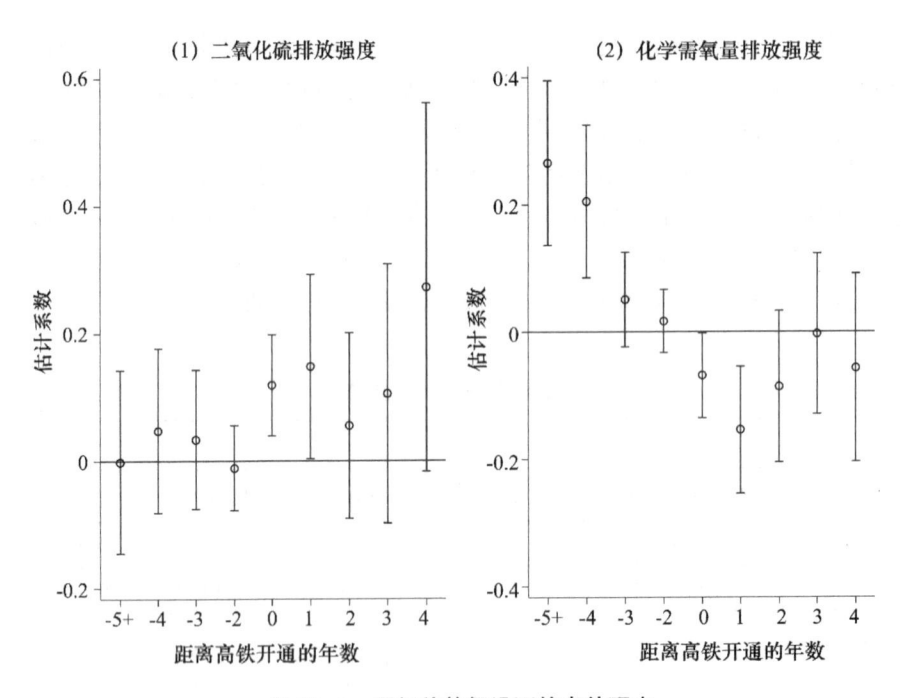

图 12-2 平行趋势假设下的事件研究

注：圆圈是基于模型（12-3）得到的点估计值，但没有控制城市特定趋势；实线表示 95% 水平的置信区间；高铁开通前一年的排放强度作为参考；"-5+" 表示高铁连通前 5 年及以上年份。

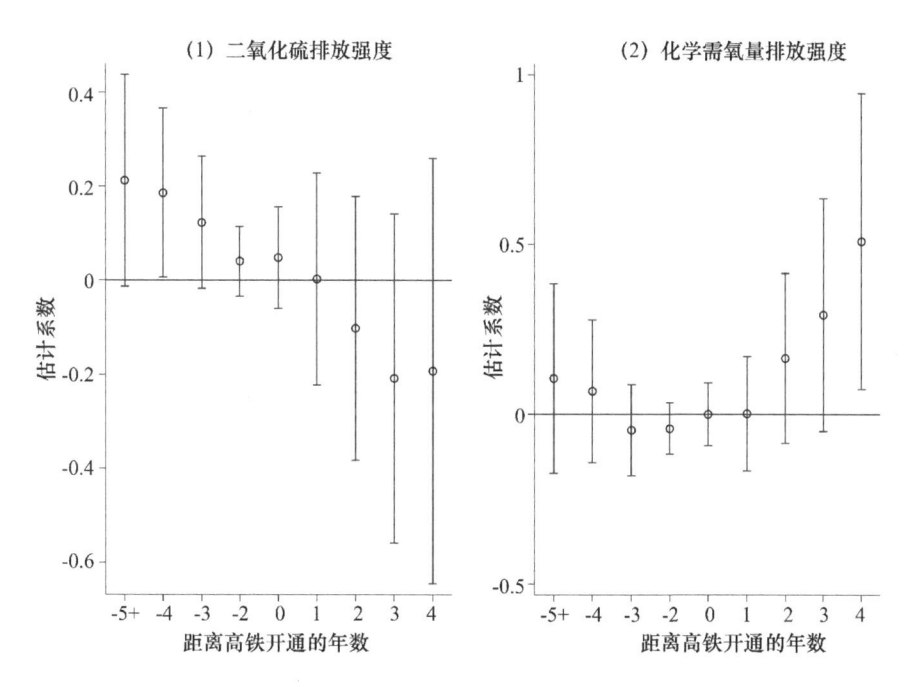

图 12-3 线性趋势假设下的事件研究

注：圆圈是基于模型（12-3）得到的点估计值；实线表示 95% 水平的置信区间；将高铁开通前一年的排放强度作为参考；"-5+"表示高铁连通前 5 年及以上年份。

二 稳健性检验

为了进一步检验上述不显著效应的稳健性，我们将使用排放强度的替代变量，考虑空间溢出效应，使用子样本，控制企业特定趋势，以及使用工具变量法等方式重新估计高铁与机构排污之间的关系。

（一）替换变量

首先，我们使用县级高铁连通变量。这也是一个时变虚拟变量，对于已开通高铁站点的县在高铁开通的年份，该变量取值为 1（以年为单位），否则取值为 0。同时，我们还用《中国县域统计年鉴》中的两个县级协变量人均 GDP 和工业 GDP 的比重作为控制变量。然而，由于县域变量存在许多缺失值，匹配的观测值急剧减少到 45 万左右。表 12-4 第（1）和第（2）列报告的估计结果表明，在考虑了县域固定效应和县域特定趋势后，高铁连通在 5% 显著水平下对机构污染排放强度没有影响。

其次，人们可能还会想知道，高铁连通是否也对其他污染物排放强度没有影响。给定前文的非显著效应，我们自然期望高铁对其他类似于 SO_2

或 COD 的污染物也没有显著影响。为了论证这一点，我们使用烟尘、废气和废水的排放强度作为结果变量。与预期相同，高铁连接不会影响所有三种污染物的排放强度［见表 12-4 第（3）至（5）列］。此外，人们可能会认为，应该用排放量而不是强度作为排污结果变量。虽然没有理由认为排放量是比强度更好的结果变量，但我们使用 SO_2 或 COD 排放量的对数作为结果变量重新估计了模型（12-2）。第（6）列和第（7）列报告的结果表明，高铁连接对这两个变量也没有显著影响。

表 12-4　　　　　　　稳健性检验——替代变量

变量	(1) SO_2排放强度	(2) COD排放强度	(3) 烟尘排放强度	(4) 废气排放强度	(5) 废水排放强度	(6) SO_2排放量	(7) COD排放量
高铁连通			0.065 (0.052)	0.021 (0.037)	-0.027 (0.073)	0.205 (0.180)	0.134 (0.100)
县域高铁连通	0.029 (0.081)	0.162* (0.094)					
控制变量	是#	是#	是	是	是	是	是
年固定效应	是	是	是	是	是	是	是
城市固定效应	否	否	是	是	是	是	是
城市特定趋势	否	否	是	是	是	是	是
县固定效应	是	是	否	否	否	否	否
县特定趋势	是	是	否	否	否	否	否
观测值	454312	421024	525749	749224	758766	760732	758021

注：括号中的值是聚类在城市层面的稳健性标准误；* 表示 10% 的显著性水平；由于数据限制，第（1）和（2）列控制变量只包括县级人均 GDP 和第二产业占 GDP 的份额。

(二) 缩小样本

值得注意的是，一个城市的可达性也可能因为它邻近城市开通高铁而得到改善。因此，高铁城市及其附近城市的经济活动都可以受到这种交通改善的影响。由于这些城市被视为控制组，但也受到高铁连通的影响，不考虑这种溢出效应会导致我们的估计有偏差。为了缓解溢出效应，我们剔除距离最近的高铁城市小于100公里的非高铁城市的观测值。① 基于新数据集得到的结果表明，高铁连通对机构排污强度没有显著影响［见表12-5第（1）和第（2）列］，表明考虑空间溢出效应不会改变我们的主要结果。

我们还注意到，截至2012年，即我们研究的最后一年，许多省份还没有高铁线路。由于中国各省和各地区在经济发展水平、文化、民族、人口和地理等方面存在显著差异，因此自然会质疑把没有任何高铁的省份作为对照组的合理性。为了解决这一问题，我们将数据限制在截至2012年至少有一个高铁城市的省份。现在我们发现，尽管高铁连通对COD排放强度没有显著影响，但在5%显著性水平下，它使SO_2排放强度增加了约12%［见表12-5第（3）和第（4）列］。这提供了一些证据，高铁加剧了空气污染，这可能是由于高铁经济的增长所致。

另一个问题是，处理前的时间比处理后的时间长得多，这可能会对处理前的结果变量注入了一些干扰因素。为了了解估计结果将如何变化，我们将研究范围限定在2005~2012年之间。即便如此，结果表明，在5%显著性水平下，高铁连接对企业污染排放强度没有十分显著的影响［见表12-5第（5）和第（6）列］。

表12-5　　　　　　稳健性检验——缩小样本

	（1）	（2）	（3）	（4）	（5）	（6）
	剔除离最近的高铁城市100公里以内的高铁城市的观测值		至少有一个高铁城市的省份		2005~2012年的数据	
变量	SO_2排放强度	COD排放强度	SO_2排放强度	COD排放强度	SO_2排放强度	COD排放强度
高铁连通	0.024	0.077	0.118**	0.010	0.091*	-0.035
	(0.061)	(0.067)	(0.050)	(0.043)	(0.050)	(0.038)
控制变量	是	是	是	是	是	是
年固定效应	是	是	是	是	是	是
城市固定效应	是	是	是	是	是	是

---

① 如果剔除距高铁城市200公里内的非高铁城市，我们得到的估计系数仍然不显著，但是会更大一点。

续表

	(1)	(2)	(3)	(4)	(5)	(6)
城市特定趋势	是	是	是	是	是	是
观测值	591055	594030	652710	667000	578049	575280

注：括号中的值是聚类在城市层面的稳健性标准误；* 和 ** 分别表示10%和5%的显著水平。

(三) 改变模型设定

在前文，我们通过在模型 (12-2) 的右侧添加城市特定的线性趋势来控制处理前趋势差异。然而，有人会认为，高铁连通的实际效果可能会被这些城市特定趋势所吸收。为了解决这一问题，我们仅控制省域特定趋势，从而允许省内城市间的高铁连通有足够的变化。表 12-6 第 (1) 列和第 (2) 列报告了实证结果。我们再次发现，即使我们只控制特定省份的线性趋势，所有的估计都不具统计显著性。这些结果表明，不显著的估计系数并不是因为城市特定趋势吸收了城市高铁连接变化对机构排污强度的影响所致。

此外，尽管我们认为企业层面的特征不太可能决定一个城市的高铁连接，有人还是认为在实证模型的右侧不应忽略企业层面的协变量或固定效应。为了证实这一点，我们首先控制固定效应，然后进一步控制企业特定的趋势。此时，所有企业层面不变和时变特性以及城市级时变特性都进行了控制。实证结果见表 12-6 最后四列。同样，我们发现，高铁连通对两种排染结果变量的影响都不显著，且估计系数非常小 [见第 (3) 至 (6) 列]。因此，在各种替代性模型的设定之下，我们的主要发现仍然成立。

表 12-6   稳健性检验——改变模型设定

	(1)	(2)	(3)	(4)	(5)	(6)
变量	SO_2 排放强度	COD 排放强度	SO_2 排放强度	COD 排放强度	SO_2 排放强度	COD 排放强度
高铁连通	0.065	0.021	-0.003	-0.033	-0.002	0.007
	(0.052)	(0.037)	(0.021)	(0.024)	(-0.038)	(0.028)
控制变量	是	是	是	是	是	是
年固定效应	是	是	是	是	是	是
城市固定效应	是	是	否	否	否	否

续表

	（1）	（2）	（3）	（4）	（5）	（6）
城市特定趋势	否	否	是	是	是	是
省域特定趋势	是	是	否	否	否	否
企业固定效应	否	否	是	是	是	是
企业特定趋势	否	否	否	否	是	是
观测值	591055	594030	660638	656116	660638	656116

注：括号中的值是聚类在城市层面的稳健性标准误。

（四）内生性问题

虽然高铁建设不太可能出于环境保护的目的，如减少环境污染或促进环境政策的实施，但仍有人可能会担心，遗漏一些同时决定高铁连接和污染排放的变量。例如，中心城市的居民对更清洁的环境和快捷便利的交通基础设施都有更高的需求。如果不能有效控制这类需求，我们可能高估高铁对污染减排的作用。

我们注意到，早期的高铁旨在连接中心城市以满足这些需求，我们将中心城市从我们的研究中移除，包括所有四个直辖市和所有省会城市。现在，剩下的高铁城市之所以出现，主要是因为它们碰巧位于两个中心城市之间。因此，这些城市的高铁连通受上述需求因素的影响的可能性会更小。通过对新数据集的重新估计，发现高铁增加了 SO_2 的排放强度，但对COD 排放强度没有显著影响 [见表 12-7 第（1）和第（2）列]。这些结果首先表明，我们并不担心倾向于夸大高铁连通减排效应的需求因素，因为这里得到了更大的估计值。这些结果还意味着，外围地区的高铁连通会增加空气污染排放，其原因可能是由于产业和经济活动从中心城市到高铁沿线外围城市的结构调整。我们将在城市层面异质性分析部分继续对此进行分析。

为了进一步解决内生性问题，与本书前面章节类似，我们构造了两个工具变量（IVs）并使用两阶段最小二乘法（2SLS）来识别影响。首先，我们将位于任何高铁线路两端城市之间的直线上的城市定义为潜在高铁城市，并将其开通高铁的时间设定为该高铁线的实际开通时间。其次，在高铁线的每个路段中，我们在中心城市之间绘制直线，并将位于这些直线上的城市视为潜在的高铁连通城市。由于这些高铁线段可以在不同的年份开通运营，潜在的高铁城市被分配了这些具体的开通年份。因此，与第一个工具变量相比,第二个工具变量的变化更大,更接近实际的高铁连通变量。移除中心城市后,这些工具变量比实际高铁连通变量更外生。表12-7第(3)至(6)列的实证结果表明,虽然两个工具变量与实际高铁连通变量高度相关[见第(3)和第(5)列],但高铁连通对两个污染强度的第二阶段估计系数不具统计显著性[见第(4)和第(6)列]。因此,即使我们考虑了高铁线路规划的内生性问题,高铁连通也不会显著影响机构排污强度。

表12-7　　　　稳健性检验——考虑高铁线路的内生性

	(1)	(2)	(3)	(4)	(5)	(6)
	去除中心城市		第一阶段结果	第二阶段结果	第一阶段结果	第二阶段结果
变量	SO_2 排放强度	COD 排放强度	高铁连通	SO_2 排放强度	高铁连通	COD 排放强度
高铁连通	0.164**	0.062		0.075		-0.061
	(0.065)	(0.057)		(0.080)		(0.060)
潜在高铁连通1			-0.069**		-0.076**	
			(0.030)		(0.030)	
潜在高铁连通2			0.831***		0.851***	
			(0.038)		(0.035)	
其他控制变量	是	是		是		是
年固定效应	是	是		是		是
城市固定效应	是	是		是		是
城市特定趋势	是	是		否		否
F值			288.74***		416.3***	
观测值	591956	583629		591956		583629

注:括号内的值为聚类在城市层面的稳健性标准误;**和***分别表示5%和1%的显著水平。

三　基于影响机制的分析

为了巩固前面的研究发现,我们检验了高铁连通可能影响机构污染排放的一些关键机制。第一,如果高铁连通对污染强度没有显著影响,也应该对机构的能源使用强度没有显著影响,因为该变量是一个投入端的排污结果变量。通过模型（12-2）中设定的实证策略，但将排污结果变量替换为机构的能源使用强度，我们得到了如表12-8所示的回归结果。具体而言，我们使用了四个能源使用强度变量，即燃煤、燃油、清洁能源和淡水的消费强度。同样，我们发现高铁连通仅使清洁能源的消费强度减少了1.1%［见第（1）至（4）列］。这可能是因为，正如此前的研究（Z. Chen et al., 2016; Ke et al., 2017; Shao et al., 2017; Zheng and Kahn, 2013）所示，清洁能源未能满足高铁经济增长所带来的对其需求的增长。

第二，高铁可能通过方便环境管理部门监督环境政策的实施来减少机构的污染排放。由于我们没有发现高铁连接的污染减排效应，如果这种效应是真实的，我们预测该机制也不会发生作用。遗憾的是，没有直接的数据来衡量环境政策的执行严格程度，例如环境管理部门的检查次数。尽管如此，我们还是采用了间接的监管强度度量指标，例如污染物的去除强度，即特定污染物的去除量与工业产值的比值，以及污染物去除量占总排放量的比例。数据也取自排污数据库。这些变量是合理的指标，因为它们应该与环境政策执行的严厉程度正相关。表12-8第（5）至（8）列报告了采用实证模型（12-2）中设定的实证策略得到的估计结果，其中把污染去除相关的变量作为结果变量。我们发现，高铁连通对所有与高铁带来的环境政策严厉性相关的四个间接指标没有显著影响。

因此，我们发现，高铁连通既没有降低能源使用强度，也没有增加污染去除强度或比例。相反，它降低了企业对清洁能源的消费强度和COD排放的去除比例。这些结果进一步证实了我们的主要结果，即高铁对机构污染排放强度没有显著的直接影响。

表12-8　　高铁连通对能源使用强度和污染去除的影响

变量	（1）燃料煤消耗强度	（2）燃油消耗强度	（3）淡水消耗强度	（4）清洁能源消耗强度	（5）SO_2去除强度	（6）COD去除强度	（7）SO_2去除比例	（8）COD去除比例
高铁连通	-0.005	-0.004	-0.050	-0.011**	-0.039	-0.071	-0.013	-0.027*
	(0.017)	(0.010)	(0.058)	(0.005)	(0.055)	(0.054)	(0.017)	(0.014)
控制变量	是	是	是	是	是	是	是	是
年固定效应	是	是	是	是	是	是	是	是
城市固定效应	是	是	是	是	是	是	是	是

续表

	(1)	(2)	(3)	(4)	(5)	(6)	(7)	(8)
城市特定趋势	是	是	是	是	是	是	是	是
观测值	519370	321142	752601	305530	356895	433379	289008	355318

注：括号内的值为聚类在城市层面的稳健性标准误；*和**分别表示10%和5%的显著水平。

第四节 异质性效应

虽然高铁似乎对污染排放没有显著的平均效应，但仍有可能存在异质性效应，因为各地排污机构在许多方面存在着显著的差异。例如，在环境法规更为严格的地区和时期，如果机构所在的城市有高铁连接，则可能会面临更多的检查。此外，一些行业的污染排放比其他行业更密集。当高铁带来经济聚集和城市化，重污染的工业转移到其他地区或减少排放，以提供更好的生活环境。类似的情况也可能发生在中心城市或城市的中心地区。高铁建成后，中心城市的企业可能面临更大的压力来抑制污染排放，因为高铁的集聚和重组效应将赶走能源密集、污染严重的低效企业。基于这些分析，我们从环境政策、产业和城市层级三个方面探讨了高铁对机构污染排放的异质性影响。

一 环境政策的作用

在本章的研究视野中有两个重要的环境政策。一是1998年1月国务院批准的"两控区"政策。二是"十五"期间（2001~2005）颁布的主要污染物排放总量控制计划，但该政策自"十一五"才被严格执行。"两控区"政策将175个城市定为控制空气和水污染的目标城市。减排总量控制计划为每个五年计划设定了10%的SO_2和COD全国减排目标。由于"十五"期间，减排目标的实现并没有与地方官员的晋升结合起来，该政策并没有有效实现预设的减排目标（S. Chen et al., 2018; X. Shi and Xu, 2018）。直到"十一五"期间，该政策才对地方政府有约束力，因为全国的减排总量被细化为各省市的减排任务，而且中央政府把地方官员的绩效与这些任务的实现联系起来，用以考核地方官员。结果，"十一五"的减排目标超额完成，SO_2和COD的削减数量超过了计划规模。结合这些政策，高铁也许可以通过方便这些政策的实施来减少机构的污染排放。

为了检验这种异质性，我们估计了高铁与环境政策的交互效应。为此，我们首先使用 Cai 等（2016）的数据构建了一个虚拟变量，其中"两控区"城市标为 1，其他城市记为 0。然后，我们构建了省级 SO_2 和 COD 污染减排任务的时变变量，在第十个五年计划的年份中，其值为 0，在接下来的五年计划的年份中，每个省都有规定的减排任务。有关这些减排任务的数据可从国务院批准的环境保护部的五年计划（2011 年和 2006 年）中获取。回归结果见表 12-9 第（1）至（4）列。我们没有发现高度显著的交互作用。这些结果表明，虽然环境法规可以抑制企业排污，但其实施状况与受监管城市的交通状况关系不大。这是可以解释的，因为中央政府在很大程度上依赖其强有力的政治系统，将环境保护与官员的职务晋升联系起来，以及依赖监测技术而不是现场视察来执行环境规制。

二 产业异质性分析

为了探讨产业异质性，我们首先定义重污染产业。SO_2 污染严重行业是指 2011 年 SO_2 排放量占全国总量 10% 以上的行业。因此，有三个 SO_2 严重污染的行业，包括发电和供热（47%）、非金属矿产品（13%）和塑料制品（11%）。相应地，COD 污染严重的行业被定义为 2011 年 COD 排放量占全国总量 10% 左右及以上的行业。由此得到三个 COD 污染严重的行业，即纺织品（约 10%）、纸张和纸制品（24%）以及化学原料和化学制品制造业（约 10%）。为了估计产业异质性效应，我们在模型（12-2）的右侧增加了高铁连通与重污染产业的交互项。由于不随时变的行业特征和时变的行业特定趋势可能会混淆异质性效应，因此我们还控制了行业固定效应和行业特定趋势。回归结果表明，高铁连接降低了 SO_2 和 COD 重污染产业的污染排放强度，降低程度分别为 23% 和 20.3%［见表 12-9 第（5）列和第（6）列］。这些结果表明，虽然高铁连通总体上没有减少机构排污强度，但高铁开通降低了重污染产业的排放强度。

为了证实这些发现，我们采用同样的实证策略来估计高铁连接对机构能源利用强度的产业异质性效应。我们预计，这些影响的估计也应显著为负，因为它们作为排污的投入端驱动了产业异质性。与预期一致，实证结果表明，高铁连接对能源利用强度的影响具有显著的产业异质性。它使重污染产业的燃料煤和淡水的消耗强度分别降低 19.98% 和 15.76%［见表 12-9 第（7）至（8）列］。因此，我们进一步证实了，高铁连接通过降低高污染工业的能源利用强度，来降低机构污染排放强度。

表 12-9　　　　　　　　　环境法规和行业异质性效应

变量	(1) SO₂排放强度	(2) COD排放强度	(3) SO₂排放强度	(4) COD排放强度	(5) SO₂排放强度	(6) COD排放强度	(7) 燃料煤耗强度	(8) 淡水消耗强度
高铁连通	0.192**	-0.096	-0.296	0.063	0.114**	0.039	0.033**	-0.007
	(0.078)	(0.083)	(0.225)	(0.167)	(0.057)	(0.042)	(0.014)	(0.060)
高铁连通×TCZ城市	-0.113	0.138						
	(0.112)	(0.095)						
高铁连通×SO2削减任务			0.035*					
			(0.020)					
高铁连通×COD削减任务				-0.004				
				(0.016)				
高铁连通×二氧化硫污染严重的行业					-0.230***		-0.200***	
					(0.080)		(0.040)	
高铁连通×COD污染严重的行业						-0.203***		-0.158***
						(0.046)		(0.057)
控制变量	是	是	是	是	是	是	是	是
年固定效应	是	是	是	是	是	是	是	是
城市固定效应	是	是	是	是	是	是	是	是
城市特定趋势	是	是	是	是	是	是	是	是
行业固定效应	否	否	否	否	是	是	是	是
行业特定趋势	否	否	否	否	是	是	是	是
观测值	743596	740675	729706	723935	545860	552579	344588	543751

注：括号内的值为聚类在城市层面的稳健性标准误；*，** 和 *** 分别表示10%、5%和1%的显著性水平；SO₂重污染行业和COD重污染行业，是指排放量占排放总量10%左右或者10%以上的行业。

三　城市层级异质性分析

最后一个异质性关于城市层级。中国城市行政层级大致有四个等级：直辖市、省会城市、地级市和县级市。由于我们的高铁连通变量在地市级和地市级以上存在变化，因此我们首先使用两个虚拟变量分别表示直辖市和省会城市，通过估计高铁连接与这两个虚拟变量的交互效应来探索城市层级异质性。而且在每个城市内都有市辖区、县和县级市，这些都是县级行政区域。市辖区与其他县级行政单位最重要的区别在于，前者位于城市的行政中心，城市化率较高。一些先前的研究表明，高铁连通加强了区域经济的"中心—外围"格局（Qin，2017；Vickerman，2015），这表明中心城市和区域的企业从高铁连通中获益更多。如果这能提高能源的使用效率，增加对清洁环境的需求，那么高铁连通可能会在中心城市或城市的中心区域产生更大的污染减排效应。

我们通过估计高铁与城市等级之间的交互效应来检验这种异质性。表12-10给出的估计结果表明，省会城市高铁连通对SO_2排放强度的影响比地级市要低34.8%，而地级市高铁对SO_2排放的影响为17.5%［见第（1）列］。这一结果印证了本章前文的估计结果，即高铁连通增加了非中心城市的SO_2排放强度。这里的结果表明，高铁连通降低了中心城市的SO_2排放强度。同样，地级市辖区高铁连通对SO_2排放强度的影响比在县和县级市要低-43.4%［见第（3）列］。然而，在这两种情况下，我们没有观察到，高铁连通对COD排放强度的影响存在城市层级异质性［见第（2）列和第（4）列］。

He等（2020）的研究结果有助于解释这里的结果。其研究结果表明，高速公路连通后，富裕地区的环境得到改善，尽管这是以经济增长放缓为代价。这也可以从Shao等（2017）的研究得到解释，他们认为高铁促进了长三角地区的服务业集聚，以及Qin（2017）和本书第7章的研究进行解释，即高铁连接降低了第二产业占GDP的比重。因此，中心城市在吸引高铁带来的新兴产业机会时更具选择性。它们的服务增长通常比周边城市快，因此排放量也比周边城市低。这可以通过估算高铁连接与第二产业占GDP份额的交互效应得到证实，其中第二产业由主要污染的来源行业组成。如表12-10第（5）列和第（6）列所示，高铁连通在第二产业比重更高时降低了机构SO_2排放强度。城市层级异质性在SO_2和COD排放上的差异，可能是因为COD排放比SO_2排放行业分布更普遍，即SO_2排放高度集中在少数几个行业（Gao and Zheng，2024）。例如，2011年发电和供热行业约占SO_2排放总量的一半。此外，与水污染相比，空气污染容易被察觉，难以规避，从而可以对公众健康造成更普遍的损害。因此，高铁开通带来的产业结构从工业转向服务业，可能首先会显著减少中心地区空气污染严重的行业。

表 12-10　　城市层级的异质性效应

变量	(1) SO$_2$ 排放强度	(2) COD 排放强度	(3) SO$_2$ 排放强度	(4) COD 排放强度	(5) SO$_2$ 排放强度	(6) COD 排放强度
高铁连通	0.175***	0.033	0.059	0.145	0.652**	0.264
	(0.07)	(0.057)	(0.084)	(0.098)	(0.269)	(0.246)
高铁连通×直辖市	-0.014	0.152				
	(0.081)	(0.104)				
高铁连通×省会城市	-0.348**	-0.108				
	(0.163)	(0.097)				
高铁连通×市辖区			-0.434**	0.210		
			(0.215)	(0.339)		
高铁连通×第二产业占 GDP 比重（%）					-0.011**	-0.005
					(0.005)	(0.005)
市辖区			10.614	3.840		
			(40.007)	(31.205)		
观测值	743596	740675	454312	421024	743596	740675

注：括号内的值为聚类在城市层面的稳健性标准误；**和***分别表示5%和1%的显著水平；第（3）列和第（4）列的结果由对县域高铁连通变量进行估计得到，其中仅控制人均 GDP 和第二产业占 GDP 比重。

第五节　结论

通过构建 2002~2012 年机构层面污染排放面板数据，我们估计了交通改善的环境效应。我国自 2008 年以来快速推进的高铁建设被看作是交通改善的一个近似外生冲击，并用以识别因果关系。倍差法估计框架发现，控制城市间的趋势差异后，高铁连通对机构的空气和水污染的排放强度没有显著影响。稳健性分析进一步支持了该结果。然而，研究发现，高铁连通在高污染行业有显著的减排效应，并降低了中心城市和市中心地区的 SO$_2$ 排放强度。然而，研究并没有发现高铁连通的减排效应因环境政策而异。

这些发现意味着，我们不应过分期望高铁在遏制环境污染方面的作用。本章的实证结果支持了 Z. Chen 等（2016）通过动态 CGE 模型得出的模拟结果，即铁路通过产出扩张和降低铁路运输成本导致的诱导需求抵消了其替代其他模式所导致的减排。我们的产业和城市层次异质性效应也证实了高铁网络对企业污染的一般均衡效应，其中的驱动力量是经济活动在产业、城市层次和城市中区位之间的重新分配。本章还强调，高铁对污染排放的实际影响对控制组和处理组之间的趋势假设高度敏感。倍差法估计框架中平行趋势假设的错误设定将导致对效应的估计有偏差。此外，由于高铁的推出并不是为了遏制环境污染，而是为了满足日益增长的中心城市之间快速、舒适出行的需求，高铁连接的潜在环境影响应该是无意和间接的，并伴生于其他社会经济影响。因此，主要研究结果仅表明，在控制了特定城市的发展趋势后，高铁连接并没有直接的环境改善效应。考虑到产业和城市层次的显著异质性效应，本研究结果表明，高铁的污染减排取决于其他社会经济特征。

值得注意的是，本章的估计应被视为一个非常短期的效应。由于机构层面的污染排放数据仅持续到 2012 年，第一批高铁城市的高铁开通期约为 5 年，大多数高铁城市的连接期要短得多。我们无法探索高铁的长期环境效应。此外，我们只通过删除了距离高铁城市 100 公里以内的非高铁城市来考虑空间溢出效应。对此，可以进一步用更具体的模型——例如空间计量经济模型——来解决对空间效应的担心。然而，由于处理发生在城市层面，而排污结果变量在机构层面，并且空间模型的估计需要基于平衡面板数据，我们无法采用空间模型。因此，我们把这些潜在的局限留给未来的研究。

第十三章　高铁与高质量发展：以长三角城市群为例

内容提要：长三角地区是我国经济最发达的地区之一，也是高铁建设最早、高铁网最密集的地区之一。本章以长三角城市群中的181个县域经济体为研究对象，构建高质量发展指数，并采用倍差法检验高铁开通对县域社会经济高质量发展的影响。实证结果表明，高铁开通显著提升了长三角县域经济的发展质量，且该效应在长三角核心区、江苏省和浙江省、市辖区、环境规制强度更大地区更明显，在中心城市更小。此外，高铁通过促进创新、改善环境以及重塑空间经济分布来提高县域经济发展质量。

第一节　引言

近年来，我国社会经济发展正从高速增长阶段向高质量发展阶段转变，形成了新发展理念。该理念要求把发展质量放在第一位，秉持效益优先的原则，在"创新、协调、绿色、开放、共享"五个方面实现全面发展。2021年，我国经济高质量发展取得了新的成绩，为"十四五"计划的实施开创了良好的局面。与此同时，我国高速铁路建设快速发展，已经成为一个不可或缺的新型交通工具。2008年8月1日通车的京津城际铁路是我国开通的第一条设计时速为350公里的高标准高铁。虽然我国的高铁建设起步时间较晚，但是后来居上。截至2021年，随着京港高铁安庆至九江段的建成通车，我国大陆高铁总运营里程已经超过了4万公里，位居世界第一。高铁网络的建成大幅缩短了城市间的旅行时间。这不仅提高了人民的生活质量，还带来多样化的商品和服务选择。同时城市之间的经济联系更加紧密，交通运输成本更低，人员往来更加频繁，有助于推动经济的一体化和增长。因此，高铁是否总体上促进了社会经济的高质量发展？本章将以长三角城市群为研究对象实证回答这一问题。

长江三角洲地区是全国经济发展水平最高、对外开放程度最高、创新能力最强的区域之一，也是"一带一路"和长江经济带的重要交会点。以上海为中心，长三角地区横跨上海、江苏、浙江、安徽三省一市。由于自然条件较好、水陆交通便捷、市场经济发达，并且有较大规模的外贸出口基地，2019年长三角的GDP总量达到了23.72万亿元，大约占全国总量的1/4，是我国最大的区域经济体。同时，长三角拥有最发达的高铁网络，形成了以上海、南京、杭州为枢纽，由沪宁、沪杭、宁杭等重要的铁路线路构成的铁路交通网，其中苏南五市在2010年随着沪宁高铁的开通就实现了高铁的连通。另一方面，长三角地区内部经济发展水平和高铁开通情况也存在着巨大的差异，仍有不少县域尚未接入高铁网。在经济发展水平方面，2020年人均生产总值最高的无锡市是铜陵市的两倍。在高铁建设方面，上海、苏南五市以及浙江省的8个城市较早开通了高铁，而皖南和苏北地区高铁发展相对较慢。因此，以长三角县域高铁建设和开通的时空差异可以用来评估高铁对于经济高质量发展的影响。

一方面，近年来大量涌现关于高质量发展研究以及高铁开通效应的评估研究，但现有文献对于高铁与高质量发展之间关系的研究仍较少。正如第一章所述，党的十九大报告中首先提出了高质量发展的任务和概念，此后引起了国内学者对高质量发展的内在逻辑、度量和实现路径的积极讨论。例如，金碚（2018）认为，经济高质量发展最终的目的是更大程度满足人民不断增长的物质文化需求，是经济可持续的一种发展方式、动力和状态。师博、任保平（2018）认为，经济发展质量的高水平所呈现出的发展状态是高质量发展，包括不同的方面，例如经济增长、结构优化、对外开放程度增加、城乡差距缩小和较好的生态环境、污染减少。刘志彪（2018）认为，要使经济发展进入高质量阶段，需要关注的内容包括经济发展的转型方式、现代产业体系的完整和优化、国内市场体系的结构深化、对分配公平问题的重视，以及保护生态环境等。但是，这些文献尚未评估高铁等交通基础设施的改善如何助力经济发展质量的提升。

另一方面，大量涌现的高铁社会经济效应评估文献，分别围绕着经济增长（Gao et al.，2020；K. S. Kim，2000；Ahlfeldt and Feddersen，2018；

张俊，2017；Ke et al.，2017；Diao，2018）、部门经济（Gao et al.，2019；Gao et al.，2022；Shao et al.，2017；王亚飞等，2020）、空间经济布局（Hall，2009；Preston and Wall，2008；Tomaney and Marques，2013；Vickerman，1997；王雨飞、倪鹏飞，2016；颜银根等，2020）、环境污染（Gao et al.，2022；X. Guo et al.，2020；Lin et al.，2021；X. Sun et al.，2020）、创新创业和生产率（Gao and Zheng，2020；Ma et al.，2021；张梦婷等，2018；王春杨等，2020；龙玉等，2017），以及社会福利（Bracaglia et al.，2020）等方面开展实证研究，但是实证评估高铁和高质量发展之间关系的文献非常少见。因此，本章尝试弥补现有研究的不足，拓展本书前面章节的研究内容，以长三角城市群中的县域经济体为研究对象，实证评估高铁开通对于经济发展质量的影响。[①]

具体而言，我们通过搜集和合并长三角城市群中26个城市从2001～2019年间的县域社会经济数据和高铁开通数据，并构建了一个倍差法分析框架来实证评估高铁开通的高质量发展效应。沿循我国政府文件和现有文献关于高质量发展的阐述，我们采用经济增长、教育与创新、绿色低碳、协调发展、民生保障等五个维度选取10个社会经济指标构建县域高质量发展水平指数。实证结果表明，高铁开通显著提升了长三角县域的发展质量。我们采用替换变量，改变模型设定，缩短研究时间跨度，开展平行趋势和安慰剂检验等方式，进一步证实了高铁的高质量发展促进用。

本章还估计了高铁的高质量发展效应的异质性，包括区域异质性、城市层级异质性、环境规制强度异质性，以及对各高质量原始指标的影响。通过估计高铁开通与各种异质性来源变量的交互效应，我们发现，高铁在长三角核心城市群、江苏和浙江、市辖区以及环境规制强度更大的"两控区"具有更大的发展质量提升效应，但是高铁对中心城市发展质量的提升作用较小。最后，我们发现，高铁对县域人均GDP、创新、环境污染和城市人口比重具有显著的影响，它促进了创新，改善了空气质量，但是降低了人均GDP和城市人口比重。这些结果表明，尽管高铁总体上促进了县域高质量发展，但对县域经济具有复杂的空间和结构调整效应。

[①] 长三角城市群包括26个城市：上海，江苏省的南京、无锡、常州、苏州、南通、盐城、扬州、镇江、泰州，浙江省的杭州、宁波、嘉兴、湖州、绍兴、金华、舟山、台州，安徽省的合肥、芜湖、马鞍山、铜陵、安庆、滁州、池州、宣城。

第二节 现状分析与研究假说

一 长三角县域高铁网

长三角地区第一条高铁线路是2008年通车的合宁铁路。2009~2013年间，该地区又先后开通了甬台温铁路、沪宁城际高铁、沪杭高铁、京沪高铁、宁杭高铁、杭甬高铁、合蚌高铁，建成了区域高铁网路中的主动脉。其中，沪宁线串联起了上海和江苏南部的主要城市；沪杭线则串联了上海和浙江东北部的主要城市；宁杭高铁的建成，较大地减少了南京、杭州和宁波之间的交通时间。2013年以来，杭长高铁、连盐铁路、徐盐高铁等建成通车，并在长三角高铁网络中不断开辟支线，增加了区域内高铁网络的密度，从而使区域内城市之间的联系更加紧密。表13-1列出了截至2019年12月长三角地区营运的21条高铁线路，及其开通的时间、设计时速和所连接的城市。

表13-1　　　　　　　　长三角地区高铁线路

主要线路	通车时间	设计时速（km/h）	连接的长三角城市
合宁铁路*	2008年8月	250	南京、滁州、合肥
合武铁路	2009年4月	250	合肥、六安
甬台温铁路	2009年9月	250	宁波、台州、温州
沪宁城际高铁	2010年7月	350	上海、苏州、无锡、常州、镇江、南京
沪杭高铁	2010年10月	350	上海、嘉兴、杭州
京沪高铁	2011年6月	350	上海、苏州、无锡、常州、镇江、南京、滁州、蚌埠、宿州、徐州
合蚌高铁	2012年10月	350	合肥、淮南、蚌埠
宁杭高铁	2013年7月	350	南京、镇江、常州、无锡、湖州、杭州
杭福深高铁	2013年7月	350	杭州、绍兴、宁波、台州、温州
杭长高铁	2014年12月	350	杭州、金华、衢州
合福高铁	2015年6月	300	合肥、芜湖、铜陵、宣城、黄山
宁安高铁	2015年12月	250	南京、马鞍山、芜湖、铜陵、池州、安庆

续表

主要线路	通车时间	设计时速（km/h）	连接的长三角城市
金温铁路	2015年12月	200	金华、丽水、温州
徐兰高铁	2016年10月	350	徐州、宿州
萧淮线	2017年12月	250	宿州、淮北
衢九线	2017年12月	200	衢州
连盐铁路	2018年12月	200	连云港、盐城
杭黄高铁	2018年12月	250	杭州、宣城、黄山
徐盐高铁	2019年12月	250	徐州、宿迁、淮安、盐城
郑阜高铁	2019年12月	350	阜阳
商合杭高铁	2019年12月	350	亳州、阜阳、淮南

注：* 动车组列车实际运行时间为2008年8月1日；这里指泛长三角地区，即安徽、江苏、上海和浙江。

资料来源：作者整理。

尽管几乎所有长三角三省一市的城市都开通了高铁，但是城市内部和区域之间高铁密度仍存在很大的差异。图13-1为长三角地区三省一市县域高铁站的分布情况。从中可知，江苏北部、皖南以及浙江西南地区连通高铁的县域相对于其他地区要少。江苏的高铁主要集中在苏南地区，而安徽的高铁站的分布更均匀。此外，苏北城市与其他中心城市的直接联动不足。例如，南通、连云港、盐城与大型城市如南京或上海之间交通不便。因此，从县域来看，长三角地区高铁的分布仍存在着巨大的空间不平衡问题。

本章以长三角城市群中26个地级市的县域经济体为研究对象。图13-2给出了城市群中各省以及整个城市群中县域高铁开通的情况。从中可知，从2008年以来，各省高铁县的数量在不断增加。其中，具有更多长三角城市群城市的江苏和浙江两省比安徽具有更多的县域开通高铁。整个长三角城市群高铁县的数量快速增长至87个。给定本章所整理的181个县域经济体，县域高铁开通占比为48.1%。

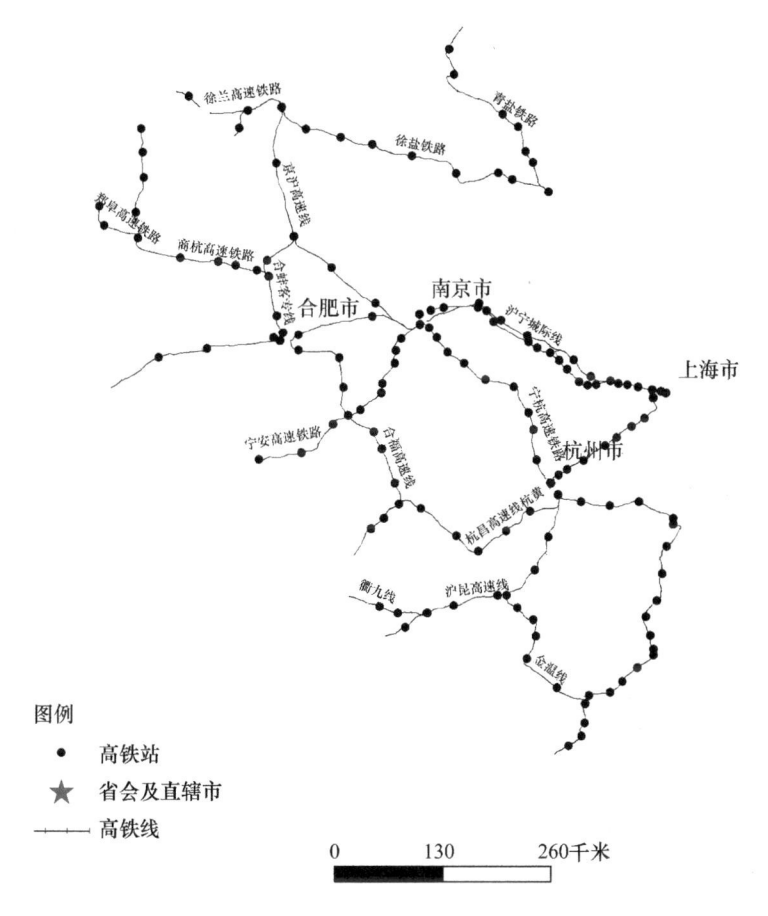

图 13-1 长三角地区县域高铁站分布

资料来源：作者绘制。

二 高质量发展指标的构建

现有文献并没有给出一个一致的高质量发展指标体系。王垚、年猛（2014）把生命和身体条件、绿色环境、社会公平、政治稳定和宗教信仰等不同维度纳入经济增长质量的评价之中。国内学者大多沿循党的十九大报告的精神来选择测算高质量发展水平的指标。例如，詹新宇、崔培培（2016）使用主成分分析法，从"创新、协调、绿色、开放、共享"五个不同的方面构建了经济增长质量指标，评价了各省经济发展水平。师博、任保平（2018）对经济高质量发展的指标测度来自经济的基本面和社会人民生活两个不同的方面。李金昌等（2019）从社会主要矛盾的主要方面出发，构造了包括经济发展质量、绿色可持续、人民生活水平等不同方面的高质量发展评价指标体系，总共 27 个指标。马茹等（2019）则从供给和需求两个方向入手，建立了经济高质量发展体系，对二级指标进行等权重赋值。本章基于新发展理念和现有的文献，同时考虑指标的可获得性，将经济高质量发展指标体系分为五个方面：经济发展、教育与创新、绿色低碳、协调发展、民生保障。

首先，我们用人均国内生产总值和社会消费品零售总额来度量经济发展水平（马茹等，2019）。人均生产总值是描述总体经济发展水平的最重要指标。社会消费品零售总额反映了国内消费需求情况。

其次，我们用万人专利申请授权数量和万人公共图书馆藏书数量来度量创新和教育发展水平（詹新宇、崔培培，2016）。万人专利申请授权量是指每万人向知识产权部门申请并且获得授权的、有效期内的专利数量，是度量辖区内科技创新产出成果的重要指标。万人公共图书馆藏书数量是每万人在期末拥有的图书馆藏书数量，用以间接衡量辖区公共教育服务水平。

再次，我们用 $PM_{2.5}$ 平均浓度和单位产出碳排放量来度量绿色低碳发展水平（师博和任保平 2018）。各地 $PM_{2.5}$ 平均浓度是空气质量水平的最重要指标。单位产出碳排放量是地区碳排放量与地区生产总值的比值，度量了标准化的能耗水平。由于空气中 $PM_{2.5}$ 浓度和单位产出碳排放量都为负向指标，即更大的取值意味着在该指标上更低的经济发展质量，我们对两个指标取倒数。此时，取值越大表明绿色低碳发展水平越高。

复次，我们采用产业结构高级化水平和城市人口比重来度量协调发展程度（马茹等，2019）。具体而言，这里使用汪伟等（2015）构建的产业结构升级指数来度量产业结构高级化。该指数涵盖三个产业，能够全面反映产业结构升级的内涵。具体计算公式为：$industry = \sum_{i=1}^{3} x_i * i$，其中，$x_i$ 为第 i 产业 GDP 占比。

最后，我们采用万人医疗机构床位数和万人社会福利收养性单位床位数来度量民生保障水平（马茹等，2019）。表 13-2 概括了所有原始指标的具体计算方法和单位。

表 13-2　　　　　　　　　　高质量发展指标体系

一级指标	二级指标	计算公式	单位
经济增长	人均生产总值（Y1）	GDP/年末常住人口	元/人
	社会消费品零售总额（Y2）	社会消费品零售总额	万元
教育与创新	万人专利申请授权数量（Y3）	年末专利申请授权数量/年末常住人口	件/万人
	万人公共图书馆藏书数量（Y4）	年末公共图书馆藏书量/年末常住人口	本/万人
绿色低碳	PM$_{2.5}$ 浓度均值（Y5）	年度 PM$_{2.5}$ 地表平均浓度	微克/立方米
	每亿元 GDP 碳排放量（Y6）	碳排放量/GDP	吨/亿元
协调发展	产业结构高级化（Y7）	$industry = \sum_{i=1}^{3} x_i * i$	—
	城市人口比重（Y8）	非农常住人口/年末常住人口 * 100	%
民生保障	万人医疗机构床位数（Y9）	年末医疗机构床位数/年末常住人口	个/万人
	万人社会福利性单位床位数（Y10）	年末社会福利性单位床位数/年末常住人口	个/万人

由于这十个二级指标所代表的含义和单位存在巨大的差异，我们无法直接对其进行加总。对此，我们首先要对这些指标采取如下极差标准化公式进行无量纲化处理：

$$Y_i^* = \frac{Y_i - Y_{i,min}}{Y_{i,max} - Y_{i,min}} \ (i=1, 2, \cdots, 9, 10) \tag{13-1}$$

其中，Y_i 表示第 i 个二级指标，$Y_{i,min}$ 表示指标 i 的最小值，$Y_{i,max}$ 表示指标 i 的最大值，Y_i^* 为标准化处理之后的取值。处理之后指标的取值范围在 0 和 1 之间，取值越接近 1 表示在该指标上具有更高的社会经济发展质量。

为了度量县域高质量发展水平，我们对上述子指标进行加总。鉴于高质量发展要求均衡发展，我们采用直接赋值法，即赋予所有标准化的二级指标相同的权重进行加总。这与现有文献做法一致（马茹 et al., 2019）。具体而言，我们用这些标准化的二级指标之和作为发展质量水平的总指数。后文也将采用熵权法计算该指数,进行稳健性检验。

三 长三角城市群高质量发展现状

从长三角城市群各县域的综合得分来看,不同区县的高质量发展指数总体上呈现出不断增加的趋势,从 2000 年的 0.945 增加至 2019 年的 2.015 [参见图 13-2 (4)]。但是,分省看各地区的高质量发展指数存在着巨大的差异,且这种差异与直观感觉不同。在 2000 年,高质量发展指数最高的是上海,为 1.352。由于上海属于华东经济中心,且为直辖市,我们主要比较其他三个省的长三角城市群中的县域高质量发展情况。三省中,城市群中县域发展质量最高的是浙江,为 1.201,然后是安徽为 0.765。江苏垫底,为 0.721。这种格局一直持续到 2016 年。2017 年,江苏县域高质量发展平均指数超过安徽,为 1.431,而后者为 1.386。但是随后两年,江苏县域高质量发展指数又跌至第三,为 0.943,而同期浙江和安徽省分别为 3.141 和 1.619。

这种差异一部分是由于我们直接加总可得的标准化的高质量发展子指标来计算县域总体高质量发展指数所致。其中,直接忽略了数据缺失的子指标。图 13-2 中图 (1) 表明安徽高质量发展指数在 2017 年出现下跌,而图 (2) 则表明,江苏在 2014 年和 2018 年间出现了高质量发展指数的异常下降。如果我们用子指标的均值来计算县域高质量发展指数,我们得到的结果有所变化。此时,浙江县域高质量指数仍最高,2019 年为 0.394,而江苏次之,为 0.307;安徽最低,为 0.275。

因此,基于存在大量缺失值的原始数据所构建的县域高质量发展指数表明,在由 26 个地级及以上城市构成的长三角城市群里,浙江省具有更高的县域发展质量,且大大领先于江苏和安徽,而后两者相差不大。当然,值得注意的是,安徽省进入长三角城市群的城市均为其较为发达的、毗邻江苏或者沿江的城市,如合肥、马鞍山、芜湖,而江苏进入该群的城市还有相对落后的苏北和苏中城市,如盐城、泰州、扬州。后者内部县域发展差距更大,从而总体上拉低了在江苏境内的长三角城市群县域高质量发展水平。

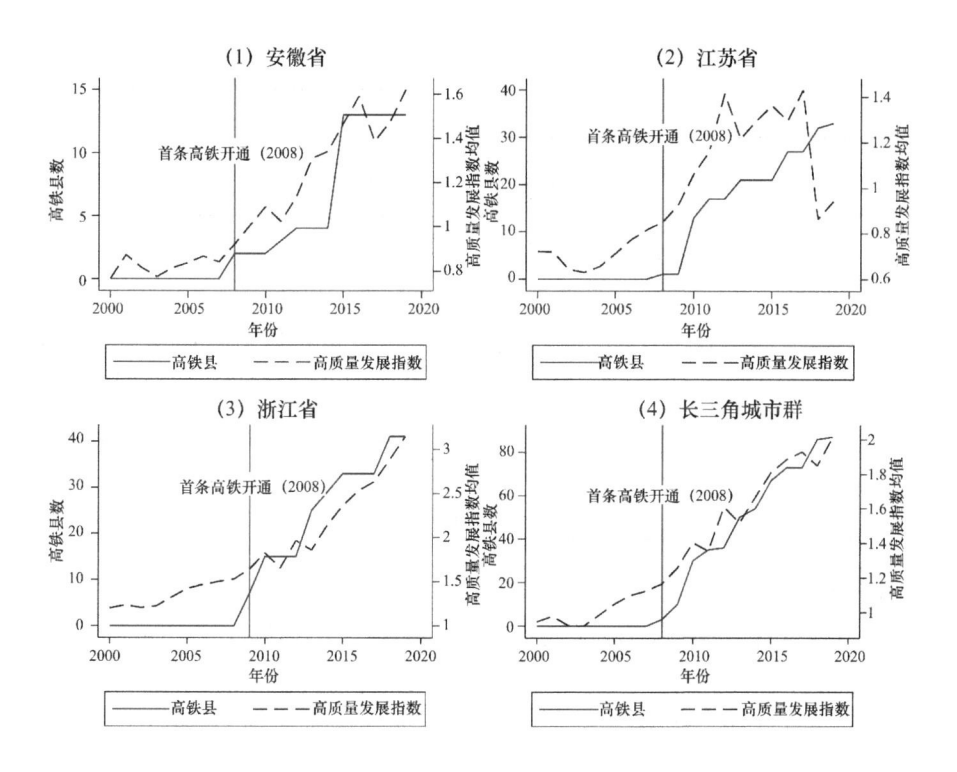

图 13-2　长三角城市群县域高铁和高质量发展指数

数据来源：作者计算。

四　研究假说

高速铁路作为一种新型客运交通工具，具有速度快、安全、准时、舒适等优点。它缩短了城市之间的交通时间，增加了城市的整体可达性和连通性，促进了城市的市场一体化，推动了空间聚集，提高了环境绩效。同时，高铁加快了人口流动，促进了信息和知识的流动，扩大了劳动力市场，激励社会创新，优化资源配置，进而提高生产率。此外，高铁有助于缓解其他交通工具的运输压力，为现有的交通系统注入新的活力。

那么，高铁如何影响高质量发展？由于本章从五个方面来构建高质量发展指标体系，并计算县域高质量发展指数，我们分别从这五个方面来分析高铁连通带来的县域高质量发展效应。

首先，从经济增长效应的角度来看，高铁通过减少交通时间来增加人口的流动，促进诸如旅游业在内的第三产业的发展。但是，高铁是否促进总体经济增长仍没有一个确定的答案。不同的样本和不同的方法得到的估计结果存在巨大差异。例如，董艳梅、朱英明（2016）探究了高铁开通对就业和经济增长的影响，发现高铁建设通过就业促进经济增长。张俊（2017）和 Ke 等（2017）的实证研究也发现高铁对地方经济增长具有促进作用。但是，本书第八章却表明，在长三角县域层面，高铁抑制了地方经济发展。新经济地理理论（Krugman, 1991; Fujita et al., 2001）也表明，交通成本的下降存在着极化空间经济，从而强化区域经济的"中心—外围"发展格局。因此，本章同样基于长三角县域数据的实证研究，这意味着，高铁可能无法通过促进经济增长来提高县域经济发展质量。

其次，从教育与创新的角度来看，高铁能够促进社会创新。由于高铁往往是客运专线，可以方便人力资本的流动，产生知识溢出效应，促进了其连通城市的创新。同时，高铁能够增加不同城市之间的交流和合作，导致知识要素和技术要素传播的时间减少，增加了创新要素的流动速度，提高创新效率。大量的实证文献证实了交通改善带来的创新激励效应（Agrawal et al., 2017; Andersson et al., 2021; X. Dong et al., 2020; Gao and Zheng, 2020; Hanley et al., 2021）。在高铁与创新关系方面，例如，诸竹君等（2019）认为，高铁建设增加了城市专利申请和授权的数量和质量。本书第五章也发现，在长三角和珠三角地区，高铁的开通促进了工业企业的创新活动。因此，高铁能够通过方便创新来提升县域经济发展质量。

再次，在绿色低碳方面，高铁被寄希望提高能效，降低污染。高铁是一种绿色的交通工具，对传统的交通运输方式，如普铁、航空以及汽车客运具有替代作用，有助于减少排放，提高出行效率。同时，高铁通过诱导产业结构升级和转移来间接减少重工业等高污染行业的排放。但是，高铁带来的经济活动的集聚和进入也可能增加污染排放，以及污染和能耗从中心城市向外围地区高铁连通城市的转移。现有的实证研究提供了多层次的证据：一些研究发现高铁降低了能耗和排放（Clewlow et al., 2014; X. Guo et al., 2020; Jia et al., 2021; Lin et al., 2021; Otsuka, 2022），另一些则发现，高铁的减排效应并不明显，乃至有增加排污的倾向（Gao et al., 2022）。但是，本书第十二章基于全国主要排污机构的数据也表明，高铁开通显著降低了高污染行业的排污强度。因此，高铁总体上有助于改善环境，尽管这种效果往往是间接的。

复次，从协调发展的角度来看，高铁有助于产业升级和疏解中心城市拥堵。高铁带来的经济活动的集聚，使当地地价和房价上升（Zheng and

Kahn，2013），进而导致附加值较低的产业迁出和高附加值的产业，如服务业特别是生产者服务业的增加（Shao et al.，2017）。对于中心城市而言，高铁可以疏解过度密集的、高成本的城市经济，促进人口沿着高铁线向外围城市流出，促进经济活动在更大范围内实现一体化。例如，沪宁和沪杭高铁开通之后，不少在上海工作的员工在苏州或者嘉兴购置房产，每天通过高铁和上海本地发达的交通网往返于办公室和家之间，既可以获得大城市的高收入，也可以享受苏州和嘉兴更宜人的住房成本。但是，另一方面，正如本书第六章所示，对于外围县域而言，高铁也导致了农业增加值和产出的增长。另外，由于县域相较于中心城市缺乏完备的公共服务体系和资源，高铁也可能会加速人口从县域流向具有更多就业机会、更高收入和更好公共服务的中心城市。这意味着，我们无法对高铁与产业结构高级化和城市人口比重等县域协调发展指标之间关系给出一个先验的、确切的判断。

最后是高铁与民生保障指标之间的关系。对此，我们同样无法给出一个或正或负的单向关系预测。高铁通过人、信息、知识和技术的流动，进而引起经济活动的变化，既有对民生保障的供给，也对其需求产生影响。一方面，如果高铁导致人口流入，从而催生更多的、倍增的公共服务需求，并且得到满足，那么，高铁会增加民生保障指标。另一方面，高铁带来的中心城市的可达性增加。由于中心城市具有更优质的公共服务，比如医院，也会减少对本地公共服务的需求。一份基于四川省"成都—绵阳—乐山"城际高铁开展的实证研究（G. G. Liu et al.，2021）发现，高铁开通导致了居民到医疗资源更丰富的地方就医，以降低误诊的发生。因此，高铁对于万人医院机构床位数和万人福利性机构床位数的影响取决于上述复杂效应的净效应。

因此，鉴于高铁对于前文构建的各种县域高质量发展子指标的影响存在着各种可能，我们同样无法对高铁与县域高质量发展之间的关系给出一个确切的研究假说。但是，考虑到长三角城市群内部经济发展水平较高、经济发展差异相对较小，且经济一体化程度较高，我们仍然倾向于认为，高铁总体上有助于提升该地区县域经济的发展质量。

第三节 研究设计

一 数据来源

本章采用长三角城市群的县域数据来估计高铁开通对高质量发展的影响。高铁开通数据主要来自《中国铁道年鉴》、12306网站和高铁网。我们从中收集每条高铁线路的开通时间以及沿线开通高铁的县市。构建县域高质量发展指标的数据来源于各城市的区县级统计年鉴、区域统计年鉴、国家知识产权局、加拿大达尔豪斯大学大气成分分析小组的 $PM_{2.5}$ 遥感数据集等。我们剔除了数据缺失较多的县区和在 2000~2019 年期间行政区划发生重大变化的区县,并对数据缺失较少的区县采用线性插值的方法进行补全。由此,我们构建了 2000~2019 年间由长三角 26 个城市的 181 个县域单位组成的非平衡面板数据。

二 实证模型

由于不同县域开通高铁的时间不同,本章采用多期双重差分模型来估计高铁开通对长三角地区县域经济高质量发展的影响。其中,截至 2019 年年底已开通高铁的县域为处理组,没有开通高铁的县域作为控制组。具体而言,本章的实证模型如下所示:

$$Y_{ct} = \alpha HSR_{ct-1} + X_{ct}'\beta + \delta_c + \theta_t + \varepsilon_{ict} \qquad (13-2)$$

其中,Y_{ct} 为县域 c 在 t 年的高质量发展指标;HSR 是高铁开通变量;X 表示县域层面的控制变量;δ_c 和 θ_t 分别为县域和年份固定效应;ε_{ict} 是误差项。由于大部分高铁都在下半年或者年底开通,我们把高铁开通变量滞后一期。α 以及 β 是待估计系数,其中 α 为我们关心的估计系数。如果 α 的估计值显著为正,则表明高铁开通对经济高质量发展有促进作用。为了获得更保守的显著水平,我们把标准误聚类在县域层面。

三 变量介绍

被解释变量为经济高质量发展的指标体系总体评分和各个二级指标。如前文所述,我们采用直接赋值法加总 10 个高质量子指标,得到一个高质量发展总指标。在稳健性检验中,则采用主成分分析法得到高质量发展指数。此外,我们还用构建高质量发展指标的 10 个原始变量,即人均 GDP、社会消费品零售总额、万人专利申请授权数量、万人公共图书馆藏书量、$PM_{2.5}$ 平均浓度、碳排放强度、产业结构升级、城市化率、万人医疗机构床位数和万人福利性机构床位数,作为因变量,以估计高铁对这些原始变量的影响。

核心解释变量高铁开通变量为一个时变的虚拟变量。该变量在开通高铁当年及随后年份取值为 1,否则取值为 0。对于县域经济体而言,是否开通高铁对于高铁服务频率对县域交通的改善影响更大。在稳健性检验中,我们将选择高铁线数量和高铁站的数量来度量高铁对当地交通改善的影响。

控制变量为一些县域协变量,包括地方财政支出、常住人口、人口密度，以及居民储蓄存款余额等。这些变量有助于我们控制影响经济高质量发展的非交通因素，如地方公共服务能力、市场规模、经济集聚潜力以及金融资源等。

表 13-3 报告了主要变量的描述性统计。从 A 组可知，高质量发展指数取值范围为 0.040 到 5.915，均值为 1.374。这表明长三角县域社会经济发展质量存在巨大差异。有 16.7% 的观测值被标记为开通高铁，表明即便是在长三角地区仍有不少县域尚未开通高铁。具体而言，在这里所研究的 181 个县域中，到 2019 年有接近一半（87 个）的县域接入了高铁网。B 组分高铁开通情况对变量进行描述性统计。从中可知，两组在高质量发展均值上，有高铁城市反而较低。但是在高质量发展指数的 10 个原始变量中，无高铁县域在人均 GDP、社会消费品零售总额、产业结构高级化等方面低于有高铁县域；在空气质量方面优于有高铁县域；在碳排放强度方面高于后者；在其他变量方面则无显著差异。在控制变量方面，无高铁县域具有更少的人口和居民储蓄存款余额。因此，描述性统计无法提供关于高铁与县域高质量发展之间关系的有效信息。

表 13-3　　　　　　　　　主要变量的描述性统计

变量	观测值	均值	标准差	最小值	最大值
A 栏：所有数据					
高质量发展指数	3620	1.374	0.778	0.040	5.915
高铁开通	3620	0.167	0.373	0	1
人均 GDP（元/人）	2793	45512.39	38299.62	2057	242575
社会消费品零售总额（万元）	3172	1272181	1560993	11494	13900000
万人专利申请授权数（个/万人）	1390	31.83	33.331	0.25	375.513
万人图书馆藏书数（册/万人）	1871	6.176	5.408	0.517	32.571
PM$_{2.5}$ 平均浓度（微克/立方米）	3620	46.838	9.675	19.552	70.720
碳排放量（吨/万元）	2695	0.022	0.017	0.001	0.166
产业结构高级化	2680	2.247	0.192	1.684	4.450
城市常住人口比重（%）	2048	83.095	11.838	40	161.333
医疗机构床位数（张/万人）	2999	31.374	15.064	6.278	105.931
福利性机构床位数（张/万人）	2889	40.956	29.216	0	165.195

续表

变量	观测值	均值	标准差	最小值	最大值
公共支出（万元）	3084	386106.5	461737.6	4900	3826809
常住人口（万人）	2999	66.305	29.867	7.12	219.752
人口密度（万人/平方公里）	2888	0.054	0.027	0.007	0.206
居民储蓄存款余额（万元）	2946	2328844	2817791	29200	20000000
B栏：分高铁开通情况	无高铁县域		有高铁县域		均值差
	观测值	均值（1）	观测值（2）	均值	（1）—（2）
高质量发展指数	1880	1.416	1740	1.328	0.087***
高铁开通	1880	0	1740	0.347	-0.347***
人均GDP（元/人）	1520	44239.049	1273	47032.791	-2793.742*
社会消费品零售总额（万元）	1676	1120000	1496	1440000	-3.21e+05***
万人专利申请授权数（个/万人）	684	31.433	706	32.215	-0.781
万人图书馆藏书数（册/万人）	952	6.358	919	5.988	0.370
$PM_{2.5}$平均浓度（微克/立方米）	1880	45.825	1740	47.933	-2.108***
碳排放量（吨/万元）	1423	0.023	1272	0.02	0.003***
产业结构高级化	1464	2.226	1216	2.272	-0.046***
城市常住人口比重（%）	1108	83.008	940	83.198	-0.19
医疗机构床位数（张/万人）	1628	31.645	1371	31.051	0.594
福利性机构床位数（张/万人）	1543	41.678	1346	40.128	1.550
公共支出（万元）	1638	376000	1446	398000	-21900
常住人口（万人）	1628	63.536	1371	69.593	-6.056***
人口密度（万人/平方公里）	1542	0.054	1346	0.054	0.000
居民储蓄存款余额（万元）	1598	2110000	1348	2580000	-4.69e+05***

注：***、**、*分别表示1%、5%以及10%的显著水平。

第四节 实证结果

一 基本结果

表13-4报告了基于模型（1）得到的基本回归估计结果。其中，第（1）列仅控制年份和县域固定效应，其余各列逐步控制一些县域协变量。

总体而言，高铁对县域高质量发展具有稳定的促进作用。具体而言，不控制县域协变量时，高铁开通使高质量发展指数提高了 0.074，但并不具有统计显著性［见第（1）列］。控制公共支出［第（2）列］、公共支出、人口和人口密度［第（3）列］，以及进一步控制居民储蓄存款余额［第（4）列］之后，估计系数大幅增加，约为 0.15，且在 5% 的水平上显著。由于控制变量存在缺失值，观测值数量随着控制变量的增加而有所减少。基本回归结果表明，总体上，高铁对于高质量发展具有促进作用，估计系数大小相当于高质量发展指数标准差的 18.5%（0.15/0.81）。

表 13-4　　　　　　　　　　基本回归结果

	（1）	（2）	（3）	（4）
变量	\multicolumn{4}{c}{县域高质量发展指数}
高铁开通（t-1）	0.074	0.151**	0.136**	0.148**
	(0.067)	(0.069)	(0.063)	(0.061)
Ln（公共支出）		-0.147*	-0.213**	-0.122
		(0.088)	(0.093)	(0.081)
人口密度			-4.952	-4.645
			(3.038)	(3.335)
Ln（人口）			1.443***	1.708***
			(0.405)	(0.463)
Ln（居民储蓄存款余额）				-0.486***
				(0.124)
年份固定效应	是	是	是	是
县域固定效应	是	是	是	是
观测值	3620	3084	2886	2823
县域数	161	163	158	154

注：括号中的数值为聚类到县域层面的稳健性标准误；***、** 和 * 分别表示 1%、5% 以及 10% 的显著水平。

二　稳健性检验

接下来我们对基本回归结果进行稳健性检验，具体包括改变核心变量的度量，改变模型设定，改变研究的时间跨度，以及开展平行趋势检验和安慰剂检验。

(一) 更换变量度量

表 13-5 第 (1) 至第 (4) 列为替换核心变量度量得到的估计结果。注意到基本回归中因变量由原始变量标准化后简单加总得到。在此,我们先用原始指标的均值来计算县域高质量发展指数,然后用熵权法构建高质量发展指数。用均值而非加总值可以缓解由于子指标存在缺失值而导致的县域高质量发展指数不可比的问题。正如前文所示,加总计算的县域高质量指数之下,江苏县域的平均发展质量要低于安徽,而采用均值计算的县域高质量发展指数则表明江苏稍高于安徽。对此,第 (1) 列报告了采用均值计算的县域高质量发展指数得到的估计结果。从中可知,尽管估计精度有所下降,高铁仍会使县域发展质量指数提高 0.01。估计系数的大幅变小主要是由于因变量变小而自变量保持不变所致。第 (2) 列报告了采用熵权法计算得到的高质量发展指数。结果表明,尽管估计精度下降,我们仍然看到高铁与新的高质量发展指数正相关。第 (3) 和第 (4) 列中我们用高铁线数量和高铁站数量替代是否开通高铁变量,并估计其对高质量发展的影响。结果表明,估计系数基本相同,并且至少在 5% 的水平上显著。

(二) 改变模型设定

表 13-5 第 (5) 至第 (6) 列报告了更改模型设定得到的估计结果。首先,考虑到高铁可能会通过影响县域协变量来影响结果变量,由此导致"坏的"控制变量的问题。对此,我们转而控制初始年协变量与年份的交互项。由于初始县域协变量早于高铁开通,且年份为外省变量,高铁无法通过该交互项影响到结果变量。估计结果表明,高铁开通对县域高质量发展指数仍然正相关,且估计系数稍稍大于基本回归结果[见第 (5) 列]。其次,一些高于县域层次的变量可能会同时决定高铁开通和县域经济发展的质量,从而导致内生性问题。例如,省政府可能会出于缩小区域经济发展差距的考虑,帮助落后的县域获得高铁。对此,我们在基准模型的基础上进一步控制省份—年固定效应。因此,所有省份在不同年份的特定因素都被控制了。第 (6) 列的估计结果表明,控制省份—年固定效应导致一个更小、估计精度更低的效应:开通高铁使县域高质量发展指数增加 0.11。

(三) 改变研究时间窗口

表 13-5 最后两列报告了缩短研究时间区间的估计结果。在基本回归中,我们的数据跨度是 2000~2019 年。过长的时间可能有更多的其他干扰影响到我们对高铁与高质量发展关系的估计。例如,我国于 2001 年加入世界贸易组织,2008 年我国举办了奥运会,还发生了世界金融危机。长三角作为我国经济最发达的地区之一,更容易受到这些重大事件的冲

击。为了排除这些外生冲击的影响,我们先把研究的窗口缩短至2003~2015年,然后剔除2007~2009年。估计结果表明,更短的研究窗口导致更大的高质量发展效应[见第(7)列],而剔除金融危机和北京奥运会前后的数据导致稍小的估计结果[见第(8)列]。因此,改变研究区间并不会大幅改变基本的估计结果。

表13-5 稳健性检验

变量	(1) 县域高质量发展指数(均值)	(2) 熵权法高质量发展指数	(3)	(4)	(5)	(6)	(7)	(8)
			县域高质量发展指数					
高铁开通(t-1)	0.010*	0.012			0.181***	0.110*	0.179***	0.149**
	(0.005)	(0.009)			(0.068)	(0.058)	(0.065)	(0.062)
高铁线数量			0.158***					
			(0.060)					
高铁站数量				0.147**				
				(0.062)				
控制变量	是	是	是	是	初始年协变量×t	是	是	是
年份固定效应	是	是	是	是	是	是	是	是
县域固定效应	是	是	是	是	是	是	是	是
省份—年固定效应	否	否	否	否	否	是	否	否
观测值	2823	2823	2684	2684	2780	2823	1894	2389
县域数	154	154	153	153	139	154	153	154

注:括号中的值为聚类在县域层面的稳健性标准误;*、** 和 *** 分别表示10%、5%和1%的显著水平;第(7)列把研究区间控制在2003~2015年;第(8)列剔除了2007~2009年的观测值。

(四)平行趋势检验

采用倍差法得到有效因果效应的前提是满足平行趋势假设,即在处理发生前处理组和对照组的结果变量不存在趋势差异。为了检验平行趋势假设,我们估计高铁开通对结果变量的提前效应。如果高铁开通提前项的估计系数不显著,则意味着平行趋势假设成立。平行趋势检验结果如表13-6

所示。从中可知，高铁开通提前5期至1期均对县域高质量发展指数基本上没有显著的影响，但是高铁开通的滞后1期具有显著的发展质量促进作用，且估计系数与基本回归结果相差无几。因此，平行趋势假设得到支持。

表13-6　　　　　　　　　　平行趋势检验

变量	(1)	(2)	(3)	(4)	(5)
	县域高质量发展指数					
高铁开通（-5）	0.023				
	(0.028)				
高铁开通（-4）	0.036	0.033			
	(0.033)	(0.029)			
高铁开通（-3）	0.015	0.012	0.007		
	(0.036)	(0.033)	(0.029)		
高铁开通（-2）	0.070*	0.066*	0.061*	0.060*	
	(0.041)	(0.038)	(0.034)	(0.031)	
高铁开通（-1）	0.040	0.036	0.031	0.030	0.022
	(0.049)	(0.047)	(0.044)	(0.041)	(0.038)
高铁开通（0）	0.032	0.028	0.023	0.022	0.014
	(0.048)	(0.046)	(0.043)	(0.041)	(0.039)
高铁开通（t-1）	0.173**	0.169**	0.163**	0.162**	0.153**
	(0.072)	(0.070)	(0.069)	(0.067)	(0.065)
控制变量	是	是	是	是	是
年份固定效应	是	是	是	是	是
县域固定效应	是	是	是	是	是
观测值	2823	2823	2823	2823	2823
县域数	154	154	154	154	154

注：括号中的值为聚类在县域层面的稳健性标准误；*和**分别表示10%和5%的显著水平。

（五）安慰剂检验

表13-7报告了安慰剂检验的结果。其中，我们采取一种简单的方式来构建伪造的高铁开通，即把高铁开通变量分别提前1到5期，然后在未开通高铁的观测值中估计这些假的高铁开通变量对县域高质量发展的影

响。如果这些提前变量的估计系数很小,且不具有统计显著性,则说明安慰剂检验支持了前文的估计结果。的确,表13-7报告的所有估计系数均较小,而且不显著,反衬了真实的高铁促进县域经济高质量发展的基本结果。这也与平行趋势检验中基本上不显著的提前效应相一致。

表13-7　　　　　　　　　安慰剂检验

变量	(1)	(2)	(3)	(4)	(5)
	县域高质量发展指数				
高铁开通（t+5）	0.008				
	(0.030)				
高铁开通（t+4）		0.004			
		(0.031)			
高铁开通（t+3）			0.002		
			(0.029)		
高铁开通（t+2）				0.027	
				(0.032)	
高铁开通（t+1）					0.014
					(0.037)
控制变量	是	是	是	是	是
年份固定效应	是	是	是	是	是
县域固定效应	是	是	是	是	是
观测值	2016	2112	2201	2289	2350
县域数	154	154	154	154	154

注：括号中的值为聚类在县域层面的稳健性标准误；所有估计均控制在没有高铁开通的数据中。

第五节　异质性分析

一　区域异质性

第一个区域异质性关于长三角城市群的范围。明确的长三角城市群最早由14个城市构成,起源于1992年成立的长江三角洲城市经济协调会。到

2003年增加至16个,新增了泰州和台州两个地级市。2016年6月国务院发布的《长江三角洲城市群发展规划》把长江三角城市群扩充至26个城市,纳入了安徽、江苏和浙江的部分城市。2019年在芜湖召开长三角一体化大会之后进一步把沪、苏、浙和皖共41个城市全部纳入长三角城市群。相对于后期加入的城市,早期长三角城市群的城市位于长三角的核心区域,经济联系更密切,基础设施条件更好,一体化程度更高,因而高铁可能发挥更积极的发展质量提升效应。对此,我们构建一个新旧长三角城市群虚拟变量,其中1992年确定14个长三角会员城市取值为1,其余10个城市取值为0,并估计该变量与高铁开通变量的交互效应。结果如表13-8第(1)列所示,高铁在早期长三角城市群城市具有显著更高的县域发展质量提升效应。这意味着高铁在长三角地区发挥着强化区域经济发展质量的"中心—外围"格局。

第二个区域异质性关于省域异质性。长三角跨越三省一市,各地区自然地理条件、社会文化习俗以及经济发展水平存在巨大差异。省域间政策也对各省内部经济发展具有重要的影响,省域之间也存在着行政壁垒。省域之间的诸种差异可能会导致高铁开通对内部经济体发展质量效应的不同。对此,我们构建省域虚拟变量,以安徽省为参照,估计高铁与浙江和江苏省虚拟变量交互项对县域发展质量的影响。估计结果如第(2)列所示,高铁开通在江苏和浙江产生的县域经济高质量发展效应更大,其中又以江苏的作用更高,估计系数为0.612。这也意味着高铁可能会强化发达地区经济发展的优势地位。

表13-8　　　　　　　　　　异质性分析

变量	(1)	(2)	(3)	(4)	(5)
	县域高质量发展指数				
高铁开通 (t-1)	-0.122***	-0.180***	0.085	0.409**	-0.195**
	(0.043)	(0.057)	(0.062)	(0.178)	(0.095)
高铁开通 (t-1) × 浙江		0.385***			
		(0.084)			
高铁开通 (t-1) × 江苏		0.612**			
		(0.240)			

续表

	(1)	(2)	(3)	(4)	(5)
高铁开通（t-1）×1992年长三角城市群	0.427***				
	(0.076)				
高铁开通（t-1）×市辖区			0.303*		
			(0.155)		
高铁开通（t-1）×中心城市				-0.315*	
				(0.185)	
高铁开通（t-1）×"两控区"城市					0.383***
					(0.109)
控制变量	是	是	是	是	是
年份固定效应	是	是	是	是	是
县域固定效应	是	是	是	是	是
观测值	2823	2823	2823	2823	2823
县域数	154	154	154	154	154

注：括号中的值为聚类在县域层面的稳健性标准误；***、**和*分别表示1%、5%和10%的显著水平。

二 县域异质性

我国的县域单位包括县、县级市以及市辖区。一方面相对于县和县级市，市辖区往往是地级市的经济和政治中心所在地，具有更密集的经济活动和人口，以及更高的经济发展水平。此外，城市中心区域会有更好的配套设施，从而有助于更好地发挥高铁对地方经济的带动作用。为了观察这种潜在的异质性，我们构建市辖区虚拟变量，进而估计该变量与高铁开通的交互项的估计系数。表13-8第（3）列汇报的估计结果表明，高铁在市辖区具有更大的高质量发展提升效应。

另一方面，各省的中心城市和外围城市存在着巨大的发展差距。特别是各省的省会城市，既是各省的政治中心，也往往是文化和经济中心，掌握着大量的资源。同时，这些城市也具有完善的交通网，且为区域交通的枢纽。那么，是否像在市辖区那样，高铁在中心城市也会产生更高的发展质量提升效应？表13-8第（4）列报告了高铁在省会城市和上海相对于其他地区的县域高质量发展效应。从中可知，相对于在市辖区更大的效应，高铁在中心城市对内部县域发展质量的提升作用反而更小。这意味着高铁有利于缩小区域内部中心城市和非中心城市的发展质量差异,尽管对于省际间以及城市内部县域发展质量差距有扩大的作用。这些不同的空间异质性结果也反映了高铁带来的县域发展质量效应具有复杂的、多层次的空间效应。

三 环境规制强度异质性

高质量发展的重要内涵之一是"绿色发展",即对环境保护和节能减排的强调。环境政策是实现绿色发展的重要工具之一。但是,环境规制会增加企业的成本。根据波特假说,设计良好的环境政策可以激发创新和提高生产率。而污染庇护所假说则认为环境规制会损害企业竞争力,乃至驱使企业迁移至规制较弱的地区。高铁可以缓解环境规制的消极影响,使波特假说成为可能。比如,高铁带来的人员和信息的快速流动,有助于创新的扩散和使用,降低了企业应对环境规制的成本,提高技术升级的空间,进而形成动态竞争优势。

为了观测环境规制异质性,我们利用"两控区"政策设定环境规制虚拟变量。该政策要求,到 2010 年指定城市的二氧化硫排放量控制在 2000 年的水平之内,空气中二氧化硫浓度达到国家环境质量标准,酸雨面积明显减少。长三角城市群一共有 18 个城市被划入"两控区"。我们构建一个虚拟变量,位于双控区城市的县域取值为 1,否则为 0。通过估计该变量与高铁开通交互项的系数,我们得到了如表 13-8 第(5)列所示的估计结果。从中可知,高铁在"两控区"发挥着更大的县域发展质量提升作用。

四 对高质量发展原始指标的影响

最后,我们估计一下高铁开通对十个构建高质量发展指数的原始指标的影响。尽管前文的实证结果表明高铁具有显著的县域发展质量提升作用,但是它对不同的原始指标的影响可能存在差异。表 13-9 报告了高铁开通对这些子指标的影响。我们发现,高铁开通对县域人均 GDP 的影响为负,使人均 GDP 下降了 6%[见第(1)列]。这与本书第八章的结论一致。同时,高铁开通与县域创新正相关,使万人专利数增加了约 6 个[见第(3)列]。该结果与第五章采用创新调查数据得到的结论一致。在绿色发展方面,高铁开通显著降低县域 $PM_{2.5}$ 平均浓度,其效应在 1%的水平下为 0.784[见第(5)列]。此外,高铁开通还显著降低了城市人口的比重,大小为-1.845%[见第(8)列]。这可能反映了由高铁开通所导致的外围县域城镇人口的外流。但是,高铁开通对其他高质量发展原始指标并没有显著的影响。因此,高铁对县域经济高质量发展的影响主要通过影响人均GDP、创新、环境质量和人口流动得以实现。

表13-9　　高铁开通对不同发展质量原始指标的影响

A栏:	(1)	(2)	(3)	(4)	(5)
变量	Ln(人均GDP)	Ln(社会消费品零售总额)	万人专利数	万人图书馆藏书数	$PM_{2.5}$浓度
高铁开通(t-1)	-0.060**	0.015	6.225*	0.455	-0.784***
	(0.029)	(0.024)	(3.314)	(0.853)	(0.192)
观测值	2624	2653	1323	1847	3620
县域数	144	154	109	113	181
B栏:	(6)	(7)	(8)	(9)	(10)
变量	Ln(碳排放强度)	产业结构高级化	城市人口比重	万人医疗机构床位数	万人福利性机构床位数
高铁开通(t-1)	6.206	-0.031	-1.845**	1.230	-0.209
	(13.172)	(0.022)	(0.896)	(1.160)	(1.918)
观测值	2310	2513	2012	2823	2822
县域数	149	153	152	154	154

注:括号中值为聚类在县域层面的稳健性标准误;***、**和*分别表示1%、5%以及10%的显著水平;所有回归控制了县域协变量、年份固定效应和县域固定效应。

第六节　结论与政策建议

随着我国居民收入的不断提高,高质量发展成为了社会经济发展主要目标。本章以长三角城市群为例评估了高铁开通对于县域经济高质量发展的影响。我们先基于十个社会经济变量构建了县域高质量发展指数,然后采用多期倍差法的估计框架开展实证研究。估计结果表明,高铁开通显著促进了县域经济的发展质量。但是,该效应存在着显著的异质性:在早期核心长三角城市群、江苏和浙江省以及市辖区更大,在中心城市更小,且在环境规制更强的地区更大。高铁主要通过人均GDP、创新、环境和人口流动发挥作用,降低了县域人均GDP,促进了创新,改善了空气质量,减少了城市人口比重。

这些发现印证了本书前面章节的结论。首先，高铁对县域人均GDP具有抑制效应，这与本书第八章结论一致，暗含着其强化"中心—外围"经济格局的作用。其次，高铁增加了县域万人专利数，这与第五章以及现有文献的发现一致，说明高铁促进了创新活动的扩散和产生。再次，高铁改善了空气质量，降低了$PM_{2.5}$的含量，并且在环境规制更强的地方具有更大的发展质量提升效应。尽管这与第十二章基于全国排污企业数据的结论存在差异，但也意味着高铁带来的技术和产业调整方便了企业进行减排。最后，高铁的开通降低了县域的城市人口比重，意味着高铁导致了人口从外围城市向中心城市的转换。

本章的研究结论表明，即便高铁总体上提升了县域经济的发展质量，但是高铁开通对县域经济体的影响是多层次的、异质性的和间接的。有些县域从高铁连接中获得了好处，而有些则在高铁开通后遭受更多的损失。由于中心地区在制度环境、社会治理质量、市场规模、公共服务、人力资本等方面相对于外围地区的绝对优势，高铁开通会加速诸种要素的外流。因此，尽管区域经济一体化程度更高了，区域内部经济发展的差距反而被扩大。如果更大范围区域内部的发展差距也是高质量发展的重要维度之一，本章以长三角县域经济体为对象的研究并没有包含上述维度的分析。

本章的研究发现意味着，高铁应该成为驱动县域社会经济高质量发展的契机，而不是根本性的决定要素。如何充分利用高铁带来的先进要素，如人才、知识、技术、思想，对于充分发挥高铁撬动地方经济高质量发展至关重要。对此，地方政府一方面要构建一个公平、竞争的商业环境，为各种要素进驻提供优质、舒适的公共服务；另一方面要充分发挥地方比较优势，因势利导地发展地方产业，从而在融入一个更加开放包容、一体化程度更高的、更广阔的区域市场中实现自身发展质量的提升。

参考文献

著作

（一）中文

金士宣、徐文述:《中国铁路发展史》,中国铁道出版社,1986。

张雨才:《中国铁道建设史略(1876~1949)》,中国铁道出版社,1997。

（二）外文

Alonso, William, *Location and Land Use: Toward a General Theory of Land Rent*, Cambridge, MA: Harvard University Press, 1964.

Angrist, Joshua D., and Jörn-Steffen Pischke, *Mastering' metrics: The Path from Cause to Effect*, New Jersey: Princeton University Press, 2014.

Chandler Jr, Alfred D., *The Visible Hand*, Cambridge, MA: Harvard University Press, 1993.

Chandler Jr, Alfred D., and Takashi Hikino, *Scale and Scope: The Dynamics of Industrial Capitalism*, Cambridge, MA: Harvard University Press, 2009.

Cunningham, Scott, *Causal Inference: The Mixtape*, Connecticut: Yale University Press, 2021.

Fujita, Masahisa, Paul R. Krugman, and Anthony J. Venables, *The Spatial Economy: Cities, Regions and International Trade*, Cambridge, MA: MIT Press, 2001.

Grossman, Gene M., and Elhanan Helpman, *Innovation and Growth in the Global Economy*, Cambridge, MA: MIT Press, 1993.

Helpman, Elhanan, and Paul R. Krugman, *Market Structure and Foreign Trade: Increasing Returns, Imperfect Competition, and the International Economy*, Cambridge, MA: MIT Press, 1985.

Imbens, Guido W., and Donald B. Rubin, *Causal Inference for Statistics*,

Social, and Biomedical Sciences, Cambridge, MA: Cambridge University Press, 2015.

Marshall, Alfred, *Principles of Economics*, London: Macmillan, 1890.

Muth, R. F., *Cities and Housing: The Spatial Pattern of Urban Residential Land Use*, Chicago, IL: The University of Chicago Press, 1969.

Scherer, Frederic M., *Innovation and Growth: Schumpeterian Perspectives*, Cambridge, MA: MIT Press, 1986.

Smith, Adam, *The Wealth of Nations: An Inquiry into the Nature and Causes*, New York: Modern Library, 1937.

Szirmai, Adam, Wim Naudé, and Micheline Goedhuy, *Entrepreneurship, Innovation, and Economic Development*, New York: Oxford University Press, 2011.

Xu, Fei, *The Belt and Road: The Global Strategy of China High-Speed Railway*, Singapore: Springer, 2018.

论文

(一) 中文

陈丰龙、徐康宁、王美昌：《高铁发展与城乡居民收入差距：来自中国城市的证据》，《经济评论》2018年第2期。

陈亮、李杰伟、徐长生：《信息基础设施与经济增长——基于中国省际数据分析》，《管理科学》2011年第1期。

陈诗一、陈登科：《雾霾污染、政府治理与经济高质量发展》，《经济研究》2018年第2期。

董艳梅、朱英明：《高铁建设能否重塑中国的经济空间布局——基于就业、工资和经济增长的区域异质性视角》，《中国工业经济》2016年第10期。

范子英：《转移支付，基础设施投资与腐败》，《经济社会体制比较》2013年第2期。

傅勇、张晏：《中国式分权与财政支出结构偏向：为增长而竞争的代价》，《管理世界》2007年第3期。

高彦彦、周勤、郑江淮：《为什么中国农村公共品供给不足?》，《中国农村观察》2012年第6期。

郭广珍、刘瑞国、黄宗晔：《交通基础设施影响消费的经济增长模型》，《经济研究》2019年第3期。

郭劲光、高静美：《我国基础设施建设投资的减贫效果研究：1987～

2006》,《农业经济问题》2009 年第 9 期。

郭庆旺、贾俊雪：《基础设施投资的经济增长效应》,《经济理论与经济管理》2006 年第 3 期。

胡永刚、郭新强：《内生增长、政府生产性支出与中国居民消费》,《经济研究》2012 年第 9 期。

黄寿峰、王艺明：《我国交通基础设施发展与经济增长的关系研究——基于非线性 Granger 因果检验》,《经济学家》2012 年第 6 期。

黄亚生、马文静：《经济增长中的软硬基础设施比较：中国应不应该向印度学习？》,《世界经济与政治》2005 年第 1 期。

黄张凯、刘津宇、马光荣：《地理位置, 高铁与信息：来自中国 IPO 市场的证据》,《世界经济》2016 年第 10 期。

吉赟、杨青：《高铁开通能否促进企业创新：基于准自然实验的研究》,《世界经济》2020 年第 2 期。

金碚：《关于"高质量发展"的经济学研究》,《中国工业经济》2018 年第 4 期。

李超、李涵、唐丽淼：《高速铁路、运输效率与垂直专业化分工》,《经济学（季刊）》2021 年第 1 期。

李金昌、史龙梅、徐蔼婷：《高质量发展评价指标体系探讨》,《统计研究》2019 年第 1 期。

李欣泽、纪小乐、周灵灵：《高铁能改善企业资源配置吗？——来自中国工业企业数据库和高铁地理数据的微观证据》,《经济评论》2017 年第 6 期。

刘秉镰、刘玉海：《交通基础设施建设与中国制造业企业库存成本降低》,《中国工业经济》2011 年第 5 期。

刘生龙、胡鞍钢：《交通基础设施与中国区域经济一体化》,《经济研究》2011 年第 3 期。

刘勇政、李岩：《中国的高速铁路建设与城市经济增长》,《金融研究》2017 年第 11 期。

刘玉萍、郭郡郡：《农民享受到高铁红利了么——基于中国区县数据的实证检验》,《山西财经大学学报》2019 年第 12 期。

刘育红、王新安：《"新丝绸之路"交通基础设施与全要素生产率增长》,《西安交通大学学报》（社会科学版）2012 年第 5 期。

刘志彪：《理解高质量发展：基本特征、支撑要素与当前重点问题》,《学术月刊》2018 年第 7 期。

龙玉、赵海龙、张新德、李曜：《时空压缩下的风险投资——高铁通车与风险投资区域变化》，《经济研究》2017年第4期。

骆永民、樊丽明：《中国农村基础设施增收效应的空间特征——基于空间相关性和空间异质性的实证研究》，《管理世界》2012年第5期。

马茹、罗晖、王宏伟、王铁成：《中国区域经济高质量发展评价指标体系及测度研究》，《中国软科学》2019年第7期。

马伟、王亚华、刘生龙：《交通基础设施与中国人口迁移：基于引力模型分析》，《中国软科学》2012年第3期。

年猛：《交通基础设施，经济增长与空间均等化——基于中国高速铁路的自然实验》，《财贸经济》2019年第8期。

平新乔、白洁：《中国财政分权与地方公共品的供给》，《财贸经济》2006年第2期。

饶晓辉、刘方：《政府生产性支出与中国的实际经济波动》，《经济研究》2014年第11期。

任保平：《新时代中国经济从高速增长转向高质量发展：理论阐释与实践取向》，《学术月刊》2018年第3期。

任保平、李禹墨：《新时代我国高质量发展评判体系的构建及其转型路径》，《陕西师范大学学报》（哲学社会科学版）2018年第3期。

盛丹、王永进：《基础设施，融资依赖与地区出口比较优势》，《金融研究》2012年第5期。

盛来运、郑鑫、周平、李拓：《我国经济发展南北差距扩大的原因分析》，《管理世界》2018年第9期。

师博、任保平：《中国省际经济高质量发展的测度与分析》，《经济问题》2018年第4期。

孙浦阳、张甜甜、姚树洁：《关税传导、国内运输成本与零售价格——基于高铁建设的理论与实证研究》，《经济研究》2019年第3期。

孙相武：《秦直道调查记》，《文博》1988年第4期。

汤玉刚、陈强：《分权，土地财政与城市基础设施》，《经济社会体制比较》2012年第6期。

唐宜红、俞峰、林发勤、张梦婷：《中国高铁，贸易成本与企业出口研究》，《经济研究》2019年第7期。

汪伟、刘玉飞、彭冬冬：《人口老龄化的产业结构升级效应研究》，《中国工业经济》2015年第11期。

王春杨、兰宗敏、张超、侯新烁：《高铁建设、人力资本迁移与区域创新》,《中国工业经济》2020 年第 12 期。

王世磊、张军:《中国地方官员为什么要改善基础设施?——一个关于官员激励机制的模型》,《经济学(季刊)》2008 年第 7 期。

王亚飞、廖甍、王亚菲:《高铁开通促进了农业全要素生产率增长吗?——来自长三角地区准自然实验的经验证据》,《统计研究》2020 年第 5 期。

王垚、年猛:《高速铁路带动了区域经济发展吗?》,《上海经济研究》2014 年第 2 期。

王永进、侯韫韬:《人员流动与城市间商品价格差异:来自高铁开通的证据》,《世界经济》2022 年第 1 期。

王雨飞、倪鹏飞:《高速铁路影响下的经济增长溢出与区域空间优化》,《中国工业经济》2016 年第 2 期。

魏后凯:《中国区域基础设施与制造业发展差异》,《管理世界》2001 年第 6 期。

魏下海:《基础设施,空间溢出与区域经济增长》,《经济评论》2010 年第 4 期。

吴宏岐:《秦直道及其历史意义》,《陕西师范大学继续教育学报》2000 年第 1 期。

肖挺:《交通设施、居民的消费区域流向与消费结构——来自我国省际层面的经验证据》,《财贸研究》2018 年第 9 期。

肖挺:《中国城市交通基础设施建设对本地就业的影响》,《中国人口科学》2016 年第 4 期。

徐现祥、李书娟、王贤彬、毕青苗:《中国经济增长目标的选择:以高质量发展终结"崩溃论"》,《世界经济》2018 年第 10 期。

颜银根、倪鹏飞、刘学良:《高铁开通、地区特定要素与边缘地区的发展》,《中国工业经济》2020 年第 8 期。

杨明洪、巨栋、涂开均:《"南北差距":中国区域发展格局演化的事实,成因与政策响应》,《经济理论与经济管理》2021 年第 4 期。

余泳泽、潘妍:《高铁开通缩小了城乡收入差距吗?——基于异质性劳动力转移视角的解释》,《中国农村经济》2019 年第 1 期。

詹新宇、崔培培:《中国省际经济增长质量的测度与评价——基于"五大发展理念"的实证分析》,《财政研究》2016 年第 8 期。

张多勇:《秦直道研究综论》,《甘肃社会科学》2005 年第 5 期。

张光南、洪国志、广汉:《基础设施,空间溢出与制造业成本效应》,《经济学（季刊）》2014 年第 1 期。

张军、高远、傅勇、张弘：《中国为什么拥有了良好的基础设施?》，《经济研究》2007 年第 3 期。

张俊：《高铁建设与县域经济发展——基于卫星灯光数据的研究》，《经济学（季刊）》2017 年第 4 期。

张梦婷、俞峰、钟昌标、林发勤：《高铁网络、市场准入与企业生产率》，《中国工业经济》2018 年第 5 期。

张学良：《中国交通基础设施促进了区域经济增长吗——兼论交通基础设施的空间溢出效应》，《中国社会科学》2012 年第 3 期。

郑世林、周黎安、何维达：《电信基础设施与中国经济增长》，《经济研究》2014 年第 5 期。

郑学檬：《中国古代经济重心南移和唐宋江南经济研究》，《中国史研究》2003 年第 1 期。

周民良：《经济重心、区域差距与协调发展》，《中国社会科学》2000 年第 2 期。

周玉龙、杨继东、黄阳华：《高铁对城市地价的影响及其机制研究——来自微观土地交易的证据》，《中国工业经济》2018 年第 5 期。

朱文涛、蔡凌、朱洪平：《铁路提速是否抑制了外围城市的居民收入增长》，《当代经济科学》2020 年第 1 期。

诸竹君、黄先海、王煌：《交通基础设施改善促进了企业创新吗？——基于高铁开通的准自然实验》，《金融研究》2019 年第 11 期。

（二）外文

Abadie, Alberto, and Guido W. Imbens, "Bias-Corrected Matching Estimators for Average Treatment Effects", *Journal of Business and Economic Statistics*, Vol. 29, No. 1, 2011, pp. 1~11.

Abadie, Alberto, and Guido W. Imbens, "Large Sample Properties of Matching Estimators for Average Treatment Effects", *Econometrica*, Vol. 74, No. 2, 2006, pp. 235~267.

Abiad, Abdul, Davide Furceri, and Petia Topalova, "The Macroeconomic Effects of Public Investment: Evidence from Advanced Economies", *Journal of Macroeconomics*, Vol. 50, 2016, pp. 224~240.

Acemoglu, Daron, Suresh Naidu, Pascual Restrepo, and James A. Robinson, "Democracy Does Cause Growth", *Journal of Political Economy*, Vol. 127, No. 1, 2019, pp. 47~100.

Acharya, Ram C., and Wolfgang Keller, "Technology Transfer through Imports", *Canadian Journal of Economics*, Vol. 42, No. 4, 2009, pp. 1411~1448.

Acs, Zoltan J., and David B. Audretsch, "Innovation, Market Structure, and Firm Size", *The Review of Economics and Statistics*, Vol. 69, No. 4, 1987, pp. 567~574.

Agrawal, Ajay, Alberto Galasso, and Alexander Oettl, "Roads and Innovation", *Review of Economics and Statistics*, Vol. 99, No. 3, 2017, pp. 417~437.

Ahlfeldt, Gabriel M., and Arne Feddersen, "From Periphery to Core: Measuring Agglomeration Effects Using High-Speed Rail", *Journal of Economic Geography*, Vol. 18, No. 2, 2018, pp. 355~390.

Ahlstrom, David, "Innovation and Growth: How Business Contributes to Society", *The Academy of Management Perspectives*, Vol. 24, No. 3, 2010, pp. 11~24.

Åkerman, Jonas, "The Role of High-Speed Rail in Mitigating Climate Change — The Swedish Case Europabanan from a Life Cycle Perspective", *Transportation Research Part D: Transport and Environment*, Vol. 16, No. 3, 2011, pp. 208~217.

Albalate, D., G. Bel, and X. Fageda, "Competition and Cooperation between High-Speed Rail and Air Transportation Services in Europe", *Journal of Transport Geography*, Vol. 42, 2015, pp. 166~174.

Albalate, Daniel, and Xavier Fageda, "High Speed Rail and Tourism: Empirical Evidence from Spain", *Transportation Research Part A: Policy and Practice*, Vol. 85, March 2016, pp. 174~185.

Albalate, Daniel, Javier Campos, and Juan Luis Jiménez, "Tourism and High Speed Rail in Spain: Does the AVE Increase Local Visitors?" *Annals of Tourism Research*, Vol. 65, 2017, pp. 71~82.

Andersson, David, Thor Berger, and Erik Prawitz, "Making a Market: Infrastructure, Integration, and the Rise of Innovation", *The Review of Economics and Statistics*, Vol. 105, No. 2, 2021, pp. 1~44.

Ansar, Atif, Bent Flyvbjerg, Alexander Budzier, and Daniel Lunn, "Does Infrastructure Investment Lead to Economic Growth or Economic Fragility? Evidence from China", *Oxford Review of Economic Policy*, Vol. 32, No. 3, 2016, pp. 360~390.

Antonelli, Cristiano, "Collective Knowledge Communication and Innovation:

The Evidence of Technological Districts", *Regional Studies*, Vol. 34, No. 6, 2000, pp. 535~547.

Aschauer, David Alan, "Is Public Expenditure Productive?" *Journal of Monetary Economics*, Vol. 23, No. 2, 1989, pp. 177~200.

Asher, Sam, and Paul Novosad, "Rural Roads and Local Economic Development", *American Economic Review*, Vol. 110, No. 3, 2020, pp. 797~823.

Atack, J., F. Bateman, M. Haines, and R. A. Margo, "Did Railroads Induce or Follow Economic Growth?: Urbanization and Population Growth in the American Midwest, 1850-1860", *Social Science History*, Vol. 34, No. 2, 2010, pp. 171~197.

Audretsch, David B., "Firm Profitability, Growth, and Innovation", *Review of Industrial Organization*, Vol. 10, No. 5, 1995, pp. 579~588.

Aung, Nilar, Hoa-Thi-Minh Nguyen, and Robert Sparrow, "The Impact of Credit Policy on Rice Production in Myanmar", *Journal of Agricultural Economics*, Vol. 70, No. 2, 2019, pp. 426~451.

Autor, David H., "Outsourcing at Will: The Contribution of Unjust Dismissal Doctrine to the Growth of Employment Outsourcing", *Journal of Labor Economics*, Vol. 21, No. 1, 2003, pp. 1~42.

Badinger, Harald, and Gabriele Tondl, "Human Capital and Innovation: The Engines of European Regional Growth in the 1990s", in B. Fingleton, eds., *European Regional Growth, Advances in Spatial Science*, Berlin, Heidelberg: Springer, 2003, pp. 215~239.

Bai, Yunli, Tianhao Zhou, Zhiyuan Ma, and Linxiu Zhang, "Does Road Accessibility Benefit Rural Poor? Evidence on the Extent of Household Off-Farm Employment from 2004 to 2018", *China Agricultural Economic Review*, Vol. 13, No. 3, 2021, pp. 639~672.

Banerjee, Abhijit, Esther Duflo, and Nancy Qian, "On the Road: Access to Transportation Infrastructure and Economic Growth in China", *Journal of Development Economics*, Vol. 145, 2020, pp. 102~442.

Banister, David, and Yossi Berechman, "Transport Investment and the Promotion of Economic Growth", *Journal of Transport Geography*, Vol. 9, No. 3, 2001, pp. 209~218.

Barnes, Stuart J., Yue Guo, and Rita Borgo, "Sharing the Air: Transient Impacts of Ride-Hailing Introduction on Pollution in China", *Transportation Research Part D: Transport and Environment, Vol. 86, 2020, pp. 102~434.

Barro, Robert J., "Economic Growth in a Cross Section of Countries", The Quarterly Journal of Economics, Vol. 106, No. 2, 1991, pp. 407~443.

Barro, Robert J., "Government Spending in a Simple Model of Endogeneous Growth", Journal of Political Economy, Vol. 98, No. 5, 1990, pp. 103~125.

Barro, Robert J., "Quantity and Quality of Economic Growth", Research Papers in Economics, Vol. 6, pp. 135~162.

Barro, Robert J., "The Control of Politicians: An Economic Model", Public Choice, Vol. 14, No. 1, 1973, pp. 19~42.

Barwick, P. J., D. Donaldson, S. Li, Y Lin, and D. Rao, "Improved Transportation Networks Facilitate Adaptation to Pollution and Temperature Extremes High-Speed Rail Effects", National Bureau of Economic Research, Working Paper series, 2022, pp. 304~362.

Baum-Snow, Nathaniel, J. Vernon Henderson, Matthew A. Turner, Qinghua Zhang, and Loren Brandt, "Does Investment in National Highways Help or Hurt Hinterland City Growth?", Journal of Urban Economics, Vol. 115, 2020, pp. 103~124.

Baum-Snow, Nathaniel, Loren Brandt, J. Vernon Henderson, Matthew A. Turner, and Qinghua Zhang, "Roads, Railroads, and Decentralization of Chinese Cities", Review of Economics and Statistics, Vol. 99, No. 3, 2017, pp. 435~448.

Baum-Snow, Nathaniel, "Did Highways Cause Suburbanization?", Quarterly Journal of Economics, Vol. 122, No. 2, 2007, pp. 775~805.

Behrens, Christiaan, and Eric Pels, "Intermodal Competition in the London-Paris Passenger Market: High-Speed Rail and Air Transport", Journal of Urban Economics, Vol. 71, No. 3, 2012, pp. 278~288.

Berg, Claudia N., Brian Blankespoor, and Harris Selod, "Roads and Rural Development in Sub-Saharan Africa", The Journal of Development Studies, Vol. 54, No. 5, 2018, pp. 856~874.

Bilinski, Alyssa, and Laura A. Hatfield, "Nothing to See Here? Non-Inferiority Approaches to Parallel Trends and Other Model Assumptions", ArXiv Preprint, 2018, 1805.03273.

Bloom, Nicholas, Mirko Draca, and John Van Reenen, "Trade Induced Technical Change? The Impact of Chinese Imports on Innovation, IT and Productivity", The Review of Economic Studies, Vol. 83, No. 1, 2016, pp. 87~117.

Bold, Tessa, Selene Ghisolfi, Frances Nsonzi, and Jakob Svensson, "Market Access and Quality Upgrading: Evidence from Four Field Experiments", *American Economic Review*, Vol. 112, No. 8, 2022, pp. 2518~2552.

Bom, Pedro R. D., and Jenny E. Ligthart, "Public Infrastructure Investment, Output Dynamics, and Balanced Budget Fiscal Rules", *Journal of Economic Dynamics and Control*, Vol. 40, 2014, pp. 334~354.

Bortoluzzi, Guido, Patrizia de Luca, Francesco Venier, and Bernardo Balboni, "Innovation Scope and the Performance of the Firm: Empirical Evidence from an Italian Wine Cluster", in Bryan Christiansen, eds., *Handbook of Research on Global Business Opportunities*, Hershey, Pennsylvania: IGI Global, 2015, pp. 551~568.

Bracaglia, Valentina, Tiziana D'Alfonso, Alberto Nastasi, Dian Sheng, Yulai Wan, and Aming Zhang, "High-Speed Rail Networks, Capacity Investments and Social Welfare", *Transportation Research Part A: Policy and Practice*, Vol. 132, 2020, pp. 308~323.

Brandt, Loren, Johannes Van Biesebroeck, and Yifan Zhang, "Creative Accounting or Creative Destruction? Firm-Level Productivity Growth in Chinese Manufacturing", *Journal of Development Economics*, Vol. 97, No. 2, 2012, pp. 339~351.

Brandt, Loren, Johannes Van Biesebroeck, Luhang Wang, and Yifan Zhang, "WTO Accession and Performance of Chinese Manufacturing Firms", *American Economic Review*, Vol. 107, No. 9, 2017, pp. 2784~2820.

Broekel, Tom, "Do Cooperative Research and Development (R&D) Subsidies Stimulate Regional Innovation Efficiency? Evidence from Germany", *Regional Studies*, Vol. 49, No. 7, 2015, pp. 1087~1110.

Cai, Xiqian, Yi Lu, Mingqin Wu, and Linhui Yu, "Does Environmental Regulation Drive Away Inbound Foreign Direct Investment? Evidence from a Quasi-Natural Experiment in China", *Journal of Development Economics*, Vol. 123, 2016, pp. 73~85.

Callaway, Brantly, and Pedro H. C. Sant'Anna, "Difference-in-Differences with Multiple Time Periods", *Journal of Econometrics*, Vol. 225, No. 2, 2021, pp. 200~230.

Cameron, A. Colin, and Douglas L. Miller, "A Practitioner's Guide to Cluster-Robust Inference", *Journal of Human Resources*, Vol. 50, No. 2, 2015, pp. 317~372.

Campa, Juan Luis, María Eugenia López-Lambas, and Begoña Guirao, "High Speed Rail Effects on Tourism: Spanish Empirical Evidence Derived from China's Modelling Experience", *Journal of Transport Geography*, Vol. 57, 2016, pp. 44~54.

Canning, David, and Peter Pedroni, "The Effect of Infrastructure on Long Run Economic Growth", *Williams College Department of Economics Working Papers*, 2004-04, 2004.

Cao, Jing, Xiaoyue Cathy Liu, Yinhai Wang, and Qingquan Li, "Accessibility Impacts of China's High-Speed Rail Network", *Journal of Transport Geography*, Vol. 28, 2013, pp. 12~21.

Carlino, Gerald, and William R. Kerr, "Agglomeration and Innovation", in Gilles Duranton, J. Vernon Henderson, William C. Strange, eds., *Handbook of Regional and Urban Economics*, Amsterdam, Netherlands: Elsevier, 2015, pp. 349~404.

Cascetta, Ennio, Andrea Papola, Francesca Pagliara, and Vittorio Marzano, "Analysis of Mobility Impacts of the High Speed Rome-Naples Rail Link Using Withinday Dynamic Mode Service Choice Models", *Journal of Transport Geography*, Vol. 19, No. 4, 2011, pp. 635~643.

Cattaneo, Matias D., "Efficient Semiparametric Estimation of Multi-Valued Treatment Effects under Ignorability", *Journal of Econometrics*, Vol. 155, No. 2, 2010, pp. 138~154.

Chang, Gene, Changliu Jiang, Kathryn Chang, and Bhuiyan Alam, "Land Prices and Intracountry Industrial Relocation in China: Theory and the Yangtze Delta Area Case", *Chinese Economy*, Vol. 46, No. 2, 2013, pp. 54~73.

Chang, Zheng, Chenghao Deng, Fenjie Long, and Longfei Zheng, "High-Speed Rail, Firm Agglomeration, and $PM_{2.5}$: Evidence from China", *Transportation Research Part D: Transport and Environment*, Vol. 96, 2021, pp. 102~886.

Chatterjee, Santanu, and Stephen J. Turnovsky, "Infrastructure and Inequality", *European Economic Review*, Vol. 56, No. 8, 2012, pp. 1730~1745.

Chen, Chia-Lin, and Peter Hall, "The Impacts of High-Speed Trains on British Economic Geography: A Study of the UK's Inter City 125/225 and Its Effects", *Journal of Transport Geography*, Vol. 19, No. 4, 2011, pp. 689~704.

Chen, Deqiu, Yujing Ma, Xiumin Martin, and Roni Michaely, "On the Fast

Track: Information Acquisition Costs and Information Production", *Journal of Financial Economics*, Vol. 143, No. 2, 2022, pp. 794~823.

Chen, Shuai, Paulina Oliva, and Peng Zhang, "Air Pollution and Mental Health: Evidence from China", *National Bureau of Economic Research*, Working Papers, 2018, pp. 246~286.

Chen, Yihsu, and Alexander Whalley, "Green Infrastructure: The Effects of Urban Rail Transit on Air Quality", *American Economic Journal: Economic Policy*, Vol. 4, No. 1, 2012, pp. 58~97.

Chen, Zhenhua, "Impacts of High-Speed Rail on Domestic Air Transportation in China", *Journal of Transport Geography*, Vol. 62, June 2017, pp. 184~196.

Chen, Zhenhua, "The Socioeconomic Impacts of High-Speed Rail: A Bibliometric Analysis", *Socio-Economic Planning Sciences*, 2022, pp. 101~265.

Chen, Zhenhua, and Kingsley E. Haynes, "Impact of High Speed Rail on Housing Values: An Observation from the Beijing-Shanghai Line", *Journal of Transport Geography*, Vol. 43, 2015, pp. 91~100.

Chen, Zhenhua, and Kingsley E. Haynes, "Impact of High-Speed Rail on International Tourism Demand in China", *Applied Economics Letters*, Vol. 22, No. 1, 2015, pp. 57~60.

Chen, Zhenhua, and Kingsley E. Haynes, "Impact of High-Speed Rail on Regional Economic Disparity in China", *Journal of Transport Geography*, Vol. 65, 2017, pp. 80~91.

Chen, Zhenhua, and Kingsley E. Haynes, "Tourism Industry and High Speed Rail - Is There a Linkage: Evidence from China's High Speed Rail Development", *SSRN Electronic Journal*, GMU School of Pulic Policy Research Paper, No. 14, 2012.

Chen, Zhenhua, Junbo Xue, Adam Z. Rose, and Kingsley E. Haynes, "The Impact of High-Speed Rail Investment on Economic and Environmental Change in China: A Dynamic CGE Analysis", *Transportation Research Part A: Policy and Practice*, Vol. 92, 2016, pp. 232~245.

Cheng, Yuk-shing, Becky P. Y. Loo, and Roger Vickerman, "High-Speed Rail Networks, Economic Integration and Regional Specialisation in China and Europe", *Travel Behaviour and Society*, Vol. 2, No. 1, 2015, pp. 1~14.

Choi, Suk Bong, Soo Hee Lee, and Christopher Williams, "Ownership and Firm Innovation in a Transition Economy: Evidence from China", *Research

Policy, Vol. 40, No. 3, 2011, pp. 441~452.

Clark, Hunter, Maxim Pinkovskiy, and Xavier Sala-i-Martin, "China's GDP Growth May Be Understated", *China Economic Review*, Vol. 62, 2020, pp. 101~243.

Clewlow, Regina R., Joseph M. Sussman, and Hamsa Balakrishnan, "The Impact of High-Speed Rail and Low-Cost Carriers on European Air Passenger Traffic", *Transport Policy*, Vol. 33, 2014, pp. 136~143.

Conley, Timothy G., "GMM Estimation with Cross Sectional Dependence", *Journal of Econometrics*, Vol. 92, No. 1, 1999, pp. 1~45.

Connolly, Michelle, and Kei-Mu Yi, "How Much of South Korea's Growth Miracle Can Be Explained by Trade Policy?" *American Economic Journal: Macroeconomics*, Vol. 7, No. 4, 2015, pp. 188~221.

Cörvers, Frank, and Ken Mayhew, "Regional Inequalities: Causes and Cures", *Oxford Review of Economic Policy*, Vol. 37, No. 1, 2021, pp. 1~16.

Cronin, Francis J., Edwin B. Parker, Elisabeth K. Colleran, and Mark A. Gold, "Telecommunications Infrastructure and Economic Growth: An Analysis of Causality", *Telecommunications Policy*, Vol. 15, No. 6, 1991, pp. 529~535.

Cronin, Francis J., Elisabeth K. Colleran, Paul L. Herbert, and Steven Lewitzky, "Telecommunications and Growth: The Contribution of Telecommunications Infrastructure Investment to Aggregate and Sectoral Productivity", *Telecommunications Policy*, Vol. 17, No. 9, 1993, pp. 677~690.

Dai, Xuezhen, Min Xu, and Ningzhao Wang, "The Industrial Impact of the Beijing-Shanghai High-Speed Rail", *Travel Behaviour and Society*, Vol. 12, 2018, pp. 23~29.

Damijan, Jože P., and Črt Kostevc, "Learning from Trade through Innovation", *Oxford Bulletin of Economics and Statistics*, Vol. 77, No. 3, 2015, pp. 408~436.

Delaplace, Marie, Francesca Pagliara, Julie Perrin, and Samuel Mermet, "Can High Speed Rail Foster the Choice of Destination for Tourism Purpose?" *Procedia-Social and Behavioral Sciences*, Vol. 111, 2014, pp. 166~175.

Demirel, Pelin, and Mariana Mazzucato, "Innovation and Firm Growth: Is R&D Worth It?" *Industry and Innovation*, Vol. 19, No. 1, 2012, pp. 45~62.

Démurger, Sylvie, "Infrastructure Development and Economic Growth: An Explanation for Regional Disparities in China?" *Journal of Comparative Economics*, Vol. 29, No. 1, 2001, pp. 1095~1117.

Deng, Taotao, Dandan Wang, Yang Yang, and Huan Yang, "Shrinking Cities in Growing China: Did High Speed Rail Further Aggravate Urban Shrinkage?" *Cities*, Vol. 86, 2019, pp. 210~219.

Deng, Taotao, Dandan Wang, Yukun Hu, and Shuang Liu, "Did High-Speed Railway Cause Urban Space Expansion? —Empirical Evidence from China's Prefecture-Level Cities", *Research in Transportation Economics*, Vol. 80, 2020, pp. 1008~1040.

Dercon, Stefan, Daniel O. Gilligan, John Hoddinott, and Tassew Woldehanna, "The Impact of Agricultural Extension and Roads on Poverty and Consumption Growth in Fifteen Ethiopian Villages", *American Journal of Agricultural Economics*, Vol. 91, No. 4, 2009, pp. 1007~1021.

Diao, Mi, "Does Growth Follow the Rail? The Potential Impact of High-Speed Rail on the Economic Geography of China", *Transportation Research Part A: Policy and Practice*, Vol. 113, 2018, pp. 279~290.

Diao, Mi, Yi Zhu, and Jiren Zhu, "Intra-City Access to Inter-City Transport Nodes: The Implications of High-Speed-Rail Station Locations for the Urban Development of Chinese Cities", *Urban Studies*, Vol. 54, No. 10, 2016, pp. 2249~2267.

Dobruszkes, Frédéric, Catherine Dehon, and Moshe Givoni, "Does European High-Speed Rail Affect the Current Level of Air Services? An EU-Wide Analysis", *Transportation Research Part A: Policy and Practice*, Vol. 69, 2014, pp. 461~475.

Donald, James M. Mac, "Railroad Deregulation, Innovation, and Competition: Effects of the Staggers Act on Grain Transportation", *The Journal of Law and Economics*, Vol. 32, No. 1, 1989, pp. 63~95.

Donaldson, Dave, "Railroads of the Raj: Estimating the Impact of Transportation Infrastructure", *American Economic Review*, Vol. 108, No. 4-5, 2018, pp. 899~934.

Donaldson, Dave, and Richard Hornbeck, "Railroads and American Economic Growth: A 'Market Access' Approach", *The Quarterly Journal of Economics*, Vol. 131, No. 2, 2016, pp. 799~858.

Dong, Kangyin, Renjin Sun, Jin Wu, and Gal Hochman, "The Growth and Development of Natural Gas Supply Chains: The Case of China and the US", *Energy Policy*, Vol. 123, 2018, pp. 64~71.

Dong, Lei, Rui Du, Matthew Kahn, Carlo Ratti, and Siqi Zheng, "'Ghost Cities' versus Boom Towns: Do China's High-Speed Rail New Towns Thrive?" *Regional Science and Urban Economics*, Vol. 89, 2021, pp. 1036~1082.

Dong, Xiaofang, Siqi Zheng, and Matthew E. Kahn, "The Role of Transportation Speed in Facilitating High Skilled Teamwork across Cities", *Journal of Urban Economics*, Vol. 115, 2020, 103~212.

Dorosh, Paul, Hyoung-Gun Wang, Liangzhi You, and Emily Schmidt, "Road Connectivity and Its Impact on Crop Production", *Agricultural Economics*, Vol. 43, No. 1, 2011, pp. 89~103.

Duranton, Gilles, and Diego Puga, "Micro-Foundations of Urban Agglomeration Economies", In *Handbook of Regional and Urban Economics*, Vol. 4, 2004, pp. 2063~2117.

Duranton, Gilles, and Matthew A. Turner, "Urban Growth and Transportation", *The Review of Economic Studies*, Vol. 79, No. 4, 2012, pp. 1407~1440.

Eaton, Jonathan, and Samuel Kortum, "Technology, Geography, and Trade", *Econometrica*, Vol. 70, No. 5, 2002, pp. 1741~1779.

Egert, Balazs, Tomasz J. Kozluk, and Douglas Sutherland, "Infrastructure and Growth: Empirical Evidence", *OECD Economics Department Working Paper*, No. 685, 2009.

Elliott, Robert J. R., Eric Strobl, and Puyang Sun, "The Local Impact of Typhoons on Economic Activity in China: A View from Outer Space", *Journal of Urban Economics*, Vol. 88, 2015, pp. 50~66.

Emran, M. Shahe, and Zhaoyang Hou, "Access to Markets and Rural Poverty: Evidence from Household Consumption in China", *Review of Economics and Statistics*, Vol. 95, No. 2, 2013, pp. 682~697.

Esfahani, Hadi Salehi, and Marı́a Teresa Ramı́rez, "Institutions, Infrastructure, and Economic Growth", *Journal of Development Economics*, Vol. 70, No. 2, 2003, pp. 443~477.

Faber, Benjamin, "Trade Integration, Market Size, and Industrialization: Evidence from China's National Trunk Highway System", *Review of Economic Studies*, Vol. 81, No. 3, 2014, pp. 1046~1070.

Fan, Qin, and Vania B. Salas Garcia, "Information Access and Smallholder Farmers' Market Participation in Peru", *Journal of Agricultural Economics*, Vol. 69, No. 2, 2018, pp. 476~494.

Fan, Xiaomin, Yingzhi Xu, Yongqing Nan, Baoli Li, and Haiya Cai, "Impacts of High-Speed Railway on the Industrial Pollution Emissions in China: Evidence from Multi-Period Difference-in-Differences Models", *Kybernetes*, Vol. 49, No. 11, 2020, pp. 2713~2735.

Fang, Hanming, Long Wang, and Yang Yang, "Competition and Quality: Evidence from High-Speed Railways and Airlines", *The Review of Economics and Statistics*, 2023, pp. 1~47.

Fedderke, J. W., and Ž Bogetić, "Infrastructure and Growth in South Africa: Direct and Indirect Productivity Impacts of 19 Infrastructure Measures", *World Development*, Vol. 37, No. 9, 2009, pp. 1522~1539.

Felsenstein, Daniel, and Aliza Fleischer, "Local Festivals and Tourism Promotion: The Role of Public Assistance and Visitor Expenditure", *Journal of Travel Research*, Vol. 41, No. 4, 2003, pp. 385~392.

Flaherty, Lisa M., Kevin J. Pearce, and Rebecca B. Rubin, "Internet and Face-to-face Communication: Not Functional Alternatives", *Communication Quarterly*, Vol. 46, No. 3, 1998, pp. 250~268.

Fogel, Robert William, "A Quantitative Approach to the Study of Railroads in American Economic Growth: A Report of Some Preliminary Findings", *The Journal of Economic History*, Vol. 22, No. 2, 1962, pp. 163~197.

Foster, Lucia, Cheryl Grim, John C. Haltiwanger, and Zoltan Wolf, "Innovation, Productivity Dispersion, and Productivity Growth", *NBER Working Paper*, No. 24420, 2018.

Fu, S., and Y. Gu, "Highway Toll and Air Pollution: Evidence from Chinese Cities", *Journal of Environmental Economics and Management*, Vol. 83, 2017, pp. 32~49.

Fu, Xiaowen, Anming Zhang, and Zheng Lei, "Will China's Airline Industry Survive the Entry of High-Speed Rail?" *Research in Transportation Economics*, Vol. 35, No. 1, 2012, pp. 13~25.

Gao, Yanyan, and Jianghuai Zheng, "Clearing the Air through Pipes? An Evaluation of the Air Pollution Reduction Effect of China's Natural Gas Pipeline Projects", *Energy Policy*, Vol. 160, 2022, 112~649.

Gao, Yanyan, and Jianghuai Zheng, "The Impact of High-Speed Rail on Innovation: An Empirical Test of the Companion Innovation Hypothesis of Transportation Improvement with China's Manufacturing Firms", *World*

Development, Vol. 127, 2020, 104~838.

Gao, Yanyan, and Jianghuai Zheng, "The Opposite Innovation Effects of Air and Water Pollution Regulations: Evidence from the Total Emissions Control Policy", *Journal of Asian Economics*, Vol. 92, 2024, 101~738.

Gao, Yanyan, and Xinping Wang, "Chinese Agriculture in the Age of High-Speed Rail: Effects on Agricultural Value Added and Food Output", *Agribusiness*, Vol. 39, No. 2, 2023, pp. 387~405.

Gao, Yanyan, Jianghuai Zheng, and Maoliang Bu, "Rural-Urban Income Gap and Agricultural Growth in China: An Empirical Study on the Provincial Panel Data, 1978-2010", *China Agricultural Economic Review*, Vol. 6, No. 1, 2014, pp. 92~107.

Gao, Yanyan, Jianghuai Zheng, and Xin Wang, "Does High-Speed Rail Reduce Environmental Pollution? Establishment-Level Evidence from China", *Socio-Economic Planning Sciences*, Vol. 83, 2022, 101~211.

Gao, Yanyan, Leizhen Zang, Antoine Roth, and Puqu Wang, "Does Democracy Cause Innovation? An Empirical Test of the Popper Hypothesis", *Research Policy*, Vol. 46, No. 7, 2017, pp. 1272~1283.

Gao, Yanyan, Shunfeng Song, Jun Sun, and Leizhen Zang, "Does High-Speed Rail Connection Really Promote Local Economy? Evidence from China's Yangtze River Delta", *Review of Development Economics*, Vol. 24, No. 1, 2020, pp. 316~338.

Gao, Yanyan, Wei Su, and Kaini Wang, "Does High-Speed Rail Boost Tourism Growth? New Evidence from China", *Tourism Management*, Vol. 72, 2019, pp. 220~231.

Gao, Yanyan, Yongqing Nan, and Shunfeng Song, "High-Speed Rail and City Tourism: Evidence from Tencent Migration Big Data on Two Chinese Golden Weeks", *Growth and Change*, Vol. 53, No. 3, 2022, pp. 1012~1036.

Garcia-López, Miquel Àngel, Camille Hémet, and Elisabet Viladecans-Marsal, "How Does Transportation Shape Intrametropolitan Growth? An Answer from the Regional Express Rail", *Journal of Regional Science*, Vol. 57, No. 5, 2017, pp. 758~780.

Garrison, William L., and Reginald R. Souleyrette II, "The Relationship between Transportation and Innovation", *Transportation Quarterly*, Vol. 48, No. 3, 1994, pp. 257~265.

Garrison, William L. and Reginald R. Souleyrette, "Transportation, Innovation, and Development: The Companion Innovation Hypothesis", *Logistics and Transportation Review*, Vol. 32, No. 1, 1996, pp. 5~38.

Grossman, Gene M., and Elhanan Helpman, "Trade, Knowledge Spillovers, and Growth", *European Economic Review*, Vol. 35, No. 2-3, 1991, pp. 517~526.

Gerring, John, Philip Bond, William T. Barndt, and Carola Moreno, "Democracy and Economic Growth: A Historical Perspective", *World Politics*, Vol. 57, No. 3, 2005, pp. 323~364.

Givoni, Moshe, "Development and Impact of the Modern High-speed Train: A Review", *Transport Reviews*, Vol. 26, No. 5, 2006, pp. 593~611.

Glomm, Gerhard, and Balasubrahmanian Ravikumar, "Public Investment in Infrastructure in a Simple Growth Model", *Journal of Economic Dynamics and Control*, Vol. 18, No. 6, 1994, pp. 1173~1187.

Goodman-Bacon, Andrew, "Difference-in-Differences with Variation in Treatment Timing", *Journal of Econometrics*, Vol. 225, No. 2, 2021, pp. 254~277.

Gorodnichenko, Yuriy, Jan Svejnar, and Katherine Terrell, "Globalization and Innovation in Emerging Markets", *American Economic Journal: Macroeconomics*, Vol. 2, No. 2, 2010, pp. 194~226.

Guirao, Begoña, Antonio Lara-Galera, and Juan Luis Campa, "High Speed Rail Commuting Impacts on Labour Migration: The Case of the Concentration of Metropolis in the Madrid Functional Area", *Land Use Policy*, Vol. 66, 2017, pp. 131~140.

Guo, Shiqi, "The Legacy Effect of Unexploded Bombs on Educational Attainment in Laos", *Journal of Development Economics*, Vol. 147, 2020, 10252.

Guo, Xiaoyang, Weizeng Sun, Shuyang Yao, and Siqi Zheng, "Does High-Speed Railway Reduce Air Pollution along Highways? —Evidence from China", *Transportation Research Part D: Transport and Environment*, Vol. 89, 2020, 102607.

Guo, Yunxiang, Wenhao Yu, Zhanlong Chen, and Renwei Zou, "Impact of High-Speed Rail on Urban Economic Development: An Observation from the Beijing-Guangzhou Line Based on Night-Time Light Images", *Socio-Economic Planning Sciences*, Vol. 72, 2020, 100905.

Gutiérrez, Aaron, Daniel Miravet, Òscar Saladié, and Salvador Anton Clavé, "High-Speed Rail, Tourists' Destination Choice and Length of Stay: A Survival

Model Analysis", *Tourism Economics*, Vol. 26, No. 4, 2020, pp. 578~597.

Hall, Peter, "Magic Carpets and Seamless Webs: Opportunities and Constraints for High-Speed Trains in Europe", *Built Environment*, Vol. 35, No. 1, 2009, pp. 59~69.

Hanley, Douglas, Jiancheng Li, and Mingqin Wu, "High-Speed Railways and Collaborative Innovation", *Regional Science and Urban Economics*, Vol. 93, 2022, 103717.

Hansen, Morten T., and Julian Birkinshaw, "The Innovation Value Chain", *Harvard Business Review*, Vol. 85, No. 6, 2007, pp. 121~130.

Hanson, Gordon, "Market Potential, Increasing Returns and Geographic Concentration", *Journal of International Economics*, Vol. 67, No. 1, 2005, pp. 1~24.

Harman, Reg, "High Speed Trains and the Development and Regeneration of Cities", *London: Green Gauge*, 2006, pp. 5~126.

Harris, Chauncy D., "The, Market as a Factor in the Localization of Industry in the United States", *Annals of the Association of American Geographers*, Vol. 44, No. 4, 1954, pp. 315~348.

He, Guojun, Shaoda Wang, and Bing Zhang, "Watering down Environmental Regulation in China", *The Quarterly Journal of Economics*, Vol. 135, No. 4, 2020, pp. 2135~2185.

He, Guojun, Yang Xie, and Bing Zhang, "Expressways, GDP, and the Environment: The Case of China", *Journal of Development Economics*, Vol. 145, 2020, 102485.

Henderson, J. Vernon, Adam Storeygard, and David N. Weil, "Measuring Economic Growth from Outer Space", *American Economic Review*, Vol. 102, No. 2, 2012, pp. 994~1028.

Henderson, J. Vernon, Tim Squires, Adam Storeygard, and David Weil, "The Global Distribution of Economic Activity: Nature, History, and the Role of Trade", *The Quarterly Journal of Economics*, Vol. 133, No. 1, 2018, pp. 357~406.

Hernández, Aday, and Juan Luís Jiménez, "Does High-Speed Rail Generate Spillovers on Local Budgets?" *Transport Policy*, Vol. 35, 2014, pp. 211~219.

Heuermann, Daniel F., and Johannes F. Schmieder, "The Effect of Infrastructure on Worker Mobility: Evidence from High-Speed Rail Expansion in Germany", *Journal of Economic Geography*, Vol. 19, No. 2, 2002, pp. 335~372.

Hiramatsu, Tomoru, "Unequal Regional Impacts of High Speed Rail on the Tourism Industry: A Simulation Analysis of the Effects of Kyushu Shinkansen", *Transportation*, Vol. 45, No. 2, 2018, pp. 677~701.

Hodgson, Charles, "The Effect of Transport Infrastructure on the Location of Economic Activity: Railroads and Post Offices in the American West", *Journal of Urban Economics*, Vol. 104, 2018, pp. 59~76.

Hornung, Erik, "Railroads and Growth in Prussia", *Journal of the European Economic Association*, Vol. 13, No. 4, 2015, pp. 699~736.

Hou, Qingsong, May Hu, and Yuan Yuan, "Corporate Innovation and Political Connections in Chinese Listed Firms", *Pacific-Basin Finance Journal*, Vol. 46, 2017, pp. 158~176.

Hu, Chun, Junpei Huang, Yan Gao, and Ruofei Lin, "Can High-Speed Railway Promote Regional Market Integration? Evidence from China", *Research in Transportation Business & Management*, Vol. 51, 2023, 101057.

Huang, Zhenxiong, Hangtian Xu, Jianming Li, and Nengsheng Luo, "Has Highway Construction Narrowed the Urban-Rural Income Gap? Evidence from Chinese Cities", *Papers in Regional Science*, Vol. 99, No. 3, 2020, pp. 705~723.

Huber, Franz, "Do Clusters Really Matter for Innovation Practices in Information Technology? Questioning the Significance of Technological Knowledge Spillovers", *Journal of Economic Geography*, Vol. 12, No. 1, 2011, pp. 107~126.

Hui, Eddie C. M., Xun Li, Tingting Chen, and Wei Lang, "Deciphering the Spatial Structure of China's Megacity Region: A New Bay Area—The Guangdong-Hong Kong-Macao Greater Bay Area in the Making", *Cities*, Vol. 105, 2020, 102168.

Iimi, Atsushi, Haileysus Adamtei, James Markland, and Eyasu Tsehaye, "Port Rail Connectivity and Agricultural Production: Evidence from a Large Sample of Farmers in Ethiopia", *Journal of Applied Economics*, Vol. 22, No. 1, 2019, pp. 152~173.

Inoue, Hiroyasu, Kentaro Nakajima, and Yukiko Umeno Saito, "The Impact of the Opening of High-Speed Rail on Innovation", *Research Institute of Economy, Trade and Industry (RIETI)*, 2017, Discussion papers 17034.

Jia, Ruining, Shuai Shao, and Lili Yang, "High-Speed Rail and CO2 Emissions in Urban China: A Spatial Difference-in-Differences Approach",

Energy Economics, Vol. 99, 2021, 105271.

Jiang, Liangliang, Chen Lin, and Ping Lin, "The Determinants of Pollution Levels: Firm-Level Evidence from Chinese Manufacturing", *Journal of Comparative Economics*, Vol. 42, No. 1, 2014, pp. 118~142.

Jiao, Jingjuan, Jiaoe Wang, and Fengjun Jin, "Impacts of High-Speed Rail Lines on the City Network in China", *Journal of Transport Geography*, Vol. 60, 2017, pp. 257~266.

Jiao, Jingjuan, Jiaoe Wang, Fangni Zhang, Fengjun Jin, and Wei Liu, "Roles of Accessibility, Connectivity and Spatial Interdependence in Realizing the Economic Impact of High-Speed Rail: Evidence from China", *Transport Policy*, Vol. 91, 2020, pp. 1~15.

Jiao, Jingjuan, Jiaoe Wang, Fengjun Jin, and Michael Dunford, "Impacts on Accessibility of China's Present and Future HSR Network", *Journal of Transport Geography*, Vol. 40, 2014, pp. 123~132.

Jin, Cheng, Jing Xu, Yuqi Lu, and Zhenfang Huang, "The Impact of Chinese Shanghai-Nanjing High-Speed Rail on Regional Accessibility", *Geografisk Tidsskrift-Danish Journal of Geography*, Vol. 113, No. 2, 2013, pp. 133~145.

Jin, Mengjie, Kun Chin Lin, Wenming Shi, Paul T. W. Lee, and Kevin X. Li, "Impacts of High-Speed Railways on Economic Growth and Disparity in China", *Transportation Research Part A: Policy and Practice*, Vol. 138, 2020, pp. 158~174.

Kahn-Lang, Ariella, and Kevin Lang, "The Promise and Pitfalls of Differences-in-Differences: Reflections on 16 and Pregnant and Other Applications", *Journal of Business and Economic Statistics*, Vol. 38, No. 3, 2020, pp. 613~620.

Kanasugi, Hiroshi, and Koichi Ushijima, "The Impact of a High-Speed Railway on Residential Land Prices", *Papers in Regional Science*, Vol. 97, No. 4, 2018, pp. 1305~1335.

Ke, Xiao, Haiqiang Chen, Yongmiao Hong, and Cheng Hsiao, "Do China's High-Speed-Rail Projects Promote Local Economy?—New Evidence from a Panel Data Approach", *China Economic Review*, Vol. 44, 2017, pp. 203~226.

Keller, Wolfgang, "International Trade, Foreign Direct Investment, and Technology Spillovers", *Handbook of the Economics of Innovation*, Vol. 2, No. 3, 2010, pp. 793~829.

Keola, Souknilanh, Magnus Andersson, and Ola Hall, "Monitoring Economic Development from Space: Using Nighttime Light and Land Cover Data to Measure Economic Growth", *World Development*, Vol. 66, 2015, pp. 322~334.

Khadaroo, A. J., and B. Seetanah, "Transport Infrastructure and Foreign Direct Investment", *Journal of International Development: The Journal of the Development Studies Association*, Vol. 22, No. 1, 2010, pp. 103~123.

Khandker, Shahidur R., Zaid Bakht, and Gayatri B. Koolwal, "The Poverty Impact of Rural Roads: Evidence from Bangladesh", *Economic Development and Cultural Change*, Vol. 57, No. 4, 2009, pp. 685~722.

Kim, Hyojin, and Selima Sultana, "The Impacts of High-Speed Rail Extensions on Accessibility and Spatial Equity Changes in South Korea from 2004 to 2018", *Journal of Transport Geography*, Vol. 45, 2015, pp. 48~61.

Kim, Kwang Sik, "High-Speed Rail Developments and Spatial Restructuring. A Case Study of the Capital Region in South Korea", *Cities*, Vol. 17, No. 4, 2000, pp. 251~262.

King, Gary, and Richard Nielsen, "Why Propensity Scores Should Not Be Used for Matching", *Political Analysis*, Vol. 27, No. 4, 2019, pp. 435~454.

Kivimäki, Mika, Hannakaisa Länsisalmi, Marko Elovainio, Armo Heikkilä, Kari Lindström, Risto Harisalo, Kari Sipilä, and Leena Puolimatka, "Communication as a Determinant of Organizational Innovation", *R&D Management*, Vol. 30, No. 1, 2000, pp. 33~42.

Knudson, William, Allen Wysocki, Joseph Champagne, and H. Christopher Peterson, "Entrepreneurship and Innovation in the Agri-Food System", *American Journal of Agricultural Economics*, Vol. 86, No. 5, 2004, pp. 1330~1336.

Kogan, Leonid, Dimitris Papanikolaou, Amit Seru, and Noah Stoffman, "Technological Innovation, Resource Allocation, and Growth", *The Quarterly Journal of Economics*, Vol. 132, No. 2, 2017, pp. 665~712.

Kong, Dongmin, Lihua Liu, and Zhiqing Yang, "High-Speed Rails and Rural-Urban Migrants' Wages", *Economic Modelling*, Vol. 94, 2021, pp. 1030~1042.

Krugman, Paul, "Increasing Returns and Economic Geography", *Journal of Political Economy*, Vol. 99, No. 3, 1991, pp. 483~499.

Kurihara, Takeshi, and Lingling Wu, "The Impact of High Speed Rail on Tourism Development: A Case Study of Japan", *The Open Transportation Journal*, Vol. 10, No. 1, 2016, pp. 35~44.

La Tour, Arnaud De, Matthieu Glachant, and Yann Ménière, "Innovation and International Technology Transfer: The Case of the Chinese Photovoltaic Industry", *Energy Policy*, Vol. 39, No. 2, 2011, pp. 761~770.

Lalive, Rafael, Simon Luechinger, and Armin Schmutzler, "Does Expanding Regional Train Service Reduce Air Pollution?" *Journal of Environmental Economics and Management*, Vol. 92, 2018, pp. 744~764.

Larson, Andrea L, "Sustainable Innovation through an Entrepreneurship Lens", *Business Strategy and the Environment*, Vol. 9, No. 5, 2000, pp. 304~317.

Lee, Jang-Ho, and Justin S. Chang, "Effects of High-Speed Rail Service on Shares of Intercity Passenger Ridership in South Korea", *Transportation Research Record*, Vol. 1943, No. 1, 2006, pp. 31~42.

Lee, Robin S., "Vertical Integration and Exclusivity in Platform and Two-Sided Markets", *American Economic Review*, Vol. 103, No. 4, 2013, pp. 2960~3000.

Levinson, David M., "Accessibility Impacts of High-Speed Rail", *Journal of Transport Geography*, Vol. 22, 2012, pp. 288~291.

Li, Hongchang, Jack Strauss, and Liu Lu, "The Impact of High-Speed Rail on Civil Aviation in China", *Transport Policy*, Vol. 74, 2019, pp. 187~200.

Li, Hongchang, Kun Wang, Kemei Yu, and Anming Zhang, "Are Conventional Train Passengers Underserved after Entry of High-Speed Rail? - Evidence from Chinese Intercity Markets", *Transport Policy*, Vol. 95, 2020, pp. 1~9.

Li, Xijing, Bo Huang, Rongrong Li, and Yipei Zhang, "Exploring the Impact of High Speed Railways on the Spatial Redistribution of Economic Activities-Yangtze River Delta Urban Agglomeration as a Case Study", *Journal of Transport Geography*, Vol. 57, 2016, pp. 194~206.

Li, Yifan, "China High Speed Railways and Stations (2016)", Harvard Dataverse, V1. https://doi.org/doi/10.7910/DVN/JIISNB.

Li, Zhigang, Mingqin Wu, and Bin R. Chen, "Is Road Infrastructure Investment in China Excessive? Evidence from Productivity of Firms", *Regional Science and Urban Economics*, Vol. 65, 2017, pp. 116~126.

Liao, Yu, Xiaodong Qiu, Qian Sun, and Peiyang Li, "The Impact of the Opening of High-Speed Rail on Corporate Financing Constraints", *PLoS ONE*, Vol. 17, No. 6, 2022, pp. 1~27.

Lin, Yatang, "Travel Costs and Urban Specialization Patterns: Evidence from

China's High Speed Railway System", *Journal of Urban Economics*, Vol. 98, 2017, pp. 98~123.

Lin, Yatang, Yu Qin, and Zhuan Xie, "Does Foreign Technology Transfer Spur Domestic Innovation? Evidence from the High-Speed Rail Sector in China", *Journal of Comparative Economics*, Vol. 49, No. 1, 2020, pp. 212~229.

Lin, Yatang, Yu Qin, Jing Wu, and Mandi Xu, "Impact of High-Speed Rail on Road Traffic and Greenhouse Gas Emissions", *Nature Climate Change*, Vol. 11, No. 11, 2021, pp. 952~957.

Lin, Yatang, Yu Qin, Johan Sulaeman, Jubo Yan, and Jialiang Zhang, "Expanding Footprints: The Impact of Passenger Transportation on Corporate Locations", *Review of Finance*, Vol. 27, No. 3, 2023, p. 1119.

Liu, Fengchao, and Yutao Sun, "A Comparison of the Spatial Distribution of Innovative Activities in China and the U. S.", *Technological Forecasting and Social Change*, Vol. 76, No. 6, 2009, pp. 797~805.

Liu, Gordon G., Chengxiang Tang, Yahong Liu, Tao Bu, and Daisheng Tang, "Will High-Speed Railway Influence the Healthcare Seeking Behaviour of Patients? Quasi-Experimental Evidence from China", *Health Policy and Planning*, Vol. 36, No. 10, 2021, pp. 1633~1643.

Liu, Liwen, and Ming Zhang, "High-Speed Rail Impacts on Travel Times, Accessibility, and Economic Productivity: A Benchmarking Analysis in City-Cluster Regions of China", *Journal of Transport Geography*, Vol. 73, 2018, pp. 25~40.

Liu, Shujing, and Christian Kesteloot, "High-Speed Rail and Rural Livelihood: The Wuhan-Guangzhou Line and Qiya Village", *Tijdschrift Voor Economische En Sociale Geografie*, Vol. 107, No. 4, 2016, pp. 468~483.

Liu, Shuli, Yulai Wan, Hun Koo Ha, Yuichiro Yoshida, and Anming Zhang, "Impact of High-Speed Rail Network Development on Airport Traffic and Traffic Distribution: Evidence from China and Japan", *Transportation Research Part A: Policy and Practice* 127, Vol. 127, 2019, pp. 115~135.

Liu, Yang, and Jing Shi, "How Inter-City High-Speed Rail Influences Tourism Arrivals: Evidence from Social Media Check-in Data", *Current Issues in Tourism*, Vol. 22, No. 9, 2019, pp. 1025~1042.

López-Pita, Andrés, and Francesc Robusté Anton, "The Effects of High-Speed Rail on the Reduction of Air Traffic Congestion", *Journal of Public Transpor-

tation, Vol. 6, No. 1, 2003, pp. 37~52.

Louca, Charalambos, "Income and Expenditure in the Tourism Industry: Time Series Evidence from Cyprus", *Tourism Economics*, Vol. 12, No. 4, 2006, pp. 603~617.

Love, James H., Stephen Roper, and John R. Bryson, "Openness, Knowledge, Innovation and Growth in UK Business Services", *Research Policy*, Vol. 40, No. 10, 2011, pp. 1438~1452.

Love, James H., and Stephen Roper, "The Determinants of Innovation: R and D, Technology Transfer and Networking Effects", *Review of Industrial Organization*, Vol. 15, No. 1, 1999, pp. 43~64.

Luo, Xiaolong, and Jianfa Shen, "A Study on Inter-City Cooperation in the Yangtze River Delta Region, China", *Habitat International*, Vol. 33, No. 1, 2009, pp. 52~62.

Luoto, Jani, "Aggregate Infrastructure Capital Stock and Long-Run Growth: Evidence from Finnish Data", *Journal of Development Economics*, Vol. 94, No. 2, 2011, pp. 181~191.

Ma, Liya, Dongxiao Niu, and Weizeng Sun, "Transportation Infrastructure and Entrepreneurship: Evidence from High-Speed Railway in China", *China Economic Review*, Vol. 65, 2021, 101577.

Mamatzakis, E. C., "Public Infrastructure and Productivity Growth in Greek Agriculture", *Agricultural Economics*, Vol. 29, No. 2, 2003, pp. 169~180.

Martínez, Luis R., "How Much Should We Trust the Dictator's GDP Growth Estimates?" Journal of Political Economy, Vol. 130, No. 10, 2022, pp. 2731~2769.

Massidda, Carla, and Ivan Etzo, "The Determinants of Italian Domestic Tourism: A Panel Data Analysis", *Tourism Management*, Vol. 33, No. 3, 2012, pp. 603~610.

Masson, Sophie, and Romain Petiot, "Can the High Speed Rail Reinforce Tourism Attractiveness? The Case of the High Speed Rail between Perpignan (France) and Barcelona (Spain)", *Technovation*, Vol. 29, No. 9, 2009, pp. 611~617.

Michaels, Guy, "The Effect of Trade on the Demand for Skill: Evidence from the Interstate Highway System", *The Review of Economics and Statistics*, Vol. 90, No. 4, 2008, pp. 683~701.

Mita Bhattacharya, and Harry Bloch, "Determinants of Innovation", *Small*

Business Economic, Vol. 22, No. 2, 2004, pp. 155~162.

Mlachila, Mr Montfort, Rene Tapsoba, and Mr Sampawende J-A Tapsoba, *A Quality of Growth Index for Developing Countries: A Proposal*, International Monetary Fund Working Paper, No. 2014/172, September 16, 2014.

Monzón, Andrés, Emilio Ortega, and Elena López, "Efficiency and Spatial Equity Impacts of High-Speed Rail Extensions in Urban Areas", *Cities*, Vol. 30, No. 1, 2013, pp. 18~30.

Mora, Ricardo, and Iliana Reggio, "Treatment Effect Identification Using Alternative Parallel Assumptions", *Universidad Carlos III de Madrid Working Papers*, Vol. 2-33, 2013, pp. 1~28.

Mu, Ren, and Dominique van de Walle, "Rural Roads and Local Market Development in Vietnam", *Journal of Development Studies*, Vol. 47, No. 5, 2011, pp. 709~734.

Mules, Trevor, and Larry Dwyer, "Public Sector Support for Sport Tourism Events: The Role of Cost-Benefit Analysis", *Sport in Society*, Vol. 8, No. 2, 2005, pp. 338~355.

Murray, Fiona, Philippe Aghion, Mathias Dewatripont, Julian Kolev, and Scott Stern, "Of Mice and Academics: Examining the Effect of Openness on Innovation", *American Economic Journal: Economic Policy*, Vol. 8, No. 1, 2016, pp. 212~252.

Nan, Y., Y. Gao, and Q. Zhou, "Rural Credit Cooperatives' Contribution to Agricultural Growth: Evidence from China", *Agricultural Finance Review*, Vol. 79, No. 1, 2019, pp. 119~135.

Nathan, Max, and Neil Lee, "Cultural Diversity, Innovation, and Entrepreneurship: Firm-level Evidence from London", *Economic Geography*, Vol. 89, No. 4, 2013, pp. 367~394.

Newman, Alex, Yanyan Gao, and Jianghuai Zheng, "Overcoming the Innovation Challenge: Examining the Determinants of New Product Innovation in Chinese SMEs", in Cumming, D., Firth, M., Hou, W., Lee, E., eds., *Developments in Chinese Entrepreneurship*, New York: Palgrave Macmillan, 2015, pp. 33~57.

Niu, Dongxiao, Weizeng Sun, and Siqi Zheng, "Travel Costs, Trade, and Market Segmentation: Evidence from China's High-Speed Railway", *Papers in Regional Science*, Vol. 99, No. 6, 2020, pp. 1799~1825.

Oates, Wallace E., "Fiscal Federalism (New York: Harcourt Brace Jovanovich)", *American Political Science Review*, Vol. 68, No. 4, 1972, pp. 1777~1778.

Okamoto, Chigusa, and Yasuhiro Sato, "Impacts of High-Speed Rail Construction on Land Prices in Urban Agglomerations: Evidence from Kyushu in Japan", *Journal of Asian Economics*, Vol. 76, 2021, 101364.

Olsson, Jerry, "Improved Road Accessibility and Indirect Development Effects: Evidence from Rural Philippines", *Journal of Transport Geography*, Vol. 17, No. 6, 2009, pp. 476~483.

Ortega, Emilio, Elena López, and Andrés Monzón, "Territorial Cohesion Impacts of High-Speed Rail under Different Zoning Systems", *Journal of Transport Geography*, Vol. 34, 2014, pp. 16~24.

Ortega, Maria-Adelaida, "Conectando Mercados: Vías Rurales Y Producción Agrícola En El Contexto De Una Economía Dual (Connecting Markets: Rural Roads and Agricultural Production in a Dual Economy)", *SSRN Electronic Journal*, 2018.

Otsuka, Akihiro, "Assessment of the Improvement in Energy Intensity by the New High-Speed Railway in Japan", *Asia-Pacific Journal of Regional Science*, Vol. 6, No. 1, 2022, pp. 267~282.

Pagliara, Francesca, Andrea La Pietra, Juan Gomez, and José Manuel Vassallo, "High Speed Rail and the Tourism Market: Evidence from the Madrid Case Study", *Transport Policy*, Vol. 37, 2015, pp. 187~194.

Pan, Jinghu, and Jianbo Lai, "Spatial Pattern of Population Mobility among Cities in China: Case Study of the National Day plus Mid-Autumn Festival Based on Tencent Migration Data", *Cities*, Vol. 94, 2019, pp. 55~69.

Percoco, Marco, "Highways, Local Economic Structure and Urban Development", *Journal of Economic Geography*, Vol. 16, No. 5, 2016, pp. 1035~1054.

Preston, John, and Graham Wall, "The Ex-Ante and Ex-Post Economic and Social Impacts of the Introduction of High-Speed Trains in South East England", *Planning Practice and Research*, Vol. 23, No. 3, 2008, pp. 403~422.

Qin, Yu, "'No County Left behind?' The Distributional Impact of High-Speed Rail Upgrades in China", *Journal of Economic Geography*, Vol. 17, No. 3, 2017, pp. 489~520.

Qin, Yu, and Xiaobo Zhang, "The Road to Specialization in Agricultural Production: Evidence from Rural China", *World Development*, Vol. 77, 2016, pp. 1~16.

Qingsong, Hou, Qiliang Liu, Zhifeng Yang, and Liandong Zhang, "China Railway High-Speed: The Impact of Transportation Infrastructure on Corporate Innovation", *SSRN Electronic Journal*, 2018.

Rambachan, Ashesh, and Jonathan Roth, "An Honest Approach to Parallel Trends", *Job Market Paper*, Vol. 88, 2019.

Raturi, Varun, Karthik Srinivasan, Gunjan Narulkar, Ashwini Chandrashekharaiah, and Ankur Gupta, "Analyzing Inter-Modal Competition between High Speed Rail and Conventional Transport Systems: A Game Theoretic Approach", *Procedia-Social and Behavioral Sciences*, Vol. 104, 2013, pp. 904~913.

Rauch, James E., "Bureaucracy, Infrastructure, and Economic Growth: Evidence from US Cities during the Progressive Era", *The American Economic Review*, Vol. 85, No. 4, 1995, pp. 968~979.

Redding, Stephen J., and Matthew A. Turner, "Chapter 20-Transportation Costs and the SpatialOrganization of Economic Activity", In Gilles Duranton, J. Vernon Henderson, and William C. B. T., eds., *Handbook of Regional and Urban Economics*, Amsterdam, Netherlands: Elsevier, 2015, pp. 1339~1398.

Robertson, Simon, "The Potential Mitigation of CO2 Emissions via Modal Substitution of High-Speed Rail for Short-Haul Air Travel from a Life Cycle Perspective-An Australian Case Study", *Transportation Research Part D: Transport and Environment*, Vol. 46, 2016, pp. 365~380.

Rodríguez-Pose, Andrés, and FabriceComptour, "Do Clusters Generate Greater Innovation and Growth? An Analysis of European Regions", *The Professional Geographer*, Vol. 64, No. 2, 2012, pp. 211~213.

Roger Vickerman, "High-Speed Rail and Regional Development: The Case of Intermediate Stations", *Journal of Transport Geography*, Vol. 42, 2015, pp. 157~165.

Roller, Lars-Hendrik, and Leonard Waverman, "Telecommunications Infrastructure and Economic Development: A Simultaneous Approach", *American Economic Review*, Vol. 91, No. 4, 2001, pp. 909~923.

Romalis, John, "Market Access, Openness and Growth", *National Bureau of Economic Research Working Paper* 13048, 2007.

Roper, Stephen, and Spyros Arvanitis, "From Knowledge to Added Value: A

Comparative, Panel-Data Analysis of the Innovation Value Chain in Irish and Swiss Manufacturing Firms", *Research Policy*, Vol. 41, No. 6, 2012, pp. 1093~1106.

Roper, Stephen, Jun Du, and James H. Love, "Modelling the Innovation Value Chain", *Research Policy*, Vol. 37, No. 6-7, 2008, pp. 961~977.

Sahoo, Pravakar, Ranjan Kumar Dash, and Geethanjali Natara J., "Infrastructure Development and Economic Growth in China", *Institute of Developing Economies Discussion Paper*, No. 261, 2010.

Salomon, Robert M., and J. Myles Shaver, "Learning by Exporting: New Insights from Examining Firm Innovation", *Journal of Economics & Management Strategy*, Vol. 14, No. 2, 2005, pp. 431~460.

Sanchez-Robles, Blanca, "Infrastructure Investment and Growth: Some Empirical Evidence", *Contemporary Economic Policy*, Vol. 16, No. 1, 1998, pp. 98~108.

Sasaki, Komei, Tadahiro Ohashi, and Asao Ando, "High-Speed Rail Transit Impact on Regional Systems: Does the Shinkansen Contribute to Dispersion?" *The Annals of Regional Science*, Vol. 31, No. 1, 1997, pp. 77~98.

Schumpeter, Joseph, and Ursula Backhaus, "The Theory of Economic Development", In J. Backhaus, eds., *Joseph Alois Schumpeter*, Boston: Kluwer Academic Publishers, 2003, pp. 61~116.

Seedhouse, Andrew, Rebecca Johnson, and Robert Newbery, "Potholes and Pitfalls: The Impact of Rural Transport on Female Entrepreneurs in Nigeria", *Journal of Transport Geography*, Vol. 54, 2016, pp. 140~147.

Şeker, Murat, "Importing, Exporting, and Innovation in Developing Countries", *Review of International Economics*, Vol. 20, No. 2, 2012, pp. 299~314.

Seo, Hangyeol, Yanghon Chung, and Hyungseok (David) Yoon, "R&D Cooperation and Unintended Innovation Performance: Role of Appropriability Regimes and Sectoral Characteristics", *Technovation*, Vol. 66-67, 2017, pp. 28~42.

Shao, Shuai, Zhihua Tian, and Lili Yang, "High Speed Rail and Urban Service Industry Agglomeration: Evidence from China's Yangtze River Delta Region", *Journal of Transport Geography*, Vol. 64, 2017, pp. 174~183.

Shaw, Shih Lung, Zhixiang Fang, Shiwei Lu, and Ran Tao, "Impacts of High

Speed Rail on Railroad Network Accessibility in China", *Journal of Transport Geography*, Vol. 40, 2014, pp. 112~122.

Shefer, Daniel, and Amnon Frenkel, "R&D, Firm Size and Innovation: An Empirical Analysis", *Technovation*, Vol. 25, No. 1, 2005, pp. 25~32.

Shi, Hao, and Shaoqing Huang, "How Much Infrastructure Is Too Much? A New Approach and Evidence from China", *World Development*, Vol. 56, 2014, pp. 272~286.

Shi, Xinzheng, and Zhufeng Xu, "Environmental Regulation and Firm Exports: Evidence from the Eleventh Five-Year Plan in China", *Journal of Environmental Economics and Management*, Vol. 89, 2018, pp. 187~200.

Shrestha, Slesh, "Roads, Participation in Markets, and Benefits to Agricultural Households: Evidence from the Topography-Based Highway Network in Nepal", *Economic Development and Cultural Change*, Vol. 68, No. 3, 2020, pp. 839~864.

Sicular, Terry, Yue Ximing, Björn Gustafsson, and Li Shi, "The Urban-Rural Income Gap and Inequality in China", *Review of Income and Wealth*, Vol. 53, No. 1, 2007, pp. 93~126.

Simpson, Penny M., Judy A. Siguaw, and Cathy A. Enz, "Innovation Orientation Outcomes: The Good and the Bad", *Journal of Business Research*, Vol. 59, No. 10-11, 2006, pp. 1133~1141.

Song, Jaeyong, Paul Almeida, and Geraldine Wu, "Learning-by-Hiring: When Is Mobility More Likely to Facilitate Interfirm Knowledge Transfer?" *Management Science*, Vol. 49, No. 4, 2003, pp. 351~365.

Song, Malin, Hongshan Ai, and Xie Li, "Political Connections, Financing Constraints, and the Optimization of Innovation Efficiency among China's Private Enterprises", *Technological Forecasting and Social Change*, Vol. 92, 2015, pp. 290~299.

Stronge, William B., and Milton Redman, "U. S. Tourism in Mexico: An Empirical Analysis", *Annals of Tourism Research*, Vol. 9, No. 1, 1982, pp. 21~35.

Sturm, Jan-Egbert, Gerard H. Kuper, and Jakob De Haan, "Modelling Government Investment and Economic Growth on a Macro Level: A Review", in Brakman, S., van Ees, H., Kuipers, S. K., eds., *Market Behaviour and Macroeconomic Modelling*, Palgrave Macmillan, London: springer, 1998.

Su, Ming Ming and Geoffrey Wall, "The Qinghai-Tibet Railway and Tibetan Tourism: Travelers' Perspectives", *Tourism Management*, Vol. 30, No. 5, 2009, pp. 650~657.

Sun, Xiaoqian, Sebastian Wandelt, and Anming Zhang, "Comparative Accessibility of Chinese Airports and High-Speed Railway Stations: A High-Resolution, yet Scalable Framework Based on Open Data", *Journal of Air Transport Management*, Vol. 92, 2021, 102014.

Sun, Xinyu, Sen Yan, Tao Liu, and Jianhan Wu, "High-Speed Rail Development and Urban Environmental Efficiency in China: A City-Level Examination", *Transportation Research Part D: Transport and Environment*, Vol. 86, 2020, 102456.

Talhelm, T., X. Zhang, S. Oishi, C. Shimin, D. Duan, X. Lan, and S. Kitayama, "Large-Scale Psychological Differences within China Explained by Rice versus Wheat Agriculture", *Science*, Vol. 344, No. 6184, 2014, pp. 603~608.

Tanzi, Vito, and Hamid Davoodi, "Corruption, Public Investment, and Growth", in Shibata, H., Ihori, T., eds., *The Welfare State, Public Investment, and Growth*, Tokyo: Springer, 1998, pp. 41~60.

Teruel, Romeo G., and Yoshimi Kuroda, "Public Infrastructure and Productivity Growth in Philippine Agriculture, 1974–2000", *Journal of Asian Economics*, Vol. 16, No. 3, 2005, pp. 555~576.

Tiebout, Charles M., "A Pure Theory of Local Expenditures", *The Journal of Political Economy*, Vol. 64, 1956, pp. 416~424.

Tomaney, John, and Pedro Marques, "Evidence, Policy, and the Politics of Regional Development: The Case of High Speed Rail in the United Kingdom", *Environment and Planning C: Government and Policy*, Vol. 31, No. 3, 2013, pp. 414~427.

Tong, Tingting, Tun-Hsiang Edward Yu, Seong-Hoon Cho, Kimberly Jensen, and Daniel De La Torre Ugarte, "Evaluating the Spatial Spillover Effects of Transportation Infrastructure on Agricultural Output across the United States", *Journal of Transport Geography*, Vol. 30, 2013, pp. 47~55.

Venables, Anthony J., "Equilibrium Locations of Vertically Linked Industries", *International Economic Review*, Vol. 37, No. 2, 1996, pp. 341~359.

Vickerman, Roger, "High-Speed Rail in Europe: Experience and Issues for Future

Development", *Annals of Regional Science*, Vol. 31, No. 1, 1997, pp. 21~38.

Wan, Yulai, Hun-Koo Ha, Yuichiro Yoshida, and Anming Zhang, "Airlines' Reaction to High-Speed Rail Entries: Empirical Study of the Northeast Asian Market", *Transportation Research Part A: Policy and Practice*, Vol. 94, 2016, pp. 532~557.

Wang, Chunyang, Weidong Meng, and Xinshuo Hou, "The Impact of High-Speed Rails on Urban Economy: An Investigation Using Night Lighting Data of Chinese Cities", *Research in Transportation Economics*, Vol. 80, 2020, 100819.

Wang, Degen, Jia Qian, Tian Chen, Meifeng Zhao, and Yun Zhang, "Influence of the High-Speed Rail on the Spatial Pattern of Regional Tourism-Taken Beijing-Shanghai High-Speed Rail of China as Example", *Asia Pacific Journal of Tourism Research*, Vol. 19, No. 8, 2014, pp. 890~912.

Wang, De-gen, Yu Niu, and Jia Qian, "Evolution and Optimization of China's Urban Tourism Spatial Structure: A High Speed Rail Perspective", *Tourism Management*, Vol. 64, 2018, pp. 218~232.

Wang, Feng, Xianjin Wei, Juan Liu, Lingyun He, and Mengnan Gao, "Impact of High-Speed Rail on Population Mobility and Urbanisation: A Case Study on Yangtze River Delta Urban Agglomeration, China", *Transportation Research Part A: Policy and Practice*, Vol. 127, 2019, pp. 99~114.

Wang, Jiating, and Siyuan Cai, "The Construction of High-Speed Railway and Urban Innovation Capacity: Based on the Perspective of Knowledge Spillover", *China Economic Review*, Vol. 63, 2020, 101539.

Wang, Lei, and Xuejun Duan, "High-Speed Rail Network Development and Winner and Loser Cities in Megaregions: The Case Study of Yangtze River Delta, China", *Cities*, Vol. 81, 2018, pp. 71~82.

Wang, Lei, "High-Speed Rail Services Development and Regional Accessibility Restructuring in Megaregions: A Case of the Yangtze River Delta, China", *Transport Policy*, Vol. 72, 2018, pp. 34~44.

Wang, Lvhua, Yongxue Liu, Chao Sun, and Yahui Liu, "Accessibility Impact of the Present and Future High-Speed Rail Network: A Case Study of Jiangsu Province, China", *Journal of Transport Geography*, Vol. 54, 2016, pp. 161~172.

Wang, Xin, Songshan Huang, Tongqian Zou, and Hui Yan, "Effects of the High Speed Rail Network on China's Regional Tourism Development",

Tourism Management Perspectives, Vol. 1, No. 1, 2012, pp. 34~38.

Wang, Xinyuan, Daisheng Tang, Yahong Liu, and Tao Bu, "The Impact of High-Speed Railway on Labor Market between the North and South: Evidence from China", *Annals of Regional Science*, Vol. 71, 2022, pp. 487~515.

Wang, Xu, Zhuan Xie, Xiaobo Zhang, and Yiping Huang, "Roads to Innovation: Firm-Level Evidence from People's Republic of China (PRC)", *China Economic Review*, Vol. 49, 2018, pp. 154~170.

Wang, Zheng, Tao Liu, and Xiaoye Dai, "Effect of Policy and Entrepreneurship on Innovation and Growth: An Agent-Based Simulation Approach", *Studies in Regional Science*, Vol. 40, No. 1, 2010, pp. 19~26.

Warr, Peter, and Waleerat Suphannachart, "Agricultural Productivity Growth and Poverty Reduction: Evidence from Thailand", *Journal of Agricultural Economics*, Vol. 72, No. 2, 2021, pp. 525~46.

Wen, Yuyuan, "The Spillover Effect of FDI and Its Impact on Productivity in High Economic Output Regions: A Comparative Analysis of the Yangtze River Delta and the Pearl River Delta, China", *Papers in Regional Science*, Vol. 93, No. 2, 2013, pp. 341~365.

Weng, Jin, Xiaolin Zhu, and Xin Li, "Impact of High-Speed Rail on Destination Accessibility: A Case Study of China", *Journal of China Tourism Research*, Vol. 16, No. 4, 2020, pp. 494~509.

Westin, Jonas, and Per Kågeson, "Can High Speed Rail Offset Its Embedded Emissions?" *Transportation Research Part D: Transport and Environment*, Vol. 17, No. 1, 2012, pp. 1~16.

Wetwitoo, Jetpan, and Hironori Kato, "High-Speed Rail and Regional Economic Productivity through Agglomeration and Network Externality: A Case Study of Inter-Regional Transportation in Japan", *Case Studies on Transport Policy*, Vol. 5, No. 4, 2017, pp. 549~559.

Witold J. Henisz, "The Institutional Environment for Infrastructure Investment", *Industrial and Corporate Change*, Vol. 11, No. 2, 2002, pp. 355~389.

Wolfe, David, "Neo-Schumpeterian Perspectives on Innovation and Growth", in Philip Cooke, Bjørn Asheim, Ron Boschma, Ron Martin, Dafna Schwartz and Franz Tödtling, eds., *Handbook of Regional Innovation and Growth*, 2011, pp. 43~53.

Wright, Mike, Sarika Pruthi, and Andy Lockett, "International Venture Capital Research: From Cross-country Comparisons to Crossing Borders", *International Journal of Management Reviews*, Vol. 7, No. 3, 2005, pp. 135~165.

Wu, Jianhong, Chris Nash, and Dong Wang, "Is High Speed Rail an Appropriate Solution to China's Rail Capacity Problems?" *Journal of Transport Geography*, Vol. 40, 2014, pp. 100~111.

Xu, Jie, Ming Zhang, Xiaoling Zhang, Di Wang, and Yina Zhang, "How Does City-Cluster High-Speed Rail Facilitate Regional Integration? Evidence from the Shanghai-Nanjing Corridor", *Cities*, Vol. 85, 2019, pp. 83~97.

Xu, Jun, Aoyong Li, Dong Li, Yu Liu, Yunyan Du, Tao Pei, Ting Ma, and Chenghu Zhou, "Difference of Urban Development in China from the Perspective of Passenger Transport around Spring Festival", *Applied Geography*, Vol. 87, 2017, pp. 85~96.

Xu, Shang, and H. Allen Klaiber, "The Impact of New Natural Gas Pipelines on Emissions and Fuel Consumption in China", *Resource and Energy Economics*, Vol. 55, 2019, pp. 49~62.

Yang, Dennis Tao, and Fang Cai, "The Political Economy of China's Rural-Urban Divide", in Nicholas C. Hope, Dennis Tao Yang, and Mu Yang Li, eds., *How Far across the River: Chinese Policy Reform at the Millennium*, Stanford, California: Stanford University Press, 2003, pp. 389~416.

Yang, Yang, Lan Xue, and Thomas E. Jones, "Tourism-Enhancing Effect of World Heritage Sites: Panacea or Placebo? A Meta-Analysis", *Annals of Tourism Research*, Vol. 75, 2019, pp. 29~41.

Yang, Zhenzhi, and Taohong Li, "Does High-Speed Rail Boost Urban Tourism Economy in China?" *Current Issues in Tourism*, Vol. 23, No. 16, 2019, pp. 1973~1989.

Yang, Zhiwei, Can Li, Jingjuan Jiao, Wei Liu, and Fangni Zhang, "On the Joint Impact of High-Speed Rail and Megalopolis Policy on Regional Economic Growth in China", *Transport Policy*, Vol. 99, 2020, pp. 20~30.

Yeoh, Melissa, and Dean Stansel, "Is Public Expenditure Productive: Evidence from the Manufacturing Sector in US Cities, 1880-1920", *Cato Journal*, Vol. 33, No. 1, 2013, pp. 1~28.

Yi, Jingtao, Junjie Hong, Wen chung Hsu, and Chengqi Wang, "The Role of State Ownership and Institutions in the Innovation Performance of Emerging

Market Enterprises: Evidence from China", *Technovation*, Vol. 62 – 63, 2017, pp. 4~13.

You, Zhen, Zhiming Feng, and Yanzhao Yang, "Relief Degree of Land Surface Dataset of China (1km)", Digital Journal of Global Change Data Repository, *Journal of Global Change Data & Discovery*, Vol. 2, No. 2, 2018, pp. 151~155.

Yu, Feng, Faqin Lin, Yihong Tang, and Changbiao Zhong, "High-Speed Railway to Success? The Effects of High-Speed Rail Connection on Regional Economic Development in China", *Journal of Regional Science*, Vol. 59, No. 4, 2019, pp. 723~742.

Zhang, Anming, Y. Wan, and Hangjun Yang, "Impacts of High-Speed Rail on Airlines, Airports and Regional Economies: A Survey of Recent Research", *Transport Policy*, Vol. 81, 2019, pp. 1~19.

Zhang, Fan, Feng Wang, and Shujie Yao, "High-Speed Rail Accessibility and Haze Pollution in China: A Spatial Econometrics Perspective", *Transportation Research Part D: Transport and Environment*, Vol. 94, 2021, pp. 102~802.

Zhang, Fangni, Daniel J. Graham, and Mark Siu Chun Wong, "Quantifying the Substitutability and Complementarity between High-Speed Rail and Air Transport", *Transportation Research Part A: Policy and Practice*, Vol. 118, 2018, pp. 191~215.

Zhang, Qiong, Hangjun Yang, and Qiang Wang, "Impact of High-Speed Rail on China's Big Three Airlines", *Transportation Research Part A: Policy and Practice*, Vol. 98, 2017, pp. 77~85.

Zhang, Rui, Daniel Johnson, Weiming Zhao, and Chris Nash, "Competition of Airline and High-Speed Rail in Terms of Price and Frequency: Empirical Study from China", *Transport Policy*, Vol. 78, 2019, pp. 8~18.

Zhang, Weili, Zhaohui Chong, Xiaojian Li, and Guibo Nie, "Spatial Patterns and Determinant Factors of Population Flow Networks in China: Analysis on Tencent Location Big Data", *Cities*, Vol. 99, 2020, pp. 102~640.

Zhang, Yahua, Anming Zhang, and Jiaoe Wang, "Exploring the Roles of High-Speed Train, Air and Coach Services in the Spread of COVID-19 in China", *Transport Policy*, Vol. 94, 2020, pp. 34~42.

Zhao, Luyang, Xiaoqiang Zhang, and Fan Zhao, "Evaluating the Impact of High-Speed Rail on County-Level Air Quality in China", *Transportation Research Part D: Transport and Environment, Vol. 86, 2020, pp. 102~485.

Zheng, Siqi, and Matthew E. Kahn, "China's Bullet Trains Facilitate Market Integration and Mitigate the Cost of Megacity Growth", *Proceedings of the National Academy of Sciences of the United States of America*, Vol. 110, No. 4, 2013, pp. 1248~1253.

Zheng, Siqi, Xiaonan Zhang, Weizeng Sun, and Jianghao Wang, "The Effect of a New Subway Line on Local Air Quality: A Case Study in Changsha", *Transportation Research Part D: Transport and Environment*, Vol. 68, 2019, pp. 26~38.

Zhou, Bo, and Ningqiao Li, "The Impact of High-Speed Trains on Regional Tourism Economies", *Tourism Economics*, Vol. 24, No. 2, 2018, pp. 187~203.

Zhou, Jian, "The Impact of High-Speed Train on the Change of Comprehensive Passenger Structure", *China Transportation Review*, Vol. 41, No. 3, 2019, pp. 7~11.

附 录

第四章附录

表 4-A1　　　　　变量与数据来源

变量名称	定义/单位	样本期	来源
主要交通运输结果变量			
总货运量	10000 吨	2001~2014	《中国城市统计年鉴》
总客运量	10000 人	2001~2014	
公路货运量	10000 吨	2001~2019	
公路客运量	10000 人	2001~2019	
铁路货运量	10000 吨	2001~2014	
铁路客运量	10000 人	2001~2014	
机场货运吞吐量	吨	2001~2019	作者根据注释中来源的数据计算得出
机场客运吞吐量	人	2001~2019	
其他交通运输结果变量			
水路货运量	内河航道货运量，10000 吨	2001~2019	《中国城市统计年鉴》
水路客运量	内陆航道客运量，10000 人	2001~2019	
公交乘客量	10000 人	2001~2019	
每万人公交车数量	城市市区的公交车数量/人口	2001~2015	
公交车数量		2001~2019	
出租车数量		2001~2019	
人均 GDP	以人民币衡量	2001~2019	

续表

变量名称	定义/单位	样本期	来源
感兴趣变量			
高铁连接	时变虚拟变量，1表示有高铁连接，否则为0	2001~2019	CNRDS
高铁站数量	一个城市的高铁站总数	2001~2019	作者根据 CNRDS 数据计算得出
潜在高铁连接	时变虚拟变量，1表示在直线 IV 策略下有高铁连接，否则为0	2001~2015	见 Gao 等（2020）
控制变量			
2001年人均 GDP	以人民币衡量	2001	
2001年人口密度	每平方公里人口	2001	《中国城市统计年鉴》
2001年公共开支	10000 人民币	2001	
经度	城市经度		https://github.com/boyan01/China-aRegionDistrict
纬度	城市纬度		
平均地形起伏度	平均地形起伏度		You et al.（2018）
铁路	2004年的火车站数量	2004	作者根据 2004 年中国铁路列车时刻表信息计算得出
公路	公路长度对数，千米	2001	《中国城市统计年鉴》
机场	机场数量	2001	作者根据注释 1 中来源的数据计算得出

第五章附录

表 5-A1　　　　长三角、珠三角高铁线路

No.	高铁线路名称	开通日期
面板 A：长三角地区		
(1)	合肥—南京（高铁线）	2008年4月18日
(2)	宁波—泰州—温州—杭州—福州—深圳（高铁线）	2009年9月28日
(3)	上海—南京（高铁线）	2010年7月12日

续表

No.	高铁线路名称	开通日期
(4)	上海—杭州（高铁线）	2010年10月26日
(5)	徐州—南京—北京—上海（高铁线）	2011年6月30日
(6)	杭州—宁波—福州—深圳（高铁线）	2013年7月1日
(7)	南京—杭州（高铁线）	2013年7月1日
(8)	杭州—南昌—上海—昆明（高铁线）	2014年10月10日
面板B：珠三角地区		
(1)	厦门—深圳（高铁线）	2013年10月28日
(2)	南宁—广州（高铁线）	2014年12月26日
(3)	武汉—广州（高铁线）	2009年12月26日
(4)	贵阳—广州（高铁线）	2014年12月20日
(5)	广州—深圳—香港（高铁线）	2011年12月26日
(6)	茂名—湛江（高铁线）	2013年12月28日
(7)	广东—珠海（城际铁路）	2012年12月31日

资料来源：作者从Li（2016）的高铁线路图中手动收集。

表5-A2　　　　　　　　数据的时空分布

年份	江苏	浙江	广东	合计
2006	2157	2524	2116	6797
2010	2250	2274	1061	5585
2014	25329	21836	14153	61318
合计	29736	26634	17330	73700

表 5-A3　　变量和数据来源

变量	定义	数据源
任何创新	时变虚拟变量。对于进行新产品创新、生产工艺创新和支持性工艺创新这三种创新中的任何一种的企业取1，否则取0	中国国家统计局（NBSC）和科技部（MSC）在2007年、2011年和2015年联合开展的三波制造业创新调查
创新范围	三种类型创新的虚拟变量的总和。它的取值范围从0（不进行任何创新）到3（进行三种创新）	
产品创新	一个时变虚拟变量：1代表进行产品创新，0代表不进行该创新	
生产工艺创新	一个时变虚拟变量：1代表进行生产工艺创新，0代表不进行该创新	
支持性工艺创新	一个时变虚拟变量：1代表进行支持性工艺创新，0代表不进行该创新	
新产品新度	三个虚拟变量分别指产品创新是企业层面的创新、国内创新还是国际创新	
进行中的创新	一个虚拟变量，如果企业有在进行中的创新，其值为1，否则为0	
创新失败	一个虚拟变量，如果公司经历了创新失败，其值为1，否则为0	
高铁连通	一个时变虚拟变量，与高铁相连年份的地区取1，否则取0	手动收集的高铁线路附录表A1
总资产收益率	公司利润总额与总资产的比率（%）	国家统计局发布的中国工业企业统计数据库
总资产	总资产（万元）	
主营业务收入	主营业务收入（万元）	
企业年龄	企业年龄=调查年-开始运营年	
员工人数	人	
隶属关系	一个虚拟变量，对于国有企业取1，否则取0	
出口虚拟变量	一个关于出口的虚拟变量，当企业出口值大于0取1，否则取0	

续表

变量	定义	数据源
人口密度	人/平方公里	江苏省、浙江省、广东省省级统计网站以及广东省地级市统计网站
公共支出	人均值，元/人	
固定资产投资	人均固定资产投资，元/人	
性别	一个虚拟变量，男性企业家的值为1，否则为0	2007年、2011年和2015年国家统计局和科技部联合进行的三波制造业创新调查
年龄层*	5个年龄组：1. 小于20岁；2. 20<年龄<29岁；3. 30<年龄<39岁；4. 40<年龄<49岁；5. 大于50岁	
对待创新的态度*	企业家认为创新是：1. 非常重要；2. 一般重要；3. 不重要	
教育水平*	教育水平：1. 博士；2. 研究生；3. 四年制本科；4. 三年制学院；5. 其他	

注：*当估计中控制这些变量时，我们将其重构为多维虚拟变量。

表 5-A4　稳健性检验和机制分析中变量的数据来源

变量	定义	数据来源
人均GDP	人口平均GDP（元）	每个省市的官方统计网站
潜在的高铁连通变量	两者都是虚拟变量。详情见本章内容	根据直线策略，基于附录表5-A1中列出的高铁线路手工构建
进行产品和工艺创新以及获得各种形式创新投入的方法	均为虚拟变量，公司进行了这些创新活动取1，否则取0	2007、2011和2015年国家统计局和科技部联合进行的三轮制造业创新调查

表 5-A5　基于最近邻匹配法的协变量平衡汇总

变量	标准差		方差比	
	原始值	匹配值	原始值	匹配值
总资产回报率	-0.324	-0.119	0.756	0.769
总资产	0.123	0.023	0.977	0.907
主营业务收入	-0.163	-0.083	0.972	0.897

续表

变量	标准差		方差比	
企业年龄	0.178	0.029	0.971	0.900
员工人数	0.081	0.019	0.958	0.887
人口密度	0.650	0.241	0.843	0.877
人均GDP	0.192	0.136	1.049	0.784
隶属关系	-0.008	0	1.120	1
出口	0.261	0.003	1.214	1.002
企业家性别	-0.012	0.002	1.009	0.999
企业家年龄层				
20<年龄<29	0.066	0.000	1.070	1.000
30<年龄<39	-0.060	0.001	0.975	1.000
40<年龄<49	-0.013	-0.001	0.984	0.999
50≤年龄	0.028	0.000	1.151	1.001
企业家认为:				
(1)创新十分重要	-0.010	-0.001	0.971	0.997
(2)创新一般重要	-0.086	-0.001	1.039	1.000
企业家教育水平				
博士生	0.007	0	1.127	1
研究生	0.033	0	1.204	1
本科生	-0.023	-0.00312	0.973	0.996

表5-A6　高铁连通对企业家关于不同创新源泉重要性感知的影响

变量	(1)企业集团	(2)大学	(3)研究机构	(4)政府	(5)行业协会	(6)供应商	(7)客户	(8)竞争者	(9)咨询公司	(10)风险资本	(11)其他实体单位
高铁连通(t-1)	0.0353	-0.0701**	-0.0571*	-0.0196	0.0201	-0.0147	0.0719**	-0.00938	-0.0100	0.0127	0.0115
	(0.0341)	(0.0334)	(0.0314)	(0.0219)	(0.0305)	(0.0342)	(0.0312)	(0.0296)	(0.0261)	(0.0136)	(0.0329)

续表

	(1)	(2)	(3)	(4)	(5)	(6)	(7)	(8)	(9)	(10)	(11)
常数项	0.410	-0.200	-0.192	-0.115	0.469**	0.713***	0.825***	0.724***	0.480**	-0.148	-0.424
	(0.254)	(0.276)	(0.267)	(0.189)	(0.237)	(0.262)	(0.0582)	(0.237)	(0.215)	(0.128)	(0.269)
观测量	15907	16485	15846	15284	16196	17383	21213	16214	15624	13790	15145
R^2	0.038	0.276	0.111	0.046	0.049	0.047	0.188	0.113	0.105	0.044	0.086
企业数	14509	15033	14432	13911	14793	15928	19398	14821	14245	13278	14598

注：括号内值为聚类在地级市和二位行业代码的稳健性标准误；*、** 和*** 分别表示10%、5%和1%的显著水平；所有结果均采用控制年份和企业固定效应的固定效应模型进行估计；其他控制变量与表5-12相同。

第六章附录

附表6-A1 变量和数据来源

变量	定义（单位）	时间范围	来源
农业增加值	第一产业的增加值（万元）	2001~2017	《中国县域统计年鉴》（2002~2018）
粮食产出	谷物、肉食、植物油的总产出（吨）	2001~2017	
高铁连通	时变虚拟变量：取值为1表示该年县域连通高铁；取值为0表示该年县域没有连通高铁	2001~2017	作者基于中国高铁地图 http://crh.gaotie.cn/CRH-MAP.html 构建
土地面积	行政区划面积（平方公里）	2001~2017	《中国县级统计年鉴》（2002~2018）
农业机械总动力	（万千瓦）	2001~2017	
公共支出	公共支出（万元）	2001~2017	
人口	2001至2013年年末人口、2014~2017年户籍人口（万人）	2001~2017	
工业附加值	规模工业企业总产值（万元）	2001~2017	
居民存款余额	城乡居民存款余额（万元）	2001~2017	

续表

变量	定义（单位）	时间范围	来源
农业劳动力	农业从业人员（人）	2001~2013	
机器收割面积	（单位：公顷）	2014~2017	
设施农业面积	（公顷）	2014~2017	
农村人口	（万人）	2001~2013	
谷物产出份额	谷物产出/粮食产出×100（%）	2001~2017	
肉食产出份额	肉食产出/粮食产出×100（%）	2001~2017	
植物油产出份额	植物油产出/粮食产出×100（%）	2001~2017	

第九章附录

表 9-A1　　中国的"四纵四横"高速铁路通道

高铁名称	主要节点城市	长度	开通时间*
四条纵向高铁			
京沪	北京、天津、济南、徐州、蚌埠、南京、上海	1318 公里	2011 年 6 月 30 日
京广（北京—广州）	北京、石家庄、郑州、武汉、长沙、广州、深圳、香港	2298 公里	2012 年 12 月 26 日
京哈（北京—哈尔滨）	北京、承德、沈阳、哈尔滨	1198 公里	2021 年 1 月 1 日
沪杭甬（上海—深圳）	上海、杭州、宁波、温州、福州、厦门、深圳	1758 公里	2013 年 12 月 28 日
四条横向高铁			
徐兰（徐州—兰州）	徐州、商丘、郑州、洛阳、西安、宝鸡、兰州	1434 公里	2017 年 7 月 9 日
杭昆（杭州—昆明）	杭州、南昌、长沙、贵阳、昆明	2080 公里	2016 年 12 月 28 日
青台（青海—太原）	青岛、济南、石家庄、太原	770 公里	2018 年 12 月 26 日

续表

高铁名称	主要节点城市	长度	开通时间*
宁蓉（南京—成都）	南京、合肥、武汉、重庆、成都	1665 公里	2013 年 12 月 28 日

资料来源：https://www.ndrc.gov.cn/xxgk/zcfb/qt/200906/W020190905544996836255.pdf。作者通过在线搜索手动收集。

注：* 指主干高铁最后一段的开通时间。

表 9-A2　　　　　　　　　　变量详情和数据来源

变量	定义	资料来源
GDP	1 亿元	《中国城市统计年鉴》
人均 GDP	人民币	
南方城市（South）	虚拟变量，中心位于秦岭-淮河线以南的城市取 1，否则取 0	笔者构建
南北主干高铁开通之后（After）	虚拟变量，2010 年之后的年份取 1，否则取 0	笔者构建
固定资产投资	10000 元	《中国城市统计年鉴》
第三产业与第二产业之比	第三产业国内生产总值/第二产业国内生产总值	
外国直接投资	10000 美元	
从业人员数量	10000 人	
公共开支	10000 人民币	
住房价格	人民币	
地表起伏度	均值	You 等（2018）
大学生人数	人	《中国城市统计年鉴》
高铁连通	一个虚拟变量，表示没有京沪和京广高铁连接的其他高铁城市，在有高铁连接的年份取 1，否则取 0	中国高铁地图（http://crh.gaotie.cn/CRHMAP.html）
"一带一路"倡议城市	虚拟变量，在 2013 年之后的年份，参与金砖倡议的 18 个省的城市取 1，否则取 0	笔者构建
排放权交易试点	虚拟变量，对于开展 PTP 的省份中的城市，年份取 1，否则取 0	

续表

变量	定义	资料来源
管道天然气工程	虚拟变量,在有管道天然气项目连接的城市,年份取1,否则取0	Gao and Zheng (2022)
实际GDP	按省消费物价指数平减的GDP	《中国城市统计年鉴》
实际人均GDP	按省消费物价指数平减的人均GDP	
夜间灯光强度	平均值	中国科研数据服务平台(CNRDS)
广东省	虚拟变量,广东省的城市取值为1,否则取值为0	笔者构建
长三角地区	虚拟变量,长三角地区的城市取值为1,否则取0	
中心城市	虚拟变量,4个直辖市、深圳和27个省会城市的取值为1,否则为0	
人口	年终人口,万人	《中国城市统计年鉴》

第十二章附录

表12-A1　　　截至2012年开通的高铁线路

高铁线路	开通时间	长度（km）	设计时速（km/h）	高铁连接城市（地级及以上城市）
1. 合肥至南京高速铁路	2008/4/18	157	250	4个城市：南京、滁州、巢湖、合肥
2. 青岛至济南高速铁路	2008/7/20	393	250	4个城市：济南、淄博、潍坊、青岛
3. 京津城际铁路	2008/8/1	120	350	2个城市：北京、天津
4. 石家庄至太原高速铁路	2009/4/1	232	250	3个城市：石家庄、阳泉、太原
5. 宁蓉铁路合肥至武汉段	2009/4/1	359	250	5个城市：合肥、六安、黄冈、红安、武汉
6. 杭深铁路宁波至廉江段	2009/9/28	537	250	5个城市：宁波、台州、温州、宁德、福州

续表

高铁线路	开通时间	长度（km）	设计时速（km/h）	高铁连接城市（地级及以上城市）
7. 京广高铁武汉至广州段	2009/12/26	1069	350	10个城市：武汉、咸宁、岳阳、长沙、株洲、衡阳、郴州、韶关、清远、广州
8. 郑西高铁	2010/2/6	523	350	4个城市：郑州、洛阳、三门峡、渭南、西安
9. 杭深铁路廉江至厦门段	2010/4/26	258	250	4个城市：福州、莆田、泉州、厦门
10. 成都至都江堰快速铁路	2010/5/10	65	200	1个城市：成都
11. 沪宁高铁	2010/7/1	301	300	6个城市：上海、苏州、无锡、常州、镇江、南京
12. 南昌至九江城际铁路	2010/8/28	142	250	2个城市：南昌、九江
13. 沪昆高铁沪杭段	2010/10/26	159	350	3个城市：上海、嘉兴、杭州
14. 沪蓉高铁宜昌至利川段	2010/12/22	288	160	2个城市：宜昌、恩施土家族苗族自治州
15. 海南东环铁路	2010/12/30	308	250	2个城市：海口、三亚
16. 广珠城际铁路	2011/1/7	116	250	4个城市：广州、佛山、中山、珠海
17. 长吉城际铁路	2011/1/11	111	250	2个城市：长春、吉林
18. 京沪高铁	2011/6/30	1318	350	19个城市：北京、廊坊、天津、沧州、德州、济南、泰安、济宁、枣庄、徐州、宿州、蚌埠、滁州、南京、镇江、常州、无锡、苏州、上海
19. 广州深圳香港高铁广州深圳段	2011/12/26	102	350	3个城市：广州、东莞、深圳
20. 杭深铁路厦漳段	2012/6/29	42	250	2个城市：厦门、漳州
21. 宁蓉铁路武汉至宜昌段	2012/7/1	292	200	4个城市：武汉、孝感、荆州、宜昌

302 附 录

续表

高铁线路	开通时间	长度（km）	设计时速（km/h）	高铁连接城市（地级及以上城市）
22. 京广高铁郑州至武汉段	2012/9/28	536	350	7个城市：郑州、许昌、漯河、驻马店、新乡、孝感、武汉
23. 合肥至蚌埠高铁	2012/10/16	132	350	3个城市：合肥、淮南、蚌埠
24. 京哈高铁沈阳至哈尔滨段	2012/12/1	538	350	6个城市：沈阳、铁岭、四平、长春、松原、哈尔滨
25. 京哈高铁沈阳至大连段	2012/12/1	383	350	5个城市：沈阳、辽宁、鞍山、营口、大连
26. 京广高铁北京至郑州段	2012/12/26	693	350	9个城市：北京、保定、石家庄、邢台、邯郸、安阳、鹤壁、新乡、郑州

表 12-A2　　　　　　　　　　变量定义和数据来源

变量名称	定义	时间范围	数据来源
SO_2 排放强度	Ln（1+SO_2排放量/工业产值）	2002~2012	
COD 排放强度	Ln（1+COD排放量/工业产值）	2002~2012	
烟尘排放强度	Ln（1+烟尘排放量/工业产值）	2002~2012	
废气排放强度	Ln（1+废气排放量/工业产值）	2002~2012	
废水排放强度	Ln（1+废水排放量/工业产值）	2002~2012	ESRD
SO_2 排放量	Ln（1+SO_2排放量）	2002~2012	
COD 排放量	Ln（1+COD排放量）	2002~2012	
燃料煤消耗强度	Ln（1+燃料煤消耗量/工业产值）	2002~2010	
燃油消耗强度	Ln（1+燃油消耗量/工业产值）	2002~2010	
淡水消耗强度	Ln（1+淡水消耗量/工业产值）	2002~2011	
清洁能源消耗强度	Ln（1+清洁能源消耗量/工业产值）	2002~2010	
SO_2 去除强度	Ln（1+SO_2去除量/工业产值）	2002~2010	
COD 去除强度	Ln（1+COD去除量/工业产值）	2002~2010	
SO_2 去除份额	SO_2去除量/（SO_2排放量+SO_2去除量）	2002~2010	
COD 去除份额	COD去除量/（COD排放量+COD去除量）	2002~2010	

续表

变量名称	定义	时间范围	数据来源
高铁连通	一个时变的虚拟变量,对于不同年份有高铁连接的城市取1,否则取0	2002~2012	作者基于高铁网(高速铁路网)手动搜集
县域高铁连通	一个时变的虚拟变量,对于不同年份具有HSR连接的县取值为1,否则为0	2002~2012	
潜在高铁连通1	在高铁线路两端画直线的直线策略。位于这些直线上的城市是潜在的高铁城市,并为其分配与实际高铁线路相同的高铁开通时间	2002~2012	参考本书第8章
潜在高铁连通2	通过在高铁线路段的两端之间绘制直线的直线策略。位于这些直线上的城市是潜在的高铁城市,将高铁开通时间分配给高铁线路的实际区段线	2002~2012	
人均GDP	Ln(GDP/人口)	2002~2012	《中国城市统计年鉴》(2003~2013)
第二产业占GDP比重	第二产业GDP/GDP	2002~2012	
人口密度	Ln(人口/行政区域)	2002~2012	
人均公共支出	Ln(公共支出/人口)	2002~2012	
人均FDI	Ln(FDI/人口)	2002~2012	